hänssler

Barbara Johnson

Freude ist die beste Medizin

Mutmachende Gedanken einer leidgeprüften Frau

Barbara Johnson ist eine in den USA bekannte Rednerin und Humoristin. Sie ist die Gründerin der Organisation »SPATULA«, die Eltern helfen möchte, deren Kinder sich in der Homosexuellenszene befinden.

Die Deutsche Bibliothek — CIP-Einheitsaufnahme

Johnson, Barbara:
Freude ist die beste Medizin / Barbara Johnson. [Übers. von Laura Zimmermann]. Neuhausen/Stuttgart : Hänssler, 1995
(Edition C : C, Allgemeine Themen, C 426)
ISBN 3-7751-2217-6
NE: Edition C / C

EDITION C — Allgemeine Themen, C 426
Bestell-Nr. 58.126

© Copyright 1990 by Barbara Johnson. Published in the United States by Word Publishing, Dallas.
Originaltitel: So, stick a geranium in your hat and be happy!
Übersetzt von Laura Zimmermann

© Copyright der deutschen Ausgabe 1995 by Hänssler-Verlag, Neuhausen/Stuttgart
Umschlaggestaltung: Dialog Werbeagentur
Satz: AbSatz Ewert-Mohr, Klein Nordende
Printed in Germany

FÜR DAVID

der mir die Ehre erweist, mich seine beste Freundin zu nennen. Seine Erfahrungen verschmelzen mit den meinen, um jenen Eltern das Licht der Hoffnung aufleuchten zu lassen, die inmitten zerbrochener Träume ein wenig Hoffnung suchen.

Deine Nachkommen haben viel Gutes zu erwarten, spricht der Herr, und deine Söhne sollen wieder in ihre Heimat kommen (Jer 31,17).

INHALT

Vorwort �֍ 9

ERSTES KAPITEL �֍ 11
Schmerz ist unvermeidlich, aber das Elend wählt man selbst

ZWEITES KAPITEL �֍ 30
Ich werde mit jeder Krise fertig — ich bin schließlich Mutter

DRITTES KAPITEL �֍ 47
Die Nacht ist immer am dunkelsten, bevor es stockfinster wird

VIERTES KAPITEL �֍ 69
Seit ich alle Hoffnung aufgegeben habe,
geht es mir gleich viel besser

FÜNFTES KAPITEL ✖ 85
Einmal Lachen — drei Teelöffel Haferflocken

SECHSTES KAPITEL ✖ 98
Schuld — das Geschenk, das uns immer von neuem beschenkt

SIEBENTES KAPITEL ✖ 116
Manchmal verwandelt sich unsere Gelassenheit
ganz plötzlich in Hysterie

ACHTES KAPITEL ✖ 132
Ich habe Mr. Wumpfi geheiratet

NEUNTES KAPITEL ✖ 150
Falten sind eine Botschaft, die Gott uns zukommen läßt:
»Ich steige dir aufs Gesicht«

ZEHNTES KAPITEL ✖ 164
Ich kann mich nicht erinnern, daß ich um irgend etwas
von all dem gebeten hätte

ELFTES KAPITEL ✖ 181
Meine Zukunft ist so strahlend hell,
daß ich sogar eine Sonnenbrille tragen muß

Vorwort

Können Sie sich einfach freuen und glücklich sein? Ich weiß, daß Sie es können, gleichgültig, was Ihnen widerfährt. Wir alle müssen schlimme Zeiten durchstehen. Manchmal machen uns nur kleine Ärgernisse zu schaffen, aber dann, Wumm!, kommt ein richtiges Problem daher, und wir fallen ins Bodenlose. Aber ich glaube daran, daß wir gerade in den Tälern wachsen, denn dort sammelt sich der ganze gute Dünger.

In meinem ersten Buch schrieb ich über meine ersten Erlebnisse im Schatten des Todes: den schrecklichen Unfall, der meinen Gatten über Monate hinweg zum blinden Invaliden machte; den Tod zweier Söhne, von denen einer in Vietnam fiel und der andere auf einer Autobahn im Yukon-Tal tödlich verunglückte, und die Homosexualität eines weiteren Sohnes, der sich fast elf Jahre lang in die Schwulenszene zurückzog. Ich habe gelernt, diese dunklen Zeiten in meinem Leben willkommen zu heißen, weil ich gesehen habe, wie sehr mein Charakter in diesen Zeiten gereift ist. Und ich habe nur deshalb überlebt, weil ich mir selbst eine konsequente Diät aus Lachen, Freude und Hoffnung verordnet habe.

Vor etwa vier Jahren sprach ich auf einer Tagung christlicher Buchhändler und beschloß, meine Rede mit einem Zitat aus dem neuen Buch zu beschließen, das ich soeben fertiggestellt hatte: »Das Leben ist nicht immer so, wie wir es uns wünschen, aber es ist das einzige, was wir haben, also laßt uns die Freude suchen. Sie ist die beste Medizin. Aus irgendeinem Grund machten diese Worte großen Eindruck auf meine Zuhörer. Sie klatschten begeistert Beifall, und das veranlaßte mich, noch ein weiteres Buch zu schreiben, um leidenden Menschen zu helfen. Und hier ist es nun!

Wir können uns dafür entscheiden, unsere Herzen von den Dornen der Enttäuschung, des Versagens, der Einsamkeit und des Kummers verletzen zu lassen — oder aber dafür, die Blumen von Gottes Gnade, Seiner grenzenlosen Liebe, Seines getreuen Beistandes und Seiner unvergleichlichen Freude zu pflücken. Ich entscheide mich für die Blumen, und ich hoffe, Sie werden dasselbe tun. Wenn dieses Buch Ihnen hilft, die Entscheidung zu treffen, daß Sie die Blumen und nicht die Dornen des Lebens wollen, dann habe ich mein Ziel erreicht.

Barbara Johnson

Erstes Kapitel

Schmerz ist unvermeidlich, aber das Elend wählt man selbst

> Entlaufen
> Hund mit nur drei Beinen,
> auf dem linken Auge blind. Rechtes Ohr fehlt,
> gebrochener Schwanz, kürzlich kastriert.
> Hört auf den Namen »Lucky«.[1]

Als ich kürzlich im Rahmen einer Frauen-Rüstzeit einen Vortrag hielt, stürzte ein reizendes Mädchen auf mich zu und rief aus: »Oh, Barb, Sie sind wirklich ein Glückskind! Sie haben alle Ihre Leidenszeiten überstanden und sind so voll Freude und Siegesbewußtsein! Und jetzt können Sie in der Welt herumreisen und sich toll anziehen und so viele berühmte Leute kennenlernen und es genießen, eine Berühmtheit zu sein. Sie haben es wirklich gut getroffen!«

Ich lachte und sagte der jungen Dame, daß es meiner Meinung nach unter Christen keine Glückskinder gibt. Glück haben wir nicht. Aber dafür haben wir eine Menge anderes.

Betrachten Sie die Sache einmal so: Eine Familie unter 500 000 verliert ihren Sohn in Vietnam ... wir sind eine dieser Familien. In einer von 800 Familien wird ein Kind von einem betrunkenen Fahrer getötet ... wir haben auch diese Erfahrung gemacht. Die Statistiker behaupten, daß in einer von zehn Familien ein Kind homosexuell wird ... wir wissen Bescheid. Und erst kürzlich tauchte ich in einer weiteren Statistik auf, nämlich derjenigen, die besagt, daß eine von vierzig Frauen in mittleren Jahren eine Spätform von Diabetes entwickelt.

---

[1] Diese Nachricht war auf einem Zettel auf dem Schwarzen Brett eines Tante-Emma-Ladens zu lesen.

Diabetes – eine neue Erfahrung für mich

Das ist etwas ganz Neues in meinem Leben. Obwohl die Krankheit in dieser Form im allgemeinen milder verläuft als bei Kindern und Jugendlichen, kann sie eine ganze Reihe lebensgefährlicher Komplikationen mit sich bringen. Ich erfuhr während einer ärztlichen Routineuntersuchung von meiner Krankheit. Bis dahin hatte ich keine Beschwerden gehabt. Mein Arzt war sehr ernst, als er mir erklärte, welche Konsequenzen eine Nichtbefolgung seiner Anweisungen haben würde, die mir erst regelrecht lächerlich erschienen.

Mir wurde befohlen, jeden Streß zu vermeiden, für ausreichend Ruhe zu sorgen, die Nahrungsmengen zu reduzieren (und natürlich all das leckere süße Zeug wegzulassen), zu bestimmten Tageszeiten mehrere kleine Mahlzeiten einzunehmen und mich täglich in den Finger zu stechen, um meinen Blutzuckerspiegel zu kontrollieren (auf die Art erfahre ich, ob meine Blutzuckerwerte gut eingestellt sind). Schließlich sagte er zum Schluß noch: »Und weil Sie zu den Leuten gehören, die es nicht hinnehmen können, daß sie eine chronische Krankheit haben, die ihnen Einschränkungen auferlegt, müssen Sie eine Selbsthilfegruppe für Diabetiker aufsuchen.«

»Ich? Ich soll eine Selbsthilfegruppe aufsuchen? Ich leite eine solche Gruppe. Warum in aller Welt sollte ich zu einer hingehen?«

»Sie werden hingehen«, sagte er. »Sonst werden Sie nämlich nie begreifen, wie ernst die Sache ist, und werden nicht sorgfältig genug auf sich achten.«

Eine Woche darauf schlurfte ich also mißgelaunt in ein Zimmer voll Zuckerkranker im Krankenhaus am Ort. Als ich mich umblickte, sah ich etwa vierzig Menschen, und mir fuhr es augenblicklich durch den Kopf, daß der Arzt wohl die allerschlimmsten Fälle zusammengetrieben hatte, um sie an diesem Abend vorzustellen – und das alles nur meinetwegen!

Bei meinem ersten Besuch wurde ich als Gast betrachtet, daher mußte ich nichts sagen und konnte einfach nur beobachten. Das war gut so, denn was ich sah, hätte mir ohnehin die Rede verschlagen. Eine Dame hatte Wundbrand bekommen und mußte demnächst ihr Bein amputieren lassen. Ein Mann unter den Anwesenden hatte keinerlei Gefühl in den Beinen und Füßen. Eine Dame war infolge des Diabetes erblindet und litt noch unter weiteren Folgeerscheinungen.

Als die Anwesenden ihre Lebensgeschichten ausbreiteten, erschien mir eine schrecklicher als die andere. Jede nur erdenkliche Folgeerkrankung von Diabetes wurde geschildert, und ich gewann den Eindruck, daß jeder der Anwesenden mit einer oder mehreren zu kämpfen hatte. Ich konnte es nicht erwarten, diesem Gruppentreffen zu entfliehen. Was für eine hoffnungslose Gruppe! Ihre Zukunft erschien mir wie ein schwarzes Loch, während sie all die Komplikationen durchhechelten, die aufgrund dieser lebensbedrohlichen Krankheit entstehen können.

Eine Woche darauf tauchte ich wieder in der Praxis des Arztes auf und platzte damit heraus, wie grauenhaft ich diese Selbsthilfegruppe der Diabetiker fand. »Diese Leute brauchen das vielleicht, aber ich ganz gewiß nicht. Können Sie mir nicht irgend etwas *Erfreuliches* sagen, das ich heute abend vorbringen kann, wenn ich mit Reden dran bin?«

»Nun«, sagte er, »wenn man Diabetes hat, dann ist das etwa so, als hätte man den Körper voll Termiten. Man weiß im voraus nie, wo sie angreifen, – es könnten die Nieren sein, die Arterien, Ihr Augenlicht oder sonst etwas.«

»Das ist ja wohl kaum etwas Erfreuliches, das ich den anderen mitteilen könnte!«

»Nun, dann stellen Sie sich doch einfach vor, daß der ekelhafteste Kerl in Ihrer ganzen Verwandtschaft soeben bei Ihnen eingezogen ist und den Rest Ihres Lebens bei Ihnen wohnen wird!«

»Großartig! Aber ich muß heute abend bei dem Gruppentreffen sprechen, und ich muß diesen armen, unglücklichen Seelen irgend etwas Aufmunterndes zu sagen haben!«

Der Arzt zögerte eine Weile und lächelte dann. »Nun, da ich Sie kenne, werden Sie das folgende vermutlich als eine frohe Botschaft betrachten. Das beste daran, wenn man Diabetes hat, ist folgendes: Sie brauchen sich keine Sorgen zu machen, daß Sie mal im Pflegeheim landen, weil Diabetiker erst gar nicht so alt werden!«

»Oh, das ist eine fabelhafte Nachricht!« sagte ich. »Wer möchte schon im Pflegeheim enden? Und außerdem hat mein Mann, Bill, eben erst eine Altersversicherung abgeschlossen, die auch die Kosten für ein Pflegeheim übernimmt. Jetzt kann ich meinen Anteil streichen lassen!«

Ich eilte heim und wies Bill voll Freude an, meinen Anteil an dieser Pflegeheim-Versicherung streichen zu lassen. Dann machte ich mich auf den Weg zum Gruppentreffen der Diabetiker.

Da saßen sie, genau so, wie sie in der Vorwoche dagesessen hatten. Niemandem war ein neues Bein nachgewachsen, und kein Wunder war geschehen, seit wir uns das letzte Mal gesehen hatten. Sie hockten einfach alle im Kreis herum und berichteten von neuen Beschwerden und neuen Schmerzen.

Schließlich war ich an der Reihe. Ich begann damit, daß ich meinen Namen nannte und sagte, ich sei nur zu diesem Treffen gekommen, weil mein Arzt gesagt hatte, daß ich zumindest zwei Gruppentreffen besuchen müsse, daß ich aber nach diesem Abend nicht wiederkommen würde.

»Mein Arzt teilte mir vor kurzem mit, daß ich an Altersdiabetes leide. Er warnte mich vor all den Komplikationen, die im Gefolge dieser Krankheit auftreten können, wenn ich nicht sorgfältig auf meine Gesundheit achte. Und selbst dann gibt es keine Garantie, daß ich ihnen entkomme. Aber ich war heute wieder bei ihm, und er hatte eine wirklich großartige Neuigkeit für mich!«

Jedes Gesicht in der Gruppe blühte gewissermaßen auf, und ich fuhr fort: »Der Arzt sagte mir, ich brauche mir keine Sorgen zu machen, daß ich einmal in einem Pflegeheim enden würde, weil Diabetiker üblicherweise nicht alt werden!«

An dieser Stelle bemerkte ich, daß die Leute beinahe von den Sesseln fielen, aber ich mußte weiterreden und ihnen sagen, daß ich als Christin eine HOFFNUNG OHNE ENDE vor mir habe, nicht ein ENDE OHNE HOFFNUNG. Es schien mir, als erfüllte der Herr mich mit einer so innigen Liebe für diese Menschen, daß diese nur so aus mir herausströmte. Ich sagte ihnen, mein Scheiden von der Erde würde mein großartiger Eintritt in den Himmel sein und daß es auf Erden keinen Kummer gebe, den der Himmel nicht stillen könne. Ich habe meine Freude daran zu wissen, daß meine Zukunft in Gottes Händen liege und daß mir der Himmel näher sei als ein langes Leben in irgendeinem Greisenheim.

Es gibt nur eine einzige Sache, die Sie steuern können

Ich sagte noch einiges mehr, aber die Hauptstoßrichtung meiner Rede war folgende: Ich konzentrierte mich auf das, was mir *gut* erschien, statt mir all die grausigen Komplikationen auszumalen, die mir irgendwann einmal zustoßen könnten. Nachher fragten mich viele Leute aus der Gruppe nach meiner Lebenseinstellung, denn anscheinend hatte ihnen bislang noch nie jemand etwas Ermutigendes gesagt. Ich sagte ihnen, daß Schmerz unser aller unausweichliches Schicksal sei, daß wir aber wählen können, wie wir auf den Schmerz reagieren. Es ist kein Vergnügen zu leiden; ja, es kann furchtbar sein. Wir alle müssen Schmerzen leiden, aber es *liegt in unserer freien Entscheidung, ob wir uns dem Jammer überlassen.* Wir können uns entscheiden, wie wir auf den Schmerz reagieren wollen, der uns allen unausweichlich begegnet.

Seit ich erfahren habe, daß ich Diabetes habe, habe ich ein Dutzend Bücher gelesen und sogar ein paar Videos angesehen, um mich so gut wie möglich zu informieren, wie ich mit dieser chronischen, zermürbenden Krankheit am besten leben kann. Das Wichtigste, was ich dabei gelernt habe, ist, daß die richtige innere Einstellung Wunder wirken kann. Wenn man sorgsam auf sich achtet und alles Notwendige tut, die Krankheit unter Kontrolle zu halten — anstatt sich von ihr kontrollieren zu lassen —, dann kann man ein glückliches, produktives Leben führen.

Ich habe mir diese Krankheit nicht gewünscht, und ich habe gewiß Mitgefühl mit anderen Menschen, die sie jahrelang erduldet haben. Aber ich habe mich dafür entschieden, alles in meinen Kräften Stehende zu tun, um für mich zu sorgen und jeden Tag meines Lebens auf dieser Erde zu genießen. Ich erinnere mich selbst jeden Tag daran:

DAS EINZIGE, WAS SIE IN DIESEM LEBEN WIRKLICH IM GRIFF HABEN, IST IHRE EIGENE GEISTIGE EINSTELLUNG.

Erst kürzlich sprach ich in Sacramento auf einer Frauenfreizeit, und ein fröhliches, putzmunteres Mädchen im Rollstuhl bot mir an, mir beim Büchertisch zu helfen. Ihr Name war

Mary Jane. Sie hatte nur ein Bein, und ich fragte mich unwillkürlich, ob sie das andere wohl durch Diabetes verloren habe. Aber sie war sehr aktiv in ihrem Rollstuhl, sorgte fürs Wechselgeld und kümmerte sich aufs beste um die Kunden, die meine Bücher kaufen wollten.

Wir unterhielten uns später noch miteinander, und Mary Jane erzählte mir, daß ihr Bein wegen einer Krebserkrankung amputiert werden mußte. Dann begann sie zu lachen und erzählte mir, daß ihr Arzt ihr seit Jahren damit in den Ohren gelegen habe, daß sie abnehmen müsse. Er hatte sie auf Diät gesetzt, ohne daß sich jemals ein Erfolg einstellte, und als sie schließlich ins Spital fuhr, um sich das Bein abnehmen zu lassen, sagte sie auf dem Operationstisch: »Jetzt wiegt dieses Bein mal gut ab, damit ihr hinterher das Gewicht auf meinem Krankenblatt abziehen könnt!«

Was für eine Einstellung! Ihr Schmerz ist unvermeidlich, aber sie hat sich entschieden, sich nicht dem Jammer zu übergeben.

Dasselbe gilt für einen Mann, dem ich vor dem Postamt in La Habra begegnete. Sie werden von diesem Ort noch öfters hören, denn ein Großteil meines Lebens spielt sich dort ab. Als ich eines Tages neben dem Postamt einparkte, entdeckte ich, daß auf dem Nummernschild des Wagens neben mir stand: STEIFE GRÄTEN. Ich dachte: *Das ist ja putzig – wahrscheinlich hat der Typ rheumatische Knie oder so etwas.*

Während ich mit einem Arm voller Bücher und Videobänder zum Postamt eilte, rief ich dem Fahrer zu: »Ich finde Ihr Nummernschild einfach süß!« Plötzlich sah ich, daß er überhaupt keine Beine hatte, sondern Beinprothesen! Jemand half ihm aus dem Wagen, aber er nahm mir jedes Gefühl der Peinlichkeit, indem er sagte: »Freut mich, daß es Ihnen gefällt. Meine Frau meinte, ich sollte ein Schild haben, auf dem einfach steht OHNE BEINE, aber mir ist es lieber, wenn die Leute was zu lachen haben, als wenn sie mich bedauern.«

BILL UND ICH SEHEN DAS LEBEN DURCH UNTERSCHIEDLICHE BRILLEN

Ich mag die Einstellung dieses Mannes, weil sie ein so ausgezeichnetes Beispiel dafür ist, daß der Schmerz unvermeidlich ist, aber »wir unseres Glückes Schmied sind«. Seit Jahren schon versuche ich Bill, meinen innig geliebten, aber zur Melancholie neigenden Gatten, davon zu überzeugen, daß das Leben so aussieht, wie wir es betrachten.

Kürzlich hatten wir eine Panne mit dem Wagen und mußten von San Diego bis zu unserem Wohnort abgeschleppt werden — eine Entfernung von rund hundert Meilen, wobei die Meile einen Dollar kostete. Ich hatte nie zuvor in einem Abschleppwagen gesessen und hatte meinen Spaß daran, so hoch oben zu sitzen und auf all die kleinen Autos hinunterzuschauen, die an uns vorbeikrochen. Nachdem ich so hoch oben saß, konnte ich alles ganz deutlich sehen, sogar unser Auto, das hinten angehängt war. Aber Bill fand die Sache überhaupt nicht spaßig. Er konnte sie nicht als Abenteuer betrachten. Er fand nichts Vergnügliches daran.

Ich versuchte, seine düstere, deprimierte Stimmung aufzulockern, indem ich lauthals rief: »Aber denk doch nur daran, wieviel Benzin wir sparen!« Für mich war es eine neuartige und amüsante Erfahrung. Wir würden vermutlich nie wieder Gelegenheit haben, eine so weite Strecke in einem Abschleppwagen zu fahren. Warum sollten wir also nicht unseren Spaß daran haben, nachdem es uns ohnehin nicht erspart blieb? Aber Bill konnte die Sache nicht von diesem Standpunkt aus betrachten. Wir sehen das Leben oft durch unterschiedliche Brillen. Bill sieht das Glas immer halb leer, während ich es randvoll und überfließend betrachte.

Eine der liebenswertesten Eigenschaften an Bill ist, daß er mich immer meinen eigenen Weg gehen läßt. Im achten Kapitel werde ich erklären, wie Gott unsere unterschiedlichen Persönlichkeiten zusammengefügt hat, so daß jeder von uns ein Gegengewicht zum anderen bildet und wir ein harmonisch zusammenarbeitendes Team sind. Bills ruhige, systematische Art hat viel dazu beigetragen, unseren gemeinsamen Dienst so erfolgreich zu machen!

Zwanzig Dollar für zwei Krapfen?

Vor einigen Jahren — bevor ich Diabetes bekam und *wirklich* aufpassen mußte, was ich aß — beschlossen Bill und ich, unser gemeinsames Gewichtsproblem durch Spaziergänge in den Griff zu kriegen. Abend für Abend marschierten wir also zur

Eisdiele, um uns ein Betthupferl in Form einer Tüte Eis zu gönnen. Und morgens gingen wir dann zu Fuß zum »Yum Yum Donut Shop« und bestellten uns heißen Kaffee und Krapfen. Eines Morgens hatten wir es in Rekordzeit bis zum Yum Yum geschafft, und ich langte in die Brusttasche meiner Jacke nach dem Zwanzigdollarschein, den ich mitgebracht hatte. Bill hatte keine Brieftasche bei sich, und ich hatte meine Handtasche zu Hause gelassen, weil schwere Handtaschen bei flotten Märschen nicht gerade praktisch sind.

Wir bestellten das Übliche, und als die Bedienung es brachte, knallte ich meinen Zwanziger auf den Tresen. Sie nahm den Geldschein und verschwand im Hinterzimmer, um die Sahne und noch ein paar Servietten zu holen. Als sie zurückkam, verlangte sie von uns zwei Dollar und fünfzig Cents. Sie sprach ziemlich schlechtes Englisch, aber sie machte uns klar, daß sie Geld sehen wollte. Und ich sagte ihr, sie hätte doch soeben meinen Zwanzigdollarschein mitgenommen, als sie hinausgegangen war, um die Sahne zu holen.

Es nützte alles nichts. Sie wiederholte hartnäckig, wir schuldeten ihr zwei Dollar und fünfzig Cents, und sie tat, als hätte sie keine Ahnung, was es mit dem mysteriösen Verschwinden meiner Zwanzigdollarnote auf sich haben könnte! Mittlerweile waren weitere Kunden zur Türe hereingekommen und standen Schlange, um ihren Kaffee und ihre Krapfen zu bestellen. Bill ärgerte sich über all das Hin und Her und versuchte mir zu Hilfe zu kommen. Schließlich hatte er *gesehen,* wie das Mädchen den Zwanzigdollarschein nahm, den ich hingelegt hatte. Eine Dame, die am Nebentisch saß, hatte es ebenfalls gesehen.

Ich dachte: *Wen ruft man in einer solchen Situation zu Hilfe?* Bill schlug vor, Kassensturz zu machen und ZU BEWEISEN, daß sie unser Geld genommen hatte. Ich dachte bereits daran, die Polizei zu rufen, entschied mich aber dagegen. Sie würden uns vielleicht nicht glauben, und wir konnten nicht beweisen, daß wir das Geld auf die Ladentheke gelegt hatten.

Aufs höchste verärgert trugen wir den Kaffee und die Krapfen zu einem kleinen Tisch und setzten uns nieder. Ich begann zu überlegen, wie wir hier wieder rauskommen sollten, wenn das Mädchen darauf beharrte, daß wir ihr Geld schuldeten. Wir hatten keinen Pfennig mehr in der Tasche. Und was war, wenn sie die Polizei rief und behauptete, wir könnten unsere

Zeche nicht bezahlen? Bill hatte bereits von seinem Krapfen abgebissen, und wir konnten ihn nicht mehr zurückschicken ...

Ich versuchte, mich unauffällig zu verhalten. Ich tat, als interessierte mich eine Zeitung, die neben dem Tisch lag, und studierte die Aufschriften am Fenster, aber Bill brummelte laut vor sich hin und ließ ständig Bemerkungen hören wie: »Das ist der teuerste Kaffee, den ich je getrunken habe – ZWANZIG DOLLAR FÜR ZWEI KRAPFEN UND EINEN KAFFEE!«

Wir aßen unsere Krapfen, tranken den Kaffee aus und gingen, ohne daß das Mädchen einen Versuch machte, uns aufzuhalten. Bill murrte und knurrte vor sich hin, während wir uns auf den Heimweg machten, und verlangte, daß ICH das Hauptbüro der »Yum Yum Donut Shops« anrufen und mich beschweren sollte, daß sie uns um unser Geld geprellt hatten. Den ganzen Heimweg über schäumte er vor Wut, weil wir so teuer für unsere geringfügige Bestellung bezahlt hatten. Plötzlich kam mir in den Sinn, daß ich vor zwanzig Jahren vor einer Kirche einen Zwanzigdollarschein GEFUNDEN hatte.

»He, Bill, erinnerst du dich noch, wie ich vor vielen Jahren vor der Kirche diesen Zwanzigdollarschein fand?«

Bill erinnerte sich nicht. Aber ich sagte zu ihm: »Sieh es doch einmal so an: das war derselbe Zwanzigdollarschein, den wir damals gefunden haben, also haben wir den Kaffee und die Krapfen sogar UMSONST bekommen!«

Bill starrte mich an, als wäre ich einem UFO entstiegen, und war weiterhin niedergeschlagen, weil wir so viel Geld verloren hatten. Ein paar Wochen lang hing sein Ärger wie eine dunkle Wolke über allem, was wir unternahmen.

Seinem melancholischen Temperament gemäß hegte und pflegte er seinen Groll. Er wollte nicht mehr in den »Yum Yum Donut Shop« gehen und brütete statt dessen über dem Gedanken, wie man ihn geleimt hatte. Aber ich hatte mich entschieden, daß ich etwas Besseres zu tun hatte, als mich wegen einer verlorenen Zwanzigdollarnote zu grämen, vor allem, weil ich ja – wie ich die Sache sah – die Krapfen umsonst bekommen hatte!

Es hängt davon ab, wie man die Dinge betrachtet

Nun weiß ich natürlich nicht mit Sicherheit, ob die Anekdote vom »Yum Yum Donut Shop« irgend eine geistliche Bedeutung hat — einmal abgesehen davon, daß der Apostel Paulus ebenfalls der Meinung war, daß Freude oder Jammer ganz davon abhängen, wie man die Dinge betrachtet. Sein Rat lautet: »Was wahrhaftig ist, was ehrbar, was gerecht, was rein, was liebenswert, was einen guten Ruf hat, sei es eine Tugend, sei es ein Lob — darauf seid bedacht!« (Phil 4, 8) Und genau so hatte ich mich bei dieser Geschichte mit der Zwanzigdollarnote verhalten. Ich war der Meinung, unser Erlebnis sei etwas Wertvolles, aber Bill hatte den Eindruck, wir seien um unser Geld geprellt worden.

Es kommt also ganz darauf an, wie wir unsere Lebensumstände betrachten wollen. Wir können die Blumen sehen oder das Unkraut. Wir können den heiteren Himmel sehen oder nach Wolken ausspähen. Denken Sie daran:

SIE KÖNNEN JEDERZEIT SO GLÜCKLICH SEIN, WIE SIE SEIN WOLLEN.

Wie Sie die Dinge betrachten, kann Ihre Stimmung über einen ganzen Tag hinweg beeinflussen. Ich entdeckte die folgende kleine Geschichte (Autor unbekannt) und veröffentlichte sie in meinem Rundschreiben, *The Love Line,* um den Menschen zu zeigen, wie sie den Tag, die Woche und das Jahr genießen können, selbst noch inmitten von Tragödien.

> »Der Tag hatte schon elend begonnen. Ich hatte verschlafen und war zu spät zur Arbeit gekomken. Was auch immer im Büro geschah, es verschlimmerte meine nervöse Hektik noch. Als ich endlich die Bushaltestelle erreichte, um mich auf die Heimfahrt zu machen, fühlte ich meinen Magen wie einen riesigen Knoten. Wie gewöhnlich hatte der Bus Verspätung — und war regelrecht vollgestopft. Ich mußte mit einem Stehplatz vorliebnehmen. Während das über die Straße holpernde Vehikel mich durchrüttelte, verfinsterte sich meine Stimmung immer mehr. Dann hörte ich plötzlich eine tiefe Stimme von den Vordersitzen her: ›Herrlicher Tag heute, finden Sie nicht?‹ In der Menge konnte ich den Mann nicht sehen, aber ich konnte seine Stimme hören, während er seine Bemerkungen

über die Frühlingslandschaft draußen machte und unsere Aufmerksamkeit auf die Umgebung lenkte. Die Kirche da. Der Park. Der Friedhof. Die Feuerwache. Bald blickten alle Passagiere zum Fenster hinaus. Die Begeisterung des Mannes war so ansteckend, daß ich zum ersten Mal an diesem Tag lächelte.

Wir erreichten die Haltestelle, an der ich auszusteigen pflegte. Während ich mich durch die Menge zwängte, um den hinteren Ausgang zu erreichen, konnte ich einen Blick auf unseren Führer werfen: ein plumper Mensch mit einem schwarzen Bart, der eine dunkle Brille trug und einen dünnen weißen Stock in der Hand hielt. Unglaublich! Er war blind! Ich stieg aus dem Bus, und plötzlich war die ganze innere Spannung, die sich den Tag über aufgebaut hatte, verschwunden. Gott in Seiner Weisheit hatte einen Blinden gesandt, damit er mir sehen helfe — sehen, daß die Welt immer noch schön ist, auch wenn es Zeiten gibt, wo einfach alles schiefzugehen scheint. Ich summte eine Melodie vor mich hin, während ich die Stufen zu unserer Wohnung hinaufeilte. Ich konnte es nicht erwarten, meinen Gatten mit den Worten zu begrüßen: ›Herrlicher Tag heute, findest du nicht?‹«

Man kann immer wieder von vorne anfangen

Ich finde, jeder Tag sollte ein herrlicher Tag sein — ein neuer Anfang. Wenn ich in Seminaren und Workshops spreche, bringe ich oft eine Schachtel der Seifenmarke FRESH START (Neuer Anfang) mit — ein plastisches Hilfsmittel, damit meine Zuhörer sich auch richtig vorstellen können, was ich sagen will. Zuhause verwende ich FRESH START zum Wäschewaschen und JOY (Freude) zum Geschirrspülen. Beides erinnert mich daran, daß man immer wieder seine Freude darin finden kann, einen neuen Anfang zu machen. Wenn ich morgens die Wäsche wasche, dann sage ich: »Hab Dank, Herr, für einen Neubeginn — für einen Tag, der noch nicht vermurkst ist.« Ich kann mich sogar am Wäschewaschen freuen, weil ich daran denke, daß ich einen Tag neu anfange.

Ich habe Patricia Liba niemals persönlich kennengelernt, aber was sie über »Der neue Tag« schrieb, faßt genau das zusammen, was ich selbst empfinde:

»Ich erwachte heute morgen unter einem wolkenverhangenen Himmel, aber der Tag war neu ... *ein Tag, der noch niemals durchlebt worden war.* Ich duschte und dankte Gott für die kleinen Dinge, wie das reichliche warme Wasser und das frische Stück Seife. Während ich eine unkenntliche Melodie vor mich hinsummte, erinnerte ich mich daran, wie sehr ich den alten Western genossen hatte, den ich mir am Vorabend popcornkauend angesehen hatte. Ich ließ meine Gedanken schweifen, während ich mein Haar shamponierte und über unser kleines, kuscheliges, altes Häuschen nachsann, das so voll lieber Erinnerungen steckt. Hier gab es keine unerfreulichen Erinnerungen, obwohl viele meiner Besitztümer einst lieben Verstorbenen gehört hatten. Diese Nippsachen verleihen meinem Leben Fülle und Bedeutung, und während ich meinen täglichen Arbeiten nachgehe, sind sie Trost und Stütze für mich. Ich lächelte vor mich hin und stellte das Wasser ab. Ich freute mich bei dem Gedanken daran, daß ich mich nun schnell abtrocknen und anziehen – und dann den ersten Schritt in einen Tag hinein wagen würde, der noch nie durchlebt worden war.«

(Nachdruck aus dem *Sunshine Magazine*)

So oft ich in die Dusche steige, muß ich an Pats Worte denken. Ich verwende Seife der Marke *Dove* (Taube) und denke darüber nach, wie der Heilige Geist uns reinigt und erfrischt. Ich sehe einem neuen Tag entgegen – einem Tag, den noch niemand vermurkst hat. Nichts ist geschehen, und es ist ein taufrischer Tag, an dem ich meine Freude haben kann. Es ist ein Tag, an dem noch niemand gelebt hat, aber ich werde ihn herzhaft genießen. Ich liebe das kleine Schildchen auf dem Schreibtisch eines Freundes, der in einem Leichenschauhaus arbeitet:

JEDER TAG, DEN DU ÜBER DER ERDE VERBRINGST,
IST EIN GUTER TAG!

Ich habe nicht alle Antworten auf die Fragen des Lebens, aber ich kenne Jemanden, der sie hat. Ich will leben, als wäre Christus gestern gestorben, heute auferstanden und als würde er morgen wiederkommen.

BIN ICH VIELLEICHT EIN WENIG ZU FRÖHLICH?

Manchmal begegne ich Leuten, die finden, ich sei ein wenig zu fröhlich – ich wollte mich vor der Wirklichkeit drücken und die schmerzlichen Tatsachen des Lebens verdrängen. Aber ich sage ihnen dann einfach, daß ich die Realität keineswegs ignoriere – ich sehe sie an und versuche Freude zu finden statt Elend.

Wir alle wissen, daß das Jahr 365 Tage hat, aber ich glaube, es gibt nur drei Tage, um die wir uns wirklich ernsthaft kümmern müssen. Und zwei dieser Tage liegen außerhalb unserer Reichweite – gestern und morgen. Gestern ist ein geplatzter Scheck, und morgen ist ein noch nicht eingelöster Wechsel. Aber heute ist bares Geld, das wir mit vollen Händen ins Leben werfen sollten, und darum sage ich, wacht auf, und freut euch, und beginnt jeden Tag neu! Heute gibt es noch keine Fehler, nichts ist geschehen, und noch hat niemand die Milch verschüttet – der heutige Tag liegt vor uns! Wir haben eine neue Chance!

Wenn Sie es schaffen, ein paar Tage lang auf diese Weise zu leben, dann werden Sie sehr bald eine Woche und vielleicht sogar einen Monat haben, lauter Tage, an denen Sie sich über jeden neuen Tag gefreut und sich keine Gedanken wegen der Vergangenheit gemacht haben. Und wenn Sie auf Christus vertrauen, dann brauchen Sie sich ganz gewiß keine Sorgen um die Zukunft zu machen. Ich liebe den Rat, den uns die Bibel gibt: »Der verborgene Mensch des Herzens im unvergänglichen Schmuck des sanften und stillen Geistes: das ist köstlich vor Gott« (1. Petr 3,4).

Das erinnert mich an einen Brief, den ich von einer fantastischen Frau erhielt. Sie hatte eine der längsten Leidenszeiten durchgemacht, von denen ich je gehört habe. Sie schrieb mir einen Brief, um mich zu ermutigen, weil sie weiß, daß meine Geschichte noch nicht zu Ende ist, ebensowenig wie ihre eigene. In diesem Brief sagte sie etwas, das, wie ich hoffe, jeder Leser dieses Buches erfassen, verstehen, im Kopf behalten und sich in Erinnerung rufen kann, sobald einer dieser Tage daherkommt, an denen man sich ausgelaugt und erschöpft fühlt ... wie durch die Mangel gedreht ... wenn man meint, man hält es keinen einzigen Tag länger durch ... wenn man wirklich alles hinschmeißen und der Welt »Gute Nacht« sagen will. An solchen Tagen sollten Sie an den Satz denken:

WIR DÜRFEN NICHT ZULASSEN, DASS UNSERE LAST UNSEREN FORTSCHRITT LÄHMT.

Wie leicht ist es doch, uns von Gram und Schmerz in die Falle locken zu lassen, wie ein Kaninchen vor der Schlange vor unseren Sorgen zu sitzen, unfähig, irgend jemandem von Nutzen zu sein — uns selbst mit eingeschlossen. Viele der Telefonanrufe, die ich erhalte, spiegeln die Lähmung wider, die leidende Eltern erfaßt, wenn sie erfahren, daß ihre Kinder den Drogen oder der Homosexualität oder einem anderen verderblichen Lebensstil verfallen sind. Sie stehen unter einem Schock. Das Trauma verwüstet ihre ganze Persönlichkeit. Der Schmerz ist schlimmer als jeder andere, den sie je erlebt haben. Die Wunde geht bis ins Mark; sie sind im Innersten zerbrochen und überzeugt, daß sie niemals wieder heil werden können. Sie fühlen sich wie »Humpty Dumpty« im Märchen:

> »Doch all des Königs Ritter
> und all die Reiterei
> sie konnten nicht mehr helfen:
> Humpty Dumpty war entzwei.«

Und vermutlich werden sie lernen müssen, eine ganze Weile mit diesem Gefühl zu leben.

Vielleicht durchleiden Sie gerade eine solche Erfahrung. Es gibt keine Patentantworten, keine sofort wirksamen Schmerzkiller, aber *lassen Sie niemals zu, daß Ihre Last Ihren Fortschritt lähmt*. Ja, Sie leiden, wie Hunderte und Tausende andere ebenfalls leiden. Aber Sie werden Fortschritte machen, sobald Sie es wagen, unter Ihrer Last hervorzulugen und versuchen, die Bürde eines anderen mitzutragen. Versuchen Sie, etwas für einen anderen Menschen zu tun, der ebenfalls unter der Last seiner Probleme ins Taumeln geraten ist. Lassen Sie sich von Ihrer Last nicht länger hypnotisieren, hören Sie auf, vor Panik erstarrt stillzustehen, und tun Sie einen ersten Schritt auf dem einzigen Weg, der aus der Erstarrung führt: dem Weg der Liebe.

Aus diesem Grund schreibe ich dieses Buch. Ich habe bereits von den Tragödien gesprochen, die mir, wie ich meine, das Recht geben, mich mit Ihnen über diese Dinge auszutauschen. Ich erzähle meine Geschichte in meinem ersten Buch »Where Does a Mother Go to Resign?« (Wohin soll sich eine Mutter verkriechen?) Ich werde sie in verkürzter Form in den nächsten beiden Kapiteln noch einmal erzählen, einschließlich einiger Notizen, die im ersten Buch nicht erwähnt worden sind. Ich möchte auch einige der Erkenntnisse mit Ihnen teilen, die ich gewonnen habe – und weiterhin gewinne. Mein Gatte Bill und ich leiten eine Organisation namens SPATULA, einen Verein zur Hilfe für Eltern, die voller Verzweiflung sind, weil sie ein homosexuelles Kind haben oder sich etwas anderes Schlimmes in ihrem Leben zugetragen hat. Die Verteilerliste für unseren Rundbrief, *The Love Line,* der an diese Eltern verschickt wird, umfaßt inzwischen Tausende von Adressen, und ich spreche auch bei jeder Gelegenheit in der Öffentlichkeit, sei es persönlich oder im Fernsehen oder im Rundfunk – um Eltern zu helfen, die bitteres Leid erdulden müssen, weil ihre Kinder sie enttäuscht haben.

DAS LEBEN LÄSST UNS KEINE ZEIT FÜR GENERALPROBEN

Einmal, als ich mit Al Sanderson im Rahmen einer seiner »Vox Pop«-Sendungen sprach, zitierte er ein Epigramm von Ashleigh Brilliant, das ich oft verwende: »Mein Leben ist eine Theateraufführung, für die ich niemals proben durfte.« Dann fragte er mich: »Warum sagen Sie das?«

Ich gab ihm zur Antwort: »Das Leben ist etwas, das ohne Vorwarnung geschieht. Ich hatte keine Gelegenheit, mich auf die vier Tragödien vorzubereiten, die im Verlauf von neun Jahren über unsere Familie hereingebrochen sind. Aber ich glaube, daß ich das Recht habe, jetzt mit Ihnen zu sprechen, weil ich wirklich ganz unten war. Ich habe diese Tragödien durchstehen müssen, aber jetzt habe ich viel Freude. Ich möchte diese Freude und diesen Humor und meine Hoffnung den Leuten weitergeben, die uns zuhören.«

Jeder Tag ist so kostbar. Wir haben keine Zeit zu verlieren. Es mag Tage geben, die uns Schmerz bringen, aber wir haben immer die Wahl zwischen Jammer und Freude. Das Geheimnis besteht darin, die richtigen Entscheidungen zu treffen. Ralph Waldo Emerson war ein kluger Kopf, und einer der besten Ratschläge, den er der Welt jemals gab, ist der folgende:

»Bringen Sie jeden Tag zu Ende und lassen Sie es gut sein damit. Sie haben getan, was Sie konnten. Zweifellos haben sich ein paar Fehler und Absurditäten eingeschlichen: Vergessen Sie sie, so bald Sie können. Morgen ist ein neuer Tag; beginnen Sie ihn gut und gelassen und in so guter Laune, daß Sie sich von Ihren alten Dummheiten keinen Klotz ans Bein hängen lassen. Dieser Tag ist alles, was in Ihrem Leben gut und schön ist. Er ist zu kostbar mit all seinen Hoffnungen und Einladungen, um auch nur einen Augenblick an das Gestern zu verschwenden.«

Vor einigen Wochen plauderte ich am Telefon mit Dr. Martin Walter. Es ging um Schwierigkeiten beim Transport von Büchern nach Kanada, wo ich im Rahmen einer Bibelkonferenz sprechen sollte. Ich hatte jahrelang seine Bibelstunden besucht, und er hatte die Einleitung zu meinem ersten Buch »Where Does a Mother Go to Resign?« geschrieben. Im Lauf der Jahre habe ich so oft Ermutigung erfahren, wenn ich mir seine Kassetten anhörte. Er gab mir ein paar Tips, wie ich mein Büchertransportproblem lösen könnte, und dann sagte ich ihm, daß ich Diabetes habe, weil ich wußte, daß er ebenfalls Diabetiker war. Als ich einen Witz darüber machte, daß wir vermutlich nie in einem Greisenheim enden würden, lachte er und sagte: »Wenn das so ist, sollte ich meinen Anteil an einem Pflegeheim im Osten der Stadt lieber verkaufen.« Wir lachten zusammen, und ich erzählte ihm von eben diesem Buch, an dem ich damals gerade arbeitete.

Zehn Tage nach unserem Gespräch sang Dr. Walter Martin bereits Preislieder vor Gottes Thron. Durch einen plötzlichen und unerklärlichen Herzanfall war er gestorben! Unser aller Leben ist so zerbrechlich. Wie wichtig ist es doch, Entscheidungen zu treffen, die ewige Gültigkeit haben! Die Ewigkeit erwartet uns alle, aber wenn wir den Schmerz akzeptieren können, den uns dieses Leben bringt, und uns entscheiden, positiv darauf zu reagieren, dann können wir den Jammer vermeiden. Wir haben immer die Möglichkeit, die FREUDE zu wählen!

Gedanken zum Mitnehmen

DIE GRUBE

Ein Mann fiel in eine Grube und konnte sich nicht mehr daraus befreien.
   Ein EMOTIONALER Mensch kam des Weges und sagte:
»Ich fühle mit dir da unten.«
Ein SACHLICHER Mensch kam des Weges und sagte:
»Ist ja logisch, daß eines Tages jemand in diese Grube fallen würde.«
Ein PHARISÄER sagte:
»Nur böse Menschen fallen in eine Grube.«
Ein MATHEMATIKER
berechnete, wie er in die Grube gefallen war.
Ein ZEITUNGSREPORTER
wollte einen Exklusivbericht über die Grube.
Ein FUNDAMENTALIST sagte:
»Du verdienst deine Grube.«
Ein FINANZBEAMTER
fragte ihn, ob er seine Steuern für die Grube bezahlt hätte.
Ein Mensch voll SELBSTMITLEID sagte:
»Du weißt ja gar nicht, was Grube heißt, bevor du nicht meine Grube gesehen hast!«
Ein CHARISMATIKER sagte:
»Du mußt nur den Glauben haben, daß du gar nicht in der Grube bist.«
Ein OPTIMIST sagte:
»Es könnte schlimmer sein.«
Ein PESSIMIST sagte:
»Es wird noch schlimmer werden.«
JESUS aber, als er den Mann sah, ergriff seine Hand und ZOG IHN HERAUS aus der Grube.

Autor unbekannt

DEPRIMIERT?

Denken Sie daran: Auf jede dunkle und stürmische Wolke folgen ... eine zerraufte Frisur und Regenwürmer auf dem Gehweg.

Grußkarte

Wir sollten alle doppelt geschliffene Gläser tragen, was unsere Einstellung zum Leben in dieser Welt angeht.

Wir sollen klar und deutlich sehen, was als nächstes zu tun ist, und die Sache kräftig und energisch anpacken, aber wir brauchen auch die Weitsicht, damit wir imstande sind, Gottes Perspektive und die Bedeutung Seines Wirkens in unserem Leben zu erkennen.

aus dem Rundschreiben eines Augenarztes

VORSÄTZE, UM JAMMER ZU VERMEIDEN

Entscheide dich, zu lieben — statt zu hassen.
Entscheide dich, zu lächeln — statt ein finsteres Gesicht zu machen.
Entscheide dich, aufzubauen — statt niederzureißen.
Entscheide dich, durchzuhalten — statt die Flinte ins Korn zu werfen.
Entscheide dich, zu loben — statt Klatsch zu verbreiten.
Entscheide dich, zu heilen — statt zu verletzen.
Entscheide dich, zu geben — statt gierig an dich zu raffen.
Entscheide dich, zu handeln — statt die Dinge auf die lange Bank zu schieben.
Entscheide dich, zu vergeben — statt zu fluchen.
Entscheide dich, zu beten — statt zu verzweifeln.

Autor unbekannt

VERGISS NICHT,

das Leben besteht zu etwa zehn Prozent aus dem, was du daraus machst ... und zu 90 Prozent daraus, wie du damit fertig wirst.

Zweites Kapitel

Ich werde mit jeder Krise fertig — ich bin schliesslich Mutter

> *Mutterschaft bedeutet*
> *die ständige Konfrontation mit Frustrationen*
> *und Ärgernissen, ... aber irgendwann ziehen die Kinder*
> *ja schließlich aus.*
>
> Grußkarte

Die meisten von uns Müttern haben das Gefühl, daß wir die blumigen Verse und die Lobhudeleien, mit denen wir am Muttertag überschüttet werden, gar nicht verdient haben, aber wir wissen, daß dieser Tag eine große Bedeutung für unsere Familien hat. Im Monat Mai ist unser Rundbrief *The Love Line* daher den Müttern gewidmet, zur Erinnerung daran:

> WENN ES EINFACH WÄRE, KINDER AUFZUZIEHEN,
> HÄTTE DIE SACHE WOHL NICHT
> MIT ETWAS BEGONNEN, DAS »WEHEN« GENANNT WIRD.
>
> Autor unbekannt

Aber das ist es eben, was Mutterschaft bedeutet — die Wehen der Liebe. Eine meiner Lieblingsgeschichten (und ich habe nicht die geringste Ahnung, wo sie ursprünglich herstammt) erzählt davon, wie Mutterliebe alles andere überdauert. Es heißt, ein Engel habe sich aus dem Himmel davongestohlen und den Tag damit zugebracht, über die Erde zu schweifen. Als die Sonne sank, beschloß er, eine Erinnerung an seinen Besuch mit sich zu nehmen. Er bemerkte einige liebliche Rosen in einem Blumengarten, pflückte die seltensten und schönsten und band sie zu einem Strauß, den er mit sich in den Himmel nehmen wollte.

Als er sich weiterhin umsah, entdeckte er ein liebliches Kindchen, das zu seiner Mutter auflächelte. Das Lächeln des Kindes war noch hübscher als der Rosenstrauß, also nahm er auch das mit. Er wollte eben gehen, als er die Liebe der Mutter wie einen sprudelnden Strom über das Kind in der Wiege hinwegströmen sah, und er sprach zu sich selbst: »Ach, diese Mutterliebe ist das Schönste, was ich auf Erden gesehen habe; ich will auch diese mit mir nehmen.«

Er flog in den Himmel zurück, aber als er vor den Perlentoren angekommen war, wollte er noch einmal seine Erinnerungsstücke ansehen, ob sie die weite Reise auch gut überstanden hatten. Die Blumen waren verwelkt, das Lächeln des Kindes war verblaßt, aber die Mutterliebe prangte immer noch in all ihrer Wärme und Schönheit. Er warf die welken Blumen und das verblaßte Lächeln beiseite, versammelte all die Heerscharen des Himmels um sich und sagte: »Seht hier das einzige, was ich auf Erden gefunden habe, das seine Schönheit bis ans Himmelstor bewahrt hat — es ist die Mutterliebe.«

Ich mag diese Geschichte, weil sie ein Symbol dafür ist, was es für mich bedeutet hat, eine Mutter zu sein. Die Rosen und das Babylächeln erinnern mich an ein kleines Gedicht, das ich einmal gehört habe. Es handelt davon »Laßt Blumen sprechen«:

> Die Orchidee verzaubert dich,
> die Ros' spricht »Ich bin dein« —
> doch wilde Blumen in Kinderhand —
> nichts könnte schöner sein!

Diese Kinderhände voll wilder Blumen schenkten mir ein paar großartige Muttertage, aber später verblaßten die Sträußchen und das Lächeln. Meine Liebe zu meiner Familie mußte mit unsäglichen Schmerzen und Kümmernissen fertigwerden. Vier Tragödien brachen in einem Zeitraum von neun Jahren über uns herein, und jede einzelne hätte ausgereicht, mir das Herz zu brechen.

»IHR MANN WIRD NIE WIEDER ZU BEWUSSTSEIN KOMMEN!«

Der erste Schlag traf uns im Jahre 1966, als Bill und ich die Aufgabe von Beratern unserer kirchlichen Jugendgruppe bei einer Konferenz in den St. Gabriel-Bergen übernehmen sollten. Bill fuhr an diesem Abend voraus, um noch Vorräte einzukaufen, und ich plante, ihm in meinem eigenen Auto zu folgen, nachdem ich noch alles Mögliche erledigt hatte, das in letzter Minute fällig wurde. Unsere beiden älteren Jungen, Steve und Tim, wollten im Bus mit ihrer Jugendgruppe kampieren, während Larry und Barney, die beiden Jüngeren, mit mir fuhren. So brachen wir zu unserem großen Abenteuer auf.

Die finstere Bergstraße war während des Winters nicht befahrbar, aber sie war speziell für unsere Jugendgruppe geöffnet worden, so daß wir zu unserer vorösterlichen Rüstzeit in die Berge fahren konnten. Etwa zehn Meilen vor dem Konferenzgelände stieß ich auf einen Mann, der mit gespreizten Armen und Beinen mitten auf der Straße lag, von Blut und Glasscherben bedeckt. Ich erkannte Bill nur an seinen Kleidern. Ich wußte, daß andere Autos mir auf den Fersen folgten, also ließ ich eines der Kinder bei Bill auf der Straße zurück und fuhr die zehn Meilen zum Lager, um einen Krankenwagen zu rufen.

Es dauerte fast zwei Stunden, bis wir Bill ins Spital geschafft hatten, aber irgendwie schaffte er es, am Leben zu bleiben, den schweren Kopfverletzungen zum Trotz, die einen Teil seines Gehirns bloßgelegt hatten. Wie es aussah, war Bills Wagen mit Felsbrocken kollidiert, die auf die Straße gerutscht waren, und hatte sich überschlagen.

Die Ereignisse der nächsten Tage habe ich nur noch schemenhaft in Erinnerung, aber ich erinnere mich an einen Neurochirurgen und einen Augenarzt, die mich in ihr Büro riefen, um mir Näheres über Bills Zustand zu sagen. Die Schädelknochen waren zerstört, sein Augenlicht war erloschen, und er hatte Anfälle, die als »traumatische Epilepsie« bezeichnet wurden. Sie waren der Meinung, daß er niemals wieder imstande sein würde, seinen Platz in der Familie einzunehmen.

Ich konnte es nicht fassen. Noch vor zwei Tagen waren wir eine glückliche Familie mit vier netten Söhnen gewesen und hatten meines Wissens keine Probleme gehabt. Nun trug ich plötzlich die Last der Sorge für vier Jungen — zwei Teenager und zwei, die noch nicht einmal zwölf waren.

Als Bill aus unserem Krankenhaus am Ort entlassen wurde, war er blind und reagierte auf niemanden von uns. Er rührte sich kaum, und es schien, als sollten die Ärzte recht behalten.

Ich wußte, daß ich mich nach finanzieller Unterstützung umsehen mußte, also rief ich eine Freundin an und bat sie, bei

Bill zu bleiben, während ich mich auf die Suche nach Hilfsprogrammen machte, die für uns in Frage kamen. Zuerst suchte ich das Blindenhilfswerk auf; sie schenkten Bill einen weißen Stock. Das war immerhin ein Anfang. Dann begann ich, mich bei der Veteranenfürsorge ernsthaft um Hilfe zu bemühen, denn Bill war Lieutenant-commander bei der Marine gewesen und hatte Anspruch auf Unterstützung. Man sagte mir, daß eine Untersuchung durch ihr medizinisches Personal stattfinden müßte, um festzustellen, in welchem Ausmaß er behindert war.

Ein paar Tage später kam ich wieder und brachte Bill mit. Als das medizinische Komitee der Veteranenfürsorge ihn untersucht und seine Krankengeschichte studiert hatte, waren sie mit den anderen Ärzten einer Meinung, daß er nie wieder ein normales Leben führen würde. Sie sagten mir, sobald ein Bett im Sawtelle-Krankenhaus für ehemalige Soldaten frei sei, könnte er seinen Anspruch darauf geltend machen. Ich sagte ihnen nichts davon, daß das überhaupt nicht meinen Vorstellungen entsprach.

Als nächstes kontaktierte ich das Sozialversicherungs-Service, um Pflegegeld für Bill zu bekommen und finanzielle Hilfe für unsere vier Jungen und mich. Nachdem ich noch eine ganze Anzahl Vorsprachen bei der Veteranenfürsorge und dem Sozialversicherungs-Service hinter mich gebracht hatte, forderte ich von der Versicherung Geld, denn Bill war als chronisch behindert eingestuft worden. Unsere Lebensversicherung enthielt eine Klausel, die körperliche Schäden abdeckte, und Bill bekam 20 000 Dollar für sein verlorenes Augenlicht – 10 000 Dollar pro Auge. Nach Ansicht der Versicherungsgesellschaft würde Bill den Rest seines Lebens blind sein und hatte Anspruch auf die volle Summe.

Das alles forderte Zeit und Kraft. Es war eine Herausforderung, zu lernen, wie man von all diesen Institutionen Geld bekommen konnte. Als ich eben damit fertig geworden war, alle nur erdenkliche Hilfe von der Veteranenfürsorge, dem Sozialversicherungs-Service, dem Blindenhilfswerk und unserer Versicherungsgesellschaft zu bekommen, DA MACHTE GOTT IHN GESUND! Es war keine plötzliche Heilung, aber während all dieser Monate, in denen ich mir die Hacken ablief, um finanzielle Unterstützung zu bekommen, kam Bill allmählich wieder zu Kräften, und sein Augenlicht kehrte auf wunderbare

Weise wieder – ebenso wie seine geistigen Fähigkeiten. Eines der ersten Anzeichen, daß etwas Erfreuliches sich anbahnte, bestand darin, daß Bill anfing, mir solche Fragen zu stellen wie: »Wer sind Sie? Arbeiten Sie hier?«

Bill erholte sich so vollständig, daß er sogar erwog, wieder arbeiten zu gehen. Da hatte ich nun all diese traumhaften Schecks, die mit schöner Regelmäßigkeit eintrudelten, und jetzt mußte ich einen Weg finden, um all diese Hilfsaktivitäten wieder ABZUSTELLEN!

Es gab Augenblicke, da fragte ich mich, warum Gott Bill nicht geheilt hatte, *bevor* ich mir diesen Haufen Arbeit gemacht hatte. Falls Sie der Meinung sind, es sei nicht leicht, all diese Hilfe zu bekommen – dann sollten Sie erstmal versuchen, sie wieder LOSZUWERDEN! Man ruft nicht einfach bei der Veteranenfürsorge an und sagt: »Hallo, Sie – erinnern Sie sich noch an meinen Ehemann, denjenigen, den Sie damals als hoffnungslosen Fall eingestuft haben? Also, der ist jetzt nicht mehr blind, sein Hirnschaden ist geheilt, er hat keine Anfälle mehr, und er fängt wieder mit seiner Arbeit als Ingenieur an.«

Die Veteranenfürsorge forderte mich auf, Bill in ihr Büro zu bringen, und ihre Ärzte würden die Entscheidung treffen, ob er weiterhin als behindert gelten sollte oder nicht. Unser Hausarzt begleitete uns, und als Bill von den Ärzten der Veteranenfürsorge untersucht wurde, konnten sie es kaum fassen, daß er derselbe Patient sein sollte, den sie vor einem Jahr als hoffnungslosen Fall eingestuft hatten. Unser Arzt, ein wackerer Christ, versuchte zu erklären, daß Bills völlige Wiederherstellung Gottes heilender Hand zu verdanken war, etwas, was Menschen, die Gottes heilende Kraft nicht erfahren haben, als schlechthin unverständlich erscheinen muß.

Eine Institution, die nicht bereit war, Bill grünes Licht zu geben, war das Verkehrsamt. Sie sind nicht gern bereit, einem Mann den Führerschein zurückzugeben, der einmal blind war, einen Hirnschaden, Anfälle und Ähnliches hatte. Als Bill wieder zur Arbeit ging, mußte ich ihn jeden Tag hin und zurück chauffieren, weil niemand im Verkehrsamt bereit war, ihm die Fahrprüfung abzunehmen, damit er seinen Führerschein wiederbekam.

UND DANN GING STEVE NACH VIETNAM

Während Bill sich langsam erholte, erreichte der Vietnamkrieg seinen Höhepunkt und unser Zweitältester, Steve, der damals siebzehn war und die Höhere Schule besuchte, wurde unruhig. Viele seiner Schulkameraden waren bereits zu den Marines gegangen, und er wollte sich ihnen anschließen. Er hatte für das Studium nichts übrig und die Schule war ihm lästig. Widerwillig unterschrieb ich die Papiere, die ihm erlaubten, einige Monate vor seinem achtzehnten Geburtstag zu den Marines zu gehen. Steve war Christ, und das tröstete mich, als er fortfuhr, um seine militärische Ausbildung zu machen. Als er zur Armee ging, dachten wir, die ganze Vietnamgeschichte sei am Abflauen; aber als er seine Grundausbildung beendet hatte, lief alles wieder auf Hochtouren, und er ließ uns wissen, er würde im März 1968 an Bord des Schiffes gehen, das ihn nach Vietnam bringen sollte.

Ich erinnere mich daran, wie ich an dem Tag, an dem er uns verließ, allein mit Steve nach Camp Pendleton fuhr. Es war St. Patricks-Tag, und wir nahmen unser Mittagessen in einem Lokal ein, das für diesen Festtag geschmückt war. Normalerweise hätte ich meine Freude daran gehabt, aber ich war in mich gekehrt, und mir war nicht nach Lachen zumute.

Wir waren früh dran, also hatten wir noch Zeit genug, um eine steile Straße hinaufzufahren, die zu einer berühmten Kirche in San Clemente, in der Nähe von Camp Pendleton, führt. Von dort hat man eine umwerfende Aussicht aufs Meer, und obwohl es ein trüber Tag war, mit tiefhängenden Wolken und Nebel, habe ich unauslöschliche Erinnerungen daran bewahrt, wie wir da neben der Kirche standen und auf den Ozean hinunterblickten, der gegen die Klippen brandete. Wir beteten dort neben der Kirche miteinander, und dann machten wir uns langsam daran, die letzte Etappe des Weges zum Marinestützpunkt hinter uns zu bringen.

Ich sehe noch heute vor meinem geistigen Auge, wie Steve seinen grünen Seesack über die Schulter schwang ... sich umdrehte und mir zuwinkte ... und dann hinter den Gittertoren von Camp Pendleton verschwand.

Seine zahlreichen Briefe aus Vietnam spiegelten das geistliche Wachstum wider, das sich in seinem Leben bemerkbar machte. Wenn man Christ ist und um einen herum die Kameraden in der Schlacht fallen, dann bleibt einem nichts als der Glaube an Gott.

Obwohl er bereits am 28. Juli 1968 getötet wurde, sollte es noch drei Tage dauern, bis ein Wagen mit der Aufschrift »U. S. Marines« vor unserer Türe hielt. Zwei junge Marines in voller Uniform kamen an die Tür und teilten uns mit, daß Steve und sein gesamter Zug in einer Schlacht in der Nähe von Da Nang gefallen waren.

Wenn ein lieber Mensch sich in einer gefährlichen Lage befindet, wie es bei Steve der Fall war, dann lebt man in ständiger nervöser Anspannung und Furcht. Aber wenn dann das Schlimmste eintritt, dann fühlt man sich seltsam befreit. Man hat das Gefühl, etwas sei vorbei. Und das war es ja auch — das Leben war vorbei für Steve.

Etwa zehn Tage später wurden wir von einem nahegelegenen Leichenschauhaus angerufen und eine Männerstimme sagte: »Mrs. Johnson, Sie müssen vorbeikommen und Steves Leichnam identifizieren, denn wenn jemand im Ausland stirbt, schreibt das Gesetz eine formelle Identifizierung der Leiche vor.«

Bill konnte damals noch nicht einmal Autofahren, also beschloß ich, ihm die grausame Situation zu ersparen und fuhr allein zum Leichenschauhaus. Es war ein glühend heißer Tag im August.

Ein kleiner Mann in einem dunklen Anzug komplimentierte mich in einen Schauraum und stand abwartend neben mir, während ich in den versiegelten Sarg blickte und herauszufinden versuchte, ob das braune, aufgedunsene Gesicht darin meinem Sohn gehörte. Er hatte mit dem Gesicht nach unten zwei Tage lang in einem Reisfeld gelegen, bevor man ihn gefunden hatte. Sie zeigten mir nur die obere Hälfte — ich wußte nicht einmal, ob unterhalb des Gürtels noch etwas von ihm übrig war. Der kleine Mann stand da und wartete, und schließlich kam ich zu dem Entschluß, daß es Steve sein mußte. Ich unterschrieb das Formular, das letztendlich besagte: »Dieser Junge gehört in diesen Sarg.«

Als ich das Leichenschauhaus verließ, dachte ich: *Nun haben wir tatsächlich den Kelch des Leidens geleert. Bill geht es wieder gut — nun, fast ganz gut. Er sieht sich immer noch ein ums andere Mal dieselben alten John-Wayne-Filme an und kann sich nicht erinnern, daß er sie schon mal gesehen hat, und er vergißt Geburtstage und Jahrestage ... aber das tun wahrscheinlich eine Menge Männer ... und nun haben wir diesen wunderbaren Jungen verloren, der unser Schatz im Himmel ist.*

Beim Gedenkgottesdienst, der für Steve abgehalten wurde, wurde das Lied »Geborgen in Jesu Armen« gesungen, dasselbe Lied, das unsere Gemeinde gesungen hatte, als er uns verlassen hatte, um nach Vietnam zu gehen. Wir ließen eine kleine Broschüre mit Steves Foto auf dem Titelbild drucken. Innen standen die Predigt des Gedenkgottesdienstes und die *Vier Geistlichen Gesetze*. Und wir begannen, uns mit anderen Familien auszutauschen, die Söhne in Vietnam verloren hatten. Wir holten uns die Namen aus der *Los Angeles Times,* die jeden Tag eine Liste der jungen Männer abdruckte, die in Vietnam gefallen waren. Wir sandten Steves Broschüre an diese Familien. Wir hatten das Gefühl, es sei eine Gelegenheit, unsere Überzeugung mit ihnen zu teilen, daß wir als Christen eine grenzenlose Hoffnung haben, weil wir Jesus Christus kennen.

TIM RIEF AUS DEM YUKON-TAL AN

Die nächsten fünf Jahre vergingen rasch. Der Krieg in Vietnam ging schließlich zu Ende, und die Wunden, die Steves Verlust uns geschlagen hatten, verheilten.

Tim, unser ältester Sohn, war dreiundzwanzig. Er hatte das College abgeschlossen und dann die Polizeiakademie von Los Angeles besucht. Im Juni 1973 legte er die Abschlußprüfung ab. Er und sein Freund Ron hatten beschlossen, ausgiebig Urlaub zu machen, also fuhren sie nach Alaska. Sie wollten ein paar Wochen dort bleiben und ein wenig Geld verdienen, indem sie Ferienarbeiten annahmen. Anfang August wollten sie nach Hause zurückkehren, um sich aufs Herbstsemester vorzubereiten.

Ich muß hinzufügen, daß Tim zwar ein hübscher und liebenswerter junger Mann war, aber nicht gerade ein Spaßvogel. Es sagt wohl alles, wenn ich Ihnen erzähle, daß er während seiner Collegezeit im Leichenschauhaus Rose Hill arbeitete. Seine Vorstellung von Spaß — und damit hatte es sich auch schon — erschöpfte sich darin, Kranzschleifen heimzubringen und sie unseren beiden Hunden und unserer Katze umzubinden. Auf diesen Schleifen standen Botschaften wie »Ruhe in

Frieden« oder »Gott segne Opa Hiram« zu lesen. Wenn ich heimkam und meine Haustiere mit Kranzschleifen aufgeputzt fand, dann wußte ich, daß Tim wieder mal gute Laune hatte.

Nachdem Tim in Alaska angekommen war, schrieb er uns von neuen Freunden, die er kennengelernt hatte, und erwähnte auch, daß er sich hatte taufen lassen. Das verletzte mich irgendwie, denn er war bereits in unserer Kirche getauft worden, und meiner Meinung nach war das genug, aber ich fühlte neue geistliche Horizonte in Tims Briefen. Er schien ein anderer zu sein als der Junge, den wir zuhause gekannt hatten.

Am 1. August 1973 erhielt ich einen Anruf von Tim. Ich habe immer Spaß dran gehabt, einen neuen Monat anzufangen. Ich wechsle die Leintücher, nehme ein Bad, lasse mir die Haare legen, und wir tun immer irgend etwas Besonderes, um den ersten Tag eines neuen Monats richtig zu genießen. Natürlich tue ich das alles sonst auch, aber ich mache aus dem ersten Tag des Monats immer ein kleines Fest.

Tims erste Frage lautete: »Was machst du denn gerade, Mama? Wie feierst du den ersten Tag des Monats?«

Meine rasche Antwort lautete: »Nun, ich habe gerade auf einen Anruf von dir gehofft.«

Tim fuhr fort: »Ron und ich sind bereits auf dem Heimweg. Wir kommen in ungefähr fünf Tagen an, und ich kann es nicht erwarten, dir zu erzählen, was der Herr in meinem Leben getan hat. Meine Augen glänzen und meine Füße wollen hüpfen, und ich weiß, daß der Herr meine Geschichte reichlich gebrauchen wird.«

Ich merkte, daß ein aufgeregter Ton in Tims Stimme mitschwang; so ganz anders als die konservative, gepflegte Sprechweise, die mir so vertraut war — eine Sprechweise, aus der ich selten Begeisterung für irgend etwas heraushören konnte. Ich freute mich sehr darüber, daß er in fünf Tagen daheim sein würde. Dann würde er sich mit uns darüber austauschen, was geschehen war — welches Ereignis einen ruhigen, melancholischen jungen Mann von dreiundzwanzig Jahren in einen sprühenden, energiegeladenen Christen verwandelt hatte.

Tims Anruf erreichte mich gegen Mittag, und nachdem wir den Telefonhörer aufgelegt hatten, dachte ich an all die Mühen, die ich mir gemacht hatte, um ihn für christliche Aktivitäten zu interessieren. Einmal hatte ich ihn sogar mit einem Satz neuer Autoreifen bestochen, nur damit er zu einer Konferenz von Campus Crusade (Campus für Christus) fuhr. Aber was wir auch taten, Tim machte sich niemals Notizen oder schien irgendwie Anteil zu nehmen. Er ließ sich mit der Menge treiben, aber er wirkte niemals engagiert oder interessiert ... bis JETZT!

An diesem Abend erzählte ich Bill und den beiden anderen Jungen, Larry und Barney, von Tims Telefonanruf. Wir alle lachten und hatten unsere Freude an den Veränderungen in Tims Leben, als plötzlich das Telefon klingelte. Ein Beamter der kanadischen Polizei, der Mounties, rief aus White Horse in Yukon an. Ich konnte nicht alles verstehen, was er sagte, aber die Worte drangen durch die Störgeräusche in der Leitung doch zu mir: BETRUNKENE IN EINEM DREI-TONNEN-LASTER ... FUHR ÜBER DIE MITTELLINIE ... STIESS FRONTAL MIT TIMS KLEINEM VOLKSWAGEN ZUSAMMEN ... TIM UND SEIN FREUND RON WAREN AUF DER STELLE TOT ... BRAUCHEN IHRE ANWEISUNGEN, WIE DAS BEGRÄBNIS VOR SICH GEHEN SOLL.

Tim und Ron waren ganz plötzlich vor Gottes Thron getreten. Benommen dachte ich: *Aber das darf doch nicht wahr sein! Ich habe doch noch vor wenigen Stunden mit ihm gesprochen, und er war auf dem Heimweg, um uns seine Geschichte zu erzählen. Er wollte in fünf Tagen zu Hause sein! Das darf nicht sein! Ich habe doch schon EINEN Schatz im Himmel! Ich brauche keinen ZWEITEN! Tim ist unser Erstgeborener, ein ganz besonderes Geschenk an uns. Das ist einfach ungerecht.*

Ich war voller Zorn bei dem Gedanken, daß so etwas passiert war ... schon wieder! Hatten wir nicht schon genug gelitten? Wie konnte Gott das geschehen lassen, gerade jetzt, wo Tim so begeistert war und uns von seinen aufregenden geistlichen Erlebnissen erzählen wollte?

Ein paar Stunden später erhielten wir einen Anruf vom Pastor der Kirche in Atlanta, die Tim im Lauf des Sommers besucht hatte. Er sagte: »Wir wollen die Geschichte dieser Jungen nicht im Yukon sterben lassen. Wir bringen ein paar Leute mit, um davon zu erzählen, was wirklich in ihrem Leben geschah.«

Ich dankte ihm und sagte, ich würde ihn das Datum des Gedenkgottesdienstes für Tim wissen lassen. Obwohl mir der Kummer das Herz zerriß, fand ich Trost in seinem Angebot, sich mit uns auszutauschen. Später, beim Gedenkgottesdienst, erzählte er uns dann, was diesen stumpfen, spießigen Jungen in eine sprühende, strahlende Persönlichkeit voller Interesse an geistlichen Dingen verwandelt hatte. Tim hatte sein Leben von neuem dem Herrn übergeben und sein Freund Ron war Christ geworden.

Unsere Lokalzeitung veröffentlichte einen Bildbericht über den Unfall unter dem Titel: »BETRUNKENER FAHRER TÖTET ZWEI JUNGEN AUF EINER AUTOBAHN IN ALASKA«. Schon am nächsten Tag kamen ein paar wirklich liebe junge Mädchen zu uns auf Besuch und erzählten uns, wie sehr die Nachricht von dem Unfall sie schockiert hatte. Sie brachten Briefe mit, die Tim ihnen geschrieben hatte und die sie soeben erhalten hatten. Offenbar hatte Tim am Tag, bevor er sich auf die Heimreise machte, neben anderen Freunden auch einigen Mädchen geschrieben, mit denen er dann und wann ausgegangen war, und ihnen von seinen geistlichen Erlebnissen erzählt. In einem Brief an eines dieser Mädchen hieß es: »Bitte vergib mir, daß ich so ein schrecklicher Typ war ...« Als Mutter habe ich mich dann doch gefragt, was das nun bedeuten sollte. Offenbar war Tim keineswegs so langweilig gewesen, wie ich gedacht hatte.

EIN WEITERER ANRUF AUS DEM LEICHENSCHAUHAUS

Es dauerte mehr als eine Woche, Tims Leiche aus dem Yukon-Tal abzutransportieren, und während wir mitten in den Vorbereitungen für den Gedenkgottesdienst waren, erhielt ich einen Telefonanruf von genau demselben Leichenschauhaus, das auf den Tag genau vor fünf Jahren bei uns angerufen hatte. Die Stimme des Mannes sagte: »Mrs. Johnson, ich habe so etwas noch nie zuvor tun müssen, aber Sie müssen hierherkommen und Tims Leichnam identifizieren, da er im Ausland verunglückt ist.«

Als ich den Hörer auflegte, erinnerte ich mich daran, daß Tim im Yukon-Tal ums Leben gekommen war. Wo war das überhaupt? Ich sah auf der Landkarte nach und entdeckte, daß Yukon eines der kanadischen Territorien ist und damit tatsächlich zum Ausland gehört.

Ich hatte diesen Weg zum Leichenschauhaus schon vor fünf Jahren einmal gemacht und damals gedacht, eine solche Prüfung würde einem nur einmal im Leben auferlegt. Nun fuhr ich zum zweiten Mal an einem heißen Augusttag dorthin, um einen Sohn in einer Kiste zu identifizieren. Als ich dort im selben Schauraum stand, jagten verworrene Gedanken durch meinen Kopf: *Das ist derselbe scheußliche Teppichboden, den sie schon vor fünf Jahren hatten, und dieselbe scheußliche Tapete, und ich stehe da neben demselben kleinen Mann im dunklen Anzug und sehe mir einen* WEITEREN *Jungen im Sarg an. Ich kann einfach nicht* GLAUBEN, *daß das alles noch einmal geschieht!*

Alles erschien mir so vertraut, als wäre es mir bereits in einem anderen Leben oder einem Traum widerfahren! Ich fragte mich, ob ich den Rest meines Lebens alle fünf Jahre in dieses selbe Leichenschauhaus kommen würde, um mir Jungen in Kisten anzusehen. Wenn man von einem Lastwagen niedergefahren wird, während man am Steuer eines Volkswagens sitzt, bleibt nicht allzuviel übrig. Du schaust dir an, was sie dir da in dem schlichten Fichtenholzsarg zeigen, und unterschreibst ein weiteres kleines Formular zur Bestätigung, daß dieser Junge dein Sohn Tim ist. Aber er sieht dem Jungen, den du dreiundzwanzig Jahre lang an deiner Seite gehabt hast, überhaupt nicht ähnlich.

Als ich an diesem Tag das Leichenschauhaus verließ, konnte ich frischgemähtes Gras riechen und hörte die Kühe unter den nahegelegenen Bäumen muhen. Plötzlich blickte ich auf und sah im blauen Himmel eine Vision von Tims lächelndem Gesicht. Ein Schimmer von leuchtendem Gold und Weiß umgab es, und er sagte zu mir: »Weine nicht, Mama, denn ich bin nicht hier. Ich stehe voll Freude vor Gottes Thron.«

Es war, als hätte Gott mich an diesem Tag in Trost gehüllt wie in eine warme Decke. Nie zuvor — und nie nachher — ist mir etwas dergleichen widerfahren, aber ich denke, Gott wußte, daß ich damals diesen besonderen Funken seiner Liebe brauchte, um mich daran zu erinnern, daß Er mich immer noch liebt, daß ich Sein Kind bin und daß Er uns auch inmitten unserer Schmerzen niemals verläßt.

Wir hielten den Gedenkgottesdienst für die Jungen ab, und viele von Tims Klassenkameraden aus der Polizeiakademie kamen und nahmen Jesus in ihr Leben auf. Rons Eltern hatten den Herrn wenige Tage zuvor angenommen. Später erschienen Artikel über Tim und Ron in verschiedenen christlichen Zeitschriften. Die Überschrift eines Berichtes in *Christian life* lautete: »IHR TOD WAR NUR EIN NEUER ANFANG.«

Wir begannen zu verstehen, daß Tim recht gehabt hatte, obwohl es niemals dazu kam, daß er sich mit uns persönlich austauschte. Gott gebrauchte Tims und Rons Geschichte in aller Welt, um andere Menschen an sich zu ziehen.

BARB, DU MACHST DAS ECHT PROFESSIONELL

Ein Pastor aus unserem Ort kam ein paar Tage nach dem Gedenkgottesdienst wegen Tims Tod zu Besuch. Er wußte, daß wir bereits Steve verloren hatten und kam, um uns einige Worte des Trostes zu bringen. Als ich ihn an der Türe begrüßte, eröffnete er das Gespräch mit den Worten: »Ich mach' mir gar keine Sorgen um dich, Barb, denn du machst das echt professionell!«

Was meinte er? Daß ich bereits eine gewisse Routine darin erworben hatte, Kinder zu verlieren? Wahrscheinlich meinte er, meine innere Stärke würde vom Herrn kommen und ich würde die Sache durchstehen, aber was er sagte, kam so gefühllos und verständnislos heraus und war mir nicht die geringste Hilfe.

In mancher Hinsicht war es schwerer, Tim zu verlieren als Steve. Wir hatten eine gewisse Zeitspanne zur Verfügung, um uns auf Steves Hinscheiden vorzubereiten. Wir wußten seit Monaten, daß er sich auf gefährlichem Boden befand, und der Schatten des Todes lastete auf uns allen. Als es dann geschah, war es ein schrecklicher Schock, aber auch fast eine Erleichterung, weil die schreckliche Nervenanspannung zu Ende war.

In mancher Hinsicht hatte Steves Tod Ähnlichkeit mit dem Tod eines nahen Angehörigen, der an einer langwierigen Krankheit wie Krebs oder Aids stirbt. Man hat eine gewisse Zeit zur Vorbereitung zur Verfügung, und der Becher des Leides wird in den langen Monaten des Wartens bereits teilweise ausgetrunken. Wenn der Tod dann tatsächlich eintritt, ist es wie ein inneres Aufatmen nach der Leidenszeit, und die Wunden beginnen zu heilen.

Aber in Tims Fall hatte es keine Vorwarnung drohenden Unheils gegeben, kein Anzeichen einer Gefahr. Da war nur seine helle, fröhliche Stimme gewesen, die uns ankündigte, er würde in fünf Tagen wieder zu Hause sein, und dann war alles vorbei! Eben hatten wir noch voller aufgeregter Freude auf seine Ankunft gewartet, und im nächsten Augenblick hörten wir, daß er bei Gott war. Es war alles so schnell gegangen, daß es keine Möglichkeit zur Vorbereitung gab. Wir hatten mit keinem Gedanken daran gedacht, daß sein Leben so plötzlich ausgelöscht werden könnte.

Wir hatten viele wunderbare christliche Freunde, die zu Besuch kamen und uns zu trösten versuchten. Sie sagten uns Dinge wie: »Ist es nicht wunderbar, daß Tim jetzt beim Herrn ist?« Ja, klar ist das wunderbar, aber wir wollten ihn BEI UNS ZU HAUSE haben!

Oder sie sagten: »Zum Glück habt ihr noch zwei andere Kinder«, und ich pflegte zu nicken, ja, klar war das ein Glück, aber ich wollte TIM! Ich stimmte den Leuten zu, die mir mit Bibelversen ankamen und sich selbst ein gutes Gefühl verschaffen wollten, indem sie mich dazu zu bringen versuchten, daß ich meinen Zorn und Kummer hinunterwürgte. Insgeheim freilich wollte ich ihnen allen und ihren netten kleinen Platitüden entfliehen. Ich wollte das riesige Geschwür in meinem Inneren aufschneiden. Ich kannte die Bibelverse, die sie zitierten, und ich glaubte sie, aber die Wunden meines Herzens bluteten allzu reichlich. Ich brauchte Zeit, um mich meinem Kummer hinzugeben und zu trauern.

Um meinen christlichen Freunden zu entkommen, pflegte ich nachts zu einer Müllkippe zu fahren, die nur wenige Meilen entfernt lag. Dort parkte ich und weinte dann einfach vor mich hin, und manchmal schrie ich auf, nur um meinem Schmerz Luft zu machen. Ich sagte Gott, wie wütend ich auf diese Leute war, die mir einreden wollten, ich sollte doch froh sein, daß Tim jetzt im Himmel war. Ich sagte Gott auch, wie zornig ich auf Ihn war, daß Er mir jemand weggenommen hatte, der mir so viel bedeutete und so kostbar war. Auf die Art machte ich Gefühlen Luft, die ich einfach aus mir herauslassen MUSSTE. Gott sagt nicht, wir sollten uns nicht grämen; sondern Er sagt: »Wir wollen euch aber, liebe Brüder, nicht im Ungewissen lassen über die, die entschlafen sind, damit ihr nicht traurig seid wie die andern, die keine Hoffnung haben« (1. Thess 4,13).

Rückblickend erkenne ich, daß Römer 8,28 und all die anderen Verse, die man mir zitierte, tatsächlich wahr sind. Gott *ist* treu. Nur kamen all diese Ermahnungen zur falschen Zeit. Hübsche kleine geistliche Phrasen helfen niemandem, seinem

Jammer Luft zu machen. Es ist besser, einem gramgebeugten Menschen einfach den Arm um die Schulter zu legen und zu sagen: »Ich liebe dich – Gott liebt dich.« Darüber hinaus halten Sie den Mund. Versuchen Sie einem Menschen, der gerade einen schweren Schicksalsschlag erlitten hat, nicht gut zuzureden, er oder sie müsse sich mit dem Verlust abfinden. Wenn ein Gläubiger stirbt, IST es wunderbar zu wissen, daß dieser Mensch im Augenblick bei Gott ist, aber wenn die Hinterbliebenen voll Striemen und Schmerzen sind, heißt die schlichte Wahrheit:

JE FRISCHER EIN SCHMERZ IST,
DESTO WENIGER WORTE SOLLTE MAN MACHEN.

Ein paar Wochen lang fuhr ich jeden Abend zu der Müllkippe hinaus, um meinen Kummer loszuwerden. In den letzten Jahren wurde die Müllkippe gesperrt, weil so viele Leute überfallen und ausgeraubt wurden, die dort hinausfuhren; daher glaube ich, daß Gott Seine schützende Hand über mich hielt. Indem ich dorthin fuhr, um für mich allein zu trauern, brachte ich es fertig, zu meinen christlichen Freunden zurückzukehren, die mich mit völlig nutzlosen geistlichen Platitüden eingedeckt hatten.

WIE MAN DEN BECHER DES LEIDENS AM SCHNELLSTEN LEERT

Kürzlich lernte ich eine Dame kennen, die in der Kleiderabteilung eines Kaufhauses arbeitet. Sie sagte mir, sie hätte den Verlust eines Kindes erlitten und könne nicht mehr arbeiten und die Kunden bedienen, weil ihr die ganze Zeit die Tränen in die Augen stiegen. Sie war Christin und dennoch hatte sie es nicht geschafft, ihren Kummer zu verarbeiten. Ich riet ihr, sich jeden Tag Zeit für ihren Kummer zu nehmen, den Schmerz auszuleben und ihrem Herzen richtig Luft zu machen.

Nicht lange nach unserem Gespräch rief mich die Dame an und sagte, sie hätte meinen Rat erst eine Woche lang befolgt, aber sie fühle sich schon beträchtlich besser. Sie hatte den Punkt erreicht, wo sie es schaffte, einen ganzen Tag lang nicht ständig zu weinen.

Denken Sie immerzu an Psalm 84,6-8:

> Wohl den Menschen, die dich für ihre Stärke halten und von Herzen dir nachwandeln! Wenn sie durchs dürre Tal ziehen, wird es ihnen zum Quellgrund, und Frühregen hüllt es in Segen. Sie gehen von einer Kraft zur anderen und schauen den wahren Gott in Zion.

Nachdem im August der Gedenkgottesdienst für Tim stattgefunden hatte, fand ich selbst am meisten Hilfe darin, daß ich anderen Menschen zu helfen versuchte, die Kinder verloren hatten. Nun greift unser Dienst bereits über den Kreis der Eltern hinaus, deren Söhne in Vietnam gefallen sind, und wir haben angefangen, Gespräche mit Vätern und Müttern zu führen, die Kinder bei Autounfällen oder auf andere Weise verloren haben. Ich begann vor Elterngruppen zu sprechen. Ich erzählte ihnen, daß der Schmerz, zwei Söhne zu verlieren, unglaublich stark ist, daß Gott uns aber in Liebe hüllt wie in eine warme Decke. Ich konnte sogar so weit gehen, zu sagen, ich sei glücklich über *zwei Schätze im Himmel*. Wir hatten Zeiten tiefer Dunkelheit durchlitten, und wir hatten überlebt! Was ich freilich nicht wußte, war, daß ägyptische Finsternis noch vor uns lag.

GEDANKEN ZUM MITNEHMEN

Die Entscheidung, ein Kind zu haben, ist von gewaltiger Tragweite — es ist die Entscheidung, das eigene Herz für immer außerhalb des eigenen Körpers herumlaufen zu lassen.

Elizabeth Stone, *Village Voice*

HILF MIR DARAN ZU DENKEN, HERR, DASS MIR NICHTS WIDERFAHREN KANN, DAS DU UND ICH NICHT GEMEINSAM IN DEN GRIFF KRIEGEN KÖNNEN.

Autor unbekannt

EIN WEICHES KISSEN FÜR MÜDE HERZEN

Wir wissen aber, daß denen, die Gott lieben, alle Dinge zum Besten dienen, denen, die nach seinem Ratschluß berufen sind.

Römer 8,28

Drittes Kapitel

Die Nacht ist immer am dunkelsten, bevor es stockfinster wird

> ERFAHRUNG *nennt man das, was man bekommt,*
> *wenn man nicht bekommen hat,*
> *was man haben wollte.*
>
> Autor unbekannt

»Warum gerade ich ... warum mußte das mir widerfahren?«
Ist irgend jemand durchs Leben gegangen, ohne sich zumindest ein- oder zweimal diese Frage zu stellen? (Einige von uns tun es vermutlich zweimal täglich!)
»Warum ich? Warum wir? Warum sind zwei junge Söhne aus unserer Mitte gerissen worden?« Ich stellte mir im Verlauf der beiden nächsten Jahre im Stillen diese Frage, selbst zu der Zeit, als ich an die Öffentlichkeit ging und anderen Eltern Trost und Hoffnung brachte. Immerhin waren uns noch zwei Söhne geblieben – Larry, zwanzig, und Barney, siebzehn. Wir hatten viel, wofür wir dankbar sein konnten.

»Gott hält Seine Hand auf diesen Jungen!«

Larry schloß das zweijährige Junior College am Freitag, den 13. Juni 1975, ab. Es war einer der stolzesten Abende meines Lebens. Larry war Klassenpräsident gewesen und Präsident des Schulchors. Er war zum außergewöhnlichsten Studenten des Jahres gewählt worden, und man hatte ihm verschiedene Stipendien angeboten. Er war eben erst aus Rußland zurückgekehrt, das er mit einer christlichen Singgruppe bereist hatte.
Der Pastor einer der bedeutendsten Kirchen in Südkalifornien hielt an diesem Abend die Festrede und überreichte Larry die Urkunde, mit der er zum außergewöhnlichsten Studenten ernannt wurde. Zum Abschluß der Feierlichkeiten – die im

Freien im Stadion des Colleges stattfanden – führte Larry die gesamte Zuhörerschaft an, als »The Battle Hymn of the Republic« gesungen wurde.

Der Festredner unterhielt sich später noch mit uns und machte eine Bemerkung über all die Auszeichnungen, die Larry zuteil geworden waren. Er sagte: »Ich hoffe, Ihr Auto hat einen großen Kofferraum, damit Sie all die Ehre auch sicher nach Hause transportieren können!« Ich sagte, wir hätten bloß einen Chevry, und wir lachten alle. Dann fügte der Redner hinzu: »Ich habe mit Ihrem Sohn gesprochen, und ich weiß, Gott hat Seine Hand auf diesen Jungen gelegt und wird ihn auf wunderbare Weise gebrauchen.«

Bill und ich waren hingerissen, als wir ihn so über Larry sprechen hörten. Wir sammelten all die Bänder, Pokale und Urkunden ein, um sie auf unserem Kaminsims aufzustellen. Wie stolz waren wir auf Larry und alles, was er erreicht hatte!

Am nächsten Tag wollte ich meine Schwester und ihren Mann abholen, die in Hawaii gewesen waren und einen vierundzwanzigstündigen Zwischenstop in unserer Gegend einlegten, ehe sie nach Minnesota weiterfuhren, wo sie wohnten. Wir wollten das Ereignis besonders gestalten, da es das erste Mal war, daß wir einander seit Tims Tod wiedersahen.

Wir hatten bereits alles arrangiert. Ich würde sie am Flughafen von Los Angeles abholen und dann nach Anaheim bringen, wo wir in einem Motel in der Nähe von Disneyland wohnen wollten. Abends würden wir dann alle zur großen Zweihundertjahrfeier nach Disneyland fahren, ein paar gemeinsame Stunden am Sonntag – der zudem Vatertag war – verbringen und in Knotts Berry Farm zu Abend essen, bevor sie ihr Flugzeug erreichen mußten. Eine wunderbare Zeit schien vor uns zu liegen. Was ich nicht wußte, war, daß dieser Tag der schrecklichste meines Lebens werden sollte!

Ich war schon draußen vor der Tür, um zum Flughafen zu fahren, als jemand anrief und sich dringend eines von Larrys Büchern ausborgen wollte. Ich ging in sein Zimmer, und als ich es aus der Schublade nehmen wollte, sah ich darin einen Stapel von Schwulenmagazinen, Fotos und anderes Zeug, das ich nicht kannte. Es gab auch Videobänder und Briefe von jungen Männern. Warum sollte Larry so etwas BESITZEN? War es möglich, daß das alles zu einem Forschungsprojekt im Rahmen der Schule gehörte? Nein, die Schule war vorbei.

Ich begann innerlich zu zittern, aber ich sagte zu mir selbst: »Du mußt zum Flughafen. Du kannst jetzt nicht die Fassung verlieren. Es muß eine Antwort geben, warum er dieses Zeug in seiner Schublade aufbewahrt.«

Ich hatte keine Zeit zum Nachdenken oder zum Fragenstellen, und ich konnte auch nicht einfach zusammenbrechen – wenigstens nicht jetzt gleich. Wie konnten wir ein homosexuelles Kind haben? Ich kannte niemanden, der eines hatte. Ich wollte keines haben, und das Ganze durfte einfach nicht wahr sein! Bill und ich leiteten einen Dienst für Eltern, die schwere Verluste erlitten hatten, aber nicht einen SOLCHEN Verlust! Es wäre leichter gewesen, ihn und mich umzubringen, als mich dieser Tragödie zu stellen!

Ich packte rasch zwei Armvoll dieses »Zeugs« zusammen und warf sie in den Kofferraum meines Wagens. Ich konnte es nicht ertragen, so etwas im Haus zu haben. Letzten Abend war der Kofferraum meines Autos voll Ehrungen gewesen, und jetzt war er voll Müll! Ich schrieb Larry eine hastige Notiz, in der ich ihm mitteilte, er solle uns wie geplant beim Flaggenmast vor Disneyland um 20 Uhr abends treffen. Dann fügte ich hinzu, daß ich das »Zeug« gefunden und bei mir hatte, falls er es suchen sollte.

Meine Hände zitterten, mein Herz hämmerte gegen die Rippen, und ich konnte kaum noch atmen. In meiner Nachricht teilte ich Larry auch mit, daß ich ihn liebte und daß Gott ihn liebte und daß er bitte so freundlich sein sollte, mir zu helfen, dieses Wochenende über die Runden zu bringen, dann könnten wir am Montag über die Sache reden! Ich hatte immer daran geglaubt, daß Gott und Mütter alles wieder in Ordnung bringen können.

Als ich zum Flughafen fuhr, begann ich alle Symptome aufsteigender Panik zu verspüren – Kurzatmigkeit, Hitzewellen und ein heftiges Pochen in den Schläfen. Mir war, als steckte ein Knebel in meinem Mund. Meine Augen waren voller Tränen, so daß ich kaum die Straße vor mir sah. Dann hatte ich das seltsame Gefühl, daß meine Zähne zu jucken anfingen! Offenbar waren die Nervenbahnen um meinen Mund überreizt, aber ich mußte mich einfach zusammennehmen, bis die Verwandten am nächsten Tag wieder abgereist waren.

Ich kam gerade noch rechtzeitig zum Flughafen, um Janet und Mel abzuholen, die eben aus dem Flugzeug stiegen. Ihre ersten Worte waren: »Mensch, du siehst ja entsetzlich aus. Bist du krank?«

Ich sagte: »Nein, aber natürlich nicht. Mir liegt nur etwas im Magen.« (Und wie mir das im Magen lag!)

Sie hatten bereits ihr Gepäck abgeholt, und ich sah, daß Janet zwei Gepäckstücke in lila hatte. Nun wußte ich nicht das Geringste über Homosexualität und noch weniger über Lesben, aber ich hatte irgendwo gehört, daß Lesben auf lila stehen. Ein verrückter Gedanke schoß mir durch den Kopf: MEINE SCHWESTER IST EINE LESBE! SIE HAT LILA GEPÄCKSTÜCKE! *Sie arbeitet für die Billy Graham Association, ist mit einem Pfarrer verheiratet und hat lila Gepäckstücke! Meine eigene Schwester muß eine Lesbe sein, weil sie lila Gepäckstücke hat!*

ICH WAGTE NICHT, DEN KOFFERRAUM ZU ÖFFNEN!

Als wir meinen Wagen erreichten, drehte ich beinahe durch, weil ich nicht wußte, wie ich es vermeiden konnte, den Kofferraum zu öffnen. Larrys ganzes homosexuelles »Zeug« lag da drin, und ich hatte mir nicht die Mühe gemacht, es wenigstens mit einer Decke zuzudecken. Mel und Janet hatten einige Ananas aus Hawaii mitgebracht und einige von diesen schrecklichen Orchideen, die wie Totenblumen riechen, und irgendwie gelang es mir, sie mitsamt ihrem Gepäck in den Fond des Wagens zu zwängen, ohne den Kofferraum aufzumachen. Wir machten uns auf den Weg nach Anaheim und ins Motel, und ich betete, daß ich meine Panikattacken ignorieren und mich irgendwie auf der Straße halten könnte.

Ich war so außer mir, nachdem ich das über Larry herausgefunden hatte, daß mir zumute war, als sei eine Welt um mich herum eingestürzt. Wenn mein eigener Sohn, den ich erzogen und zwanzig Jahre lang von Herzen geliebt hatte, ein Homosexueller war und meine Schwester eine Lesbierin, woran konnte ich dann noch glauben? Mir war zumute, als wäre ich auf einem anderen Planeten gewesen und eben erst zurückgekommen, um der Erde einen Besuch abzustatten. Ich wollte wieder dorthin zurück, wo ich hergekommen war, aber ich konnte mich diesem Gefühl nicht entziehen.

Während wir die Autobahn entlangfuhren, nisteten sich die verrückten Gedanken weiterhin in meinem Kopf ein. Mein

Schwager wies mich auf das große »A« auf dem Angels-Stadion hin, und ich konnte nichts anderes denken als: *Sie sind alle homosexuell, sie sind alle homosexuell!* Es schien mir, als wären mir plötzlich die Augen aufgegangen und ich hätte erkannt, daß alle Welt schwul war.

Wir erreichten das Motel, in dem Janet und Mel sich bequemere Kleidung anzogen, und dann überquerten wir die Straße und betraten Disneyland. Es war ein besonderes Wochenende, da die Zweihundertjahrfeier stattfand, der erste Abend der Elektrischen Parade auf der Hauptstraße, und außerdem war Flag Day. Statt der üblichen A-B-C-D-E-Couponheftchen, die man in Disneyland als Eintrittskarten verwendet, bekamen wir alle einen rot-weiß-blauen Stirnreif, aus dem eine große Feder herausragte. Auf dem Reifen standen in fetten, leuchtenden Buchstaben die Worte: »ICH BIN EIN YANKEE DOODLE DANDY«. Man konnte sich nicht davor drücken, den Kopfschmuck zu tragen, weil er an diesem Abend als Eintrittskarte in den Vergnügungspark galt.

Da war ich also und versuchte mich mitten in Disneyland möglichst normal zu benehmen, während rund fünfzigtausend Leute mich umdrängten, die alle einen Kopfschmuck mit Feder und der Aufschrift »ICH BIN EIN YANKEE DOODLE DANDY« trugen. Und die ganze Zeit fragte ich mich, ob wohl jeder, der mir unter die Augen kam, ein Schwuler war!

Als es auf 20 Uhr zuging, gingen wir zum Flaggenmast hinüber, und Bill machte sich auf den Weg, um Popcorn zu kaufen. Bill ist ein liebevoller und zuverlässiger Mensch, aber mir scheint, daß er jedesmal, wenn es eine Krise gibt, Popcorn kaufen geht. Ich sage ihm immer, daß ich einmal die Inschrift auf seinen Grabstein setzen lassen werde: »Bill ist nicht hier, er ist Popcorn kaufen gegangen.«

Janet, Mel und ich begrüßten Larry, als er uns entgegenkam. Wir waren zuletzt bei Tims Begräbnis alle zusammen gewesen, daher freuten sie sich besonders, ihn zu sehen. Ich war mir nicht so sicher, daß ich ihn sehen wollte, aber ich wußte, daß ich mich jetzt nicht übergeben durfte – nicht sofort jedenfalls.

Dann flog die Tinker Bell über den Himmel!

So standen wir alle beim Fahnenmast beisammen, während eine Flut von Yankee Doodle Dandies an uns vorbeiströmte. In eben dem Augenblick segelte eine der besonderen Attraktionen von Disneyland über den Himmel. Es war die Tinker Bell Fairy (die natürlich an einem Drahtseil hing), die uns lauthals verkündete, daß die Elektrische Parade auf der Hauptstraße in wenigen Minuten beginnen würde. Das brachte mich von neuem auf verrückte Ideen – die ganze Welt war voll von diesem homosexuellen Zeug! Selbst die Tinker Bell Fairy!

Eben da sagte Janet: »Es ist hier so überfüllt und so heiß; ich glaube, Mel und ich wollen uns erstmal Mr. Lincoln ansehen.« Die Ausstellungskoje mit Mr. Lincoln war nur ein kleines Stück entfernt, also sagte ich: »Geht schon mal vor, Larry und ich haben ihn schon so oft gesehen; also geht schon mal vor.« Ich wünschte nichts mehr, als ein paar Minuten mit Larry allein zu reden und ihn anzuflehen, er möge mir helfen, dieses Wochenende zu überstehen, bis Mel und Janet am Sonntagnachmittag abflogen.

Nun standen Larry und ich also allein vor dem Fahnenmast in Disneyland, inmitten von fünfzigtausend Menschen. Wir trugen beide Stirnreifen mit Federn und der Aufschrift »Ich bin ein Yankee Doodle Dandy«. Und das erste, was Larry sagte, war: »Ja, ich bin homosexuell oder vielleicht bisexuell.«

Ich wußte nicht, was ich sagen sollte. Bisexuell? Das Wort homosexuell stand in der Bibel, aber bisexuell hatte ich nie zuvor gehört – es klang nach Geschlechtsverkehr zweimal im Monat. Während ich versuchte, mit dieser Äußerung klarzukommen, kam eine Dame mit einem Kinderwagen vorbei, in dem ein pausbäckiges Kind saß. Der Kinderwagen streifte meinen Fuß, und eine scharfe Kante riß mir das Bein auf, das sofort heftig zu bluten begann.

Ich dachte: *Oh, wie barmherzig ist Gott! Ich werde Larry morgen nicht umbringen müssen. Ich werde nicht einmal Selbstmord begehen müssen, weil ich hier an Ort und Stelle verbluten werde.* Ich dachte an 1. Korinther 10,13. Gott hatte mir einen Fluchtweg geschaffen, damit ich all das ertragen konnte. Ich würde hier an Ort und Stelle verbluten und genau unter dem Schild mit der Aufschrift »Verlorene Kinder« beim Flaggenmast vor Disneyland sterben, während fünfzigtausend Leute an mir vorbeirannten, die alle Stirnreifen mit der Aufschrift trugen: »ICH BIN EIN YANKEE DOODLE DANDY.«

Wie wundervoll – es war fast zu schön, um wahr zu sein! Ich mußte mir keine Gedanken mehr darüber machen, ob ich ihn oder mich selbst umbringen würde, und niemand würde es jemals erfahren. Aber *dann* fiel mir ein, daß der Kofferraum meines Autos immer noch voll Schwulenmagazine war, und ich konnte jetzt nicht sterben, weil mein Mann sie alle finden und denken würde, daß sie mir gehörten. Etwa da sagte Larry, er fühle sich nicht wohl und wolle hier weg. Ich dachte bei mir: *Du fühlst dich nicht wohl ... aber ich sterbe! Ja, warum gehst du nicht einfach heim, und wir bringen die Sache morgen in Ordnung. Gott und Mütter kriegen alles in den Griff ... oder etwa nicht?*

Mel und Janet tauchten aus der Menge auf und begrüßten Larry begeistert, aber Larry brachte nichts weiter heraus, als daß er sich nicht gut fühlte, nachdem er den ganzen Tag mit einer christlichen Singgruppe geprobt hatte! Nach einigen Augenblicken höflicher Konversation entschuldigte er sich und ging fort.

Nur eine Minute oder zwei danach kehrte Bill mit seinem Popcorn zurück, und mein jüngerer Sohn, Barney, und sein Freund leisteten uns ein paar Minuten Gesellschaft und gingen dann fort, weil ihnen das ganze Zeug langweilig war und sie nach Hause wollten, um sich ein Motorradrennen im Fernsehen anzuschauen. (Wenn man so nahe an Disneyland wohnt wie wir, ist das nichts Besonderes mehr).

Also wanderten Mel, Janet und ich in Disneyland herum. Ich sah mir alles an und dachte, die ganze Welt sei schwul. Ich sah Micky Maus und Minnie Maus und war überzeugt, daß sie ebenfalls schwul waren. Es war, als trüge jedermann ein großes »H« auf der Stirn eingebrannt.

»DAS KANN NICHT SEIN; ER IST DOCH CHRIST«

Wir kehrten für eine Nacht ins Motel zurück, und während Bill schlief, weinte ich in mein Kissen. Etwa um 4 Uhr 30 am Sonntag – am Vatertag – erwachte mein Mann schließlich und fragte: »Was ist denn los mit dir?«

Ich keuchte: »Ich glaube, ich habe einen Herzanfall. Ich weiß nicht, wie man das nennt, aber ich glaube, ich sterbe. Ich bekomme keine Luft, und es schnürt mir die Kehle zu. Mir ist zumute, als hätte mir jemand einen Filzteppich in den Hals gestopft, und meine Zähne jucken.«

Bill sagte: »Ich dachte schon gestern abend, daß du dich irgendwie komisch benimmst. Ich wußte, daß irgendwas nicht in Ordnung ist. Was ist los?«

»Na, ich bin froh, daß du es bemerkt hast! Ich habe gestern abend herausgefunden, daß Larry ein Homo...« Ich brachte das Wort kaum über die Lippen. »Ein Homosexueller ist.«

Bill war entsetzt. »Das kann nicht sein; er ist doch ein Christ!«

»Das habe ich auch gedacht. Aber es stimmt. Du solltest mal sehen, was ich im Kofferraum meines Autos habe. Oder vielleicht ist er auch bisexuell; das hat er mir jedenfalls gesagt.«

Daß Larry bisexuell sein könnte, schockierte Bill mehr als alles andere. Er sprang mit einem Satz aus dem Bett und fing an, sich anzukleiden. Ich sagte: »Es ist halb fünf Uhr morgens; wo willst du hin?«

»Nun, ich fahre heim, um ihn geradezubiegen«, sagte Bill und war schon fort.

Also lag ich da, rang nach Atem und fragte mich, wie ich das alles jemals überstehen sollte. Mein Mann fuhr fünfundzwanzig Meilen zu unserem Haus, um »seinen Jungen geradezubiegen«, und ich dachte: *Nun, ich werde einfach tot sein, wenn er zurückkommt. So einfach ist das, ich werde einfach tot sein; ich überlebe das nicht. Ich werde tot sein, wenn er zurückkommt.*

Eben da hörte meine Schwester den Lärm, klopfte an unsere Türe, kam herein und fragte mich ängstlich: »Was ist los? Warum ist Bill weggefahren?«

Mir fiel nichts Besseres ein als: »Er ist heimgefahren, um sich zu rasieren.« Aber was sonst sollte ich sagen? Wir hatten ein Zimmer in einem Motel gemietet, gutes Geld dafür bezahlt, und wo sollte mein Mann um 4 Uhr 30 am Morgen wohl hinfahren?

»Nein, ich weiß, daß irgend etwas nicht in Ordnung ist. Du hast mit Bill gestritten, nicht wahr?«

Wenn sie nur recht gehabt hätte — das wäre kein Problem gewesen! Statt dessen blieb mir keine andere Wahl. Ich mußte den Vatertag um 4 Uhr 30 am Morgen damit beginnen, daß ich meiner Schwester gestand, daß mein Sohn homosexuell ist.

Ich stolperte zu meinem Wagen heraus und schleppte einen Armvoll Schwulenmagazine herein und schleuderte sie aufs

Bett. Dann sagte ich: »Dein *Neffe*« (ich brachte es nicht fertig, ›mein Sohn‹ zu sagen) ist ein Homosexueller.«

Sie stotterte: »Das KANN nicht sein, er ist doch ein Christ.«

Da standen wir nun, die Töchter eines Pfarrers, beide mit einer sehr behüteten Jugend. Wir starrten die Fotos nackter Männer und all das schreckliche Zeug an. Wir hatten nie zuvor pornografische Fotos gesehen. Das Schärfste in puncto Sex, was uns je begegnet war, waren die Seiten mit der Herrenunterwäsche im Katalog eines Versandhauses gewesen.

Während wir noch wie gelähmt dastanden und all den Müll anstarrten, kam mein Schwager herein, ein sehr wohlerzogener, gottesfürchtiger Mann. Er fragte, was los sei, weil er mich schluchzen hörte, und er dachte, daß Janet und ich vielleicht in Streit geraten waren. Und dann sah er die Bilder auf dem Bett. Janet erklärte: »Das Zeug gehört Larry — er ist ein Homosexueller.«

Und Mel antwortete prompt: »Das KANN nicht sein; er ist doch Christ!«

Als Bill zurückkehrte, standen wir alle immer noch im Zimmer herum und starrten verdattert die Magazine an. Keiner von uns wußte, was wir sagen sollten. Bill war uns keine große Hilfe. Er sagte nur: »Ich hab mit Larry gesprochen. In Wirklichkeit ist gar nichts mit ihm schiefgelaufen. Ihr regt euch viel zu sehr auf. Es ist bloß eine Phase. Alle Kinder machen eine solche Phase durch. Mehr ist nicht dahinter.«

Oh, ich hätte das gerne geglaubt, aber ich wußte, daß Bill im Irrtum war. Er wußte nicht einmal, was bisexuell heißt, wie wollte er also wissen, was mit Larry wirklich nicht stimmte? Später gingen wir in die Kirche und fuhren zum Vatertagessen auf Knotts Berry Farm. Ich habe nur verschwommene Erinnerungen daran, aber schließlich setzte ich Mel und Janet ins Flugzeug, und sie flogen zurück nach Minneapolis, wo sicherlich niemand homosexuelle Probleme hatte.

Tränen verschleierten meine Augen, als ich allein vom Flugplatz nach Hause fuhr. Bill hatte sein Auto genommen und war zu seinem Vater gefahren, um ihm Geschenke zum Vatertag zu bringen, und als ich heimkam, fand ich Larry im Haus vor. Wir standen im Wohnzimmer und starrten einander an, und bald brach der offene Krieg aus. Ich schluchzte bitterlich und spie einen Strom von Bibelversen aus. Er begann ebenfalls zu weinen, und unser Gespräch drehte sich im Kreis.

Ich war so außer mir, daß ich kaum ein vernünftiges Wort hervorbrachte. Larry war fassungslos vor Zorn, weil ich ihn öffentlich bloßgestellt hatte. (Später erzählte er mir, er hätte uns nie ein Wort gesagt, wenn ich das Zeug nicht gefunden hätte). Ich flehte ihn an, sich zu mir zu setzen und mir zu erklären, wie es so weit hatte kommen können! Statt dessen schleuderte er mir in seinem Zorn brutale und gemeine Worte ins Gesicht und gebrauchte Worte, wie ich sie vorher oder nachher nie von ihm gehört habe.

Ich konnte seine Anklagen und Schweinereien nicht ertragen. In Sekundenschnelle fuhr meine Hand hoch, und ich schlug Larry fest ins Gesicht. Er packte mich an den Schultern und stieß mich mit aller Kraft gegen eine Standuhr. Das war unglaublich! Ich befand mich inmitten einer Schlägerei mit diesem Lieblingssohn, der zwanzig Jahre lang der Sonnenschein unserer Familie gewesen war! Nachdem er mich gegen die Uhr gestoßen hatte, floh er in sein Zimmer und schlug die Tür zu.

Ich hörte ihn in seinem Zimmer schluchzen, aber mein Zorn, meine Verdrängungsmechanismen und Schuldgefühle hielten mich davon ab, hineinzugehen und ihn zu trösten. Ihn trösten? Während er unsere Familie zerstörte?

In meinen verzweifelten Bemühungen, ihm eine Reaktion zu entlocken, hatte ich Drohungen ausgestoßen und böse Worte gesagt wie »Es wäre mir lieber gewesen, du wärst tot als schwul!«. In diesem Augenblick liebte ich Larry, aber ich haßte diesen Teil seines Wesens. Ich wollte ihn in die Arme schließen und wollte ihn gleichzeitig umbringen. Später lernte ich, daß Eltern alle möglichen unrealistischen Dinge zu ihren Kindern sagen, wenn sie herausfinden, daß sie homosexuell sind. In meiner emotionellen Erregung fiel mir nichts weiter ein, als Bibelverse zu zitieren, die sich auf Homosexualität beziehen. Und die ganze Zeit über weigerte ich mich zu glauben, daß mir das alles tatsächlich widerfuhr.

Andere Eltern haben mir dasselbe erzählt. Wenn sie von der Homosexualität eines Kindes erfahren, wollen sie es aus ihrem Testament streichen, ihm das Auto wegnehmen oder sonst irgend etwas tun, um es unter Kontrolle zu bringen. Aber das funktioniert nicht. So geht es einfach nicht. Das mußte ich lernen. Und es war nicht leicht.

Wilde Verzweiflung übermannte mich, und ich warf mich aufs Bett und schluchzte stundenlang. Larry kam den Rest des

Tages nicht aus seinem Zimmer ... kein Abendessen wurde angerichtet ... ich ging nicht ans Telefon. Ich lag einfach da auf dem Bett und hoffte und betete, daß ich am nächsten Tag Antworten finden würde. Ich wollte das Beratungstelefon in Anaheim anrufen. DIE konnten mir doch sicher sagen, wie ich diesen Jungen wieder zurechtbiegen konnte!

Am Montag morgen ging ich zu einer Beratungsstelle, die Homosexuellen Hilfe anbietet, aber als erstes brauchte ich selbst Hilfe – jemand, der mir sagte, daß ich all das überleben würde. Ich ging hinein und platzte heraus: »Ich habe soeben herausgefunden, daß mein Sohn schwul ist, und ich möchte mit einer Mutter reden, die mir helfen kann.«

Und die Leute sagten: »Nun, Mütter haben wir keine, aber wir haben zwei Ex-Homosexuelle hier, mit denen Sie reden könnten.«

Außer mir vor Verzweiflung, stieß ich wild hervor: »Vergeßt es! Ich habe einen von der Sorte zu Hause – deshalb bin ich ja hier!«

Ich drehte mich einfach um, stampfte hinaus und schlug die Türe hinter mir zu. Ich wollte mit keinem Homosexuellen reden, ex- oder nicht. Ich wollte mit einer Mutter reden, die dasselbe durchgemacht hatte wie ich und die mir zusichern konnte, daß ich nicht sterben würde. Als ich ins Auto stieg, dachte ich: *Herr, wenn ich das durchstehe – wenn ich nicht sterbe oder im Irrenhaus ende – dann verspreche ich, daß ich eine Gruppe für Eltern organisiere, denen dasselbe schreckliche Unglück widerfahren ist.* (Wir versprechen eine Menge, wenn wir denken, daß wir ohnehin sterben werden.)

UND DANN – DER LETZTE SCHLAG

Als ich zurückkehrte, erwartete mich ein weiterer Schock. Larrys Zimmer war vollkommen leer. Ich war nur eineinhalb Stunden fortgewesen, aber in diesem Zeitraum hatte er alles ausgeräumt und war verschwunden. Draußen in der Diele hingen Seite an Seite zwei kleine Schildchen. Auf einem stand: »DEM WUNDERBARSTEN VATER DES JAHRES«. Larry hatte es Bill erst am Vortag geschenkt. Auf dem anderen stand: »DER WUNDERBARSTEN MUTTER DES JAHRES«, und das hatte er mir erst vor einem Monat zum Muttertag geschenkt. Jetzt war er verschwunden, und alles, was uns geblieben war, waren die beiden Schildchen, die uns versicherten, wie wundervoll wir waren.

Ich rief Bill an seiner Arbeitsstelle an und erzählte ihm, daß Larry verschwunden war und daß er den kleinen Volkswagen mitgenommen hatte, der auf meinen Namen registriert war, weil die Versicherung auf meinen Namen lief. Bill sagte, er sei überzeugt, daß Larry zurückkehren würde, aber ich fragte mich, wohin er wohl gegangen war.

Ich wußte nicht, was ich tun sollte. Sollte ich zum Verkehrsamt fahren und ihnen sagen, daß mein Junge mit einem Volkswagen abgehauen war, der auf meinen Namen registriert war? Sollte ich die Versicherung stornieren? Ich wußte einfach nicht, was ich den Leuten sagen sollte, und war keineswegs sicher, daß ich das alles überleben würde.

Wie ich es dann doch überlebt habe, habe ich in einem Tagebuch aufgezeichnet, das unter dem Titel *Where Does a Mother Go to Resign?* erschienen ist. Während der nächsten paar Monate blieb ich zu Hause, lungerte in meinem Schlafzimmer herum und zählte die Blümchen auf der Tapete. Ich konnte es nicht ertragen, irgend jemanden zu sehen, und selbst der Gang zum Supermarkt jagte mir kalte Schauer über den Rücken. Wenn ich Milchkartons mit der Aufschrift »HOMOGENISIERT« sah, dachte ich sofort, daß sogar die Milch Homosexuelles an sich hatte.

So bitter es gewesen war, Steve und Tim zu verlieren, so konnte ich sie doch zumindest als meine Schätze im Himmel betrachten. Aber nun war mein dritter Sohn in der Schwulenszene untergetaucht, und ich hatte keine Ahnung, wo er sich befand und ob ich ihn jemals wiedersehen würde.

Und ich konnte keinem meiner christlichen Freunde erzählen, was geschehen war. Ich fühlte mich so schuldig, und außerdem, wie sollten die meisten Christen so etwas verstehen können?

Also versteckte ich mich einfach in meinem Schlafzimmer. Ich wollte niemanden sehen, kochte und putzte nicht mehr und aß kaum einen Bissen. Bill stellte ein paar Karten mit Genesungswünschen auf das Kaminsims, damit Leute, die zufällig bei uns auftauchten, sagen sollten: »Arme Barbara, sie grämt sich noch immer über den Verlust ihrer beiden Söhne« und über die Unordnung und das Chaos hinwegsahen.

Bill ernährte sich in diesem ersten Jahr, nachdem Larry uns verlassen hatte, hauptsächlich von Popcorn. Glücklicherweise arbeitete unser jüngerer Sohn, Barney, in der Tac-Bell-Lebensmittelfabrik, so daß er wenigstens etwas zu essen hatte. Das Einwickelpapier der Taco-Bell-Kekse sammelte sich in unserem ganzen Haus an und vermischte sich mit dem Popcorn, das an den merkwürdigsten Orten verstreut lag.

Aus den Tiefen der Verzweiflung auf die Couch

Schließlich bestand Bill darauf, daß ich mich nach professioneller Hilfe wegen meiner Depressionen umsehen sollte. Ich entschied mich, Dr. Wells zu konsultieren, einen Psychologen, der zufällig auch ein persönlicher Freund ist. Bei meinem ersten Besuch schockierte er mich mit der Äußerung: »Gib dir nicht selbst die Schuld daran ... wir alle müssen unsere Entscheidungen treffen ... ich weiß, für dich ist es außergewöhnlich schwer, das hinzunehmen. In meiner Erfahrung als professioneller Berater habe ich nur sehr wenig Erfolg dabei gehabt, die sexuelle Orientierung Homosexueller zu ändern. Falls Larry wieder mit Dir Kontakt aufnimmt, sage ihm nichts davon, daß er sich ändern müsse.«

»Was soll das heißen, ›sage ihm nichts davon, daß er sich ändern müsse?‹« platzte ich heraus. »Natürlich werden wir darüber reden — so geht es nicht weiter.« Ich fuhr fort, Dr. Wells mit Bibelversen zu überhäufen. Wie konnte er Christ sein und gleichzeitig behaupten, Gott könne Larry nicht ändern? Ich rief die Heilige Schrift zum Zeugen an, wie Gott *alle Dinge* verändern kann, aber Dr. Wells blieb ungerührt, während er geduldig meinen Argumenten lauschte. Er schien zu verstehen, daß ich nicht akzeptieren konnte, was er mir sagte — jedenfalls im Augenblick noch nicht. Schließlich wollte ich Larry geradebiegen — und zwar so schnell wie möglich.

Auf der Suche nach zusätzlicher Hilfe begann ich evangelikale Spitzenleute im ganzen Land anzuschreiben und bat sie um ihren Rat. Innerhalb weniger Tage erhielt ich ihre Antwortschreiben. Sie enthielten Listen von Bibelversen, die die Homosexualität verdammen, Gebetstüchlein und Fläschchen mit Salböl.

Fast wöchentlich setzten Dr. Wells und ich unsere Gespräche fort. Eines Tages, als Larry fast elf Monate verschwunden war, sagte Dr. Wells zu mir: »Nun, wenn Larry bereits elf Monate verschwunden ist, wird er vermutlich nie mehr nach Hause zurückkehren. Wahrscheinlich hat er in der Schwulenszene hinreichend emotionale Unterstützung gefunden.«

Das versetzte mir einen beinahe tödlichen Schlag, und ich war regelrecht erstarrt. Dr. Wells kam zu dem Entschluß, daß es klüger sei, Bill anzurufen. Ich erinnere mich, daß er sagte: »Sie leidet an einer schweren Depression. Wir sollten sie in eine Klinik einliefern lassen, wo sie 24 Stunden am Tag ärztlich betreut werden kann, da sie Selbstmordtendenzen erkennen läßt.«

Bill ist Schwede und ein wenig geizig. Ich nehme an, *sparsam* wäre ein freundlicheres Wort, aber geizig trifft es besser. Bills Antwort lautete: »Nun, wenn meine Versicherung die Kosten übernimmt, kann sie in ein Krankenhaus gehen. Aber wenn die Sache Geld kostet, kann sie meiner Meinung nach zu Hause bleiben – sie ist schließlich nicht gemeingefährlich oder sowas.«

Diese Möglichkeiten standen also zur Auswahl. Wenn Bills Versicherung für mich bezahlte, konnte ich in der Klapsmühle Körbe flechten, und wenn sie nicht bezahlte, konnte ich zu Hause bleiben und die Blümchen auf der Tapete zählen.

Dr. Wells hatte recht, was meine Selbstmordtendenzen anging

Ein oder zwei Tage später fuhr Bill zur Arbeit, und bevor er aus dem Haus ging, sagte er mir, er würde am Abend bereits wissen, ob seine Versicherung für mich bezahlte oder nicht. Nachdem er das Haus verlassen hatte, stieg ich ins Auto und fuhr los. Ich konnte so nicht weitermachen. Ich war unfähig geworden, meine Pflichten als Frau und Mutter zu erfüllen. Ich war überhaupt nichts mehr wert.

Ich bin eine Null, dachte ich. *Ich kann einfach nicht glauben, daß Gott zulassen kann, daß mir all das widerfährt, und mich trotzdem noch liebt.*

Ich kannte ein hohes Viadukt an der Ball Road, die nach Disneyland führt, und ich hatte vor, den Wagen einfach über den

Rand dieses Viadukts zu steuern, zu verunglücken und alle meine Sorgen loszusein. Aber als ich in die Nähe des Viadukts kam, dachte ich: *Was ist, wenn ich bloß verletzt werde und als Krüppel überlebe und den Rest meiner Tage Körbe flechte?*

Als ich den Scheitelpunkt des Viadukts erreichte, war ich zu dem Schluß gekommen, daß ich mich nicht umbringen wollte, und dann sagte ich: »Ich kann es einfach nicht glauben, Herr, aber ich habe einen Punkt erreicht, an dem ich tatsächlich vorhatte, meinen Wagen über den Rand einer Brücke zu steuern und mich umzubringen. Ich nehme jetzt in Gedanken einen Hammer, und ich nagle diesen Jungen ans Kreuz, weil ich mit der Sache nicht mehr fertig werde. Ich habe es satt. Das geht nun seit elf Monaten so, und ich dachte, ich hätte Dir das alles längst übergeben. Aber diesmal sage ich, daß ich ihn wirklich ans Kreuz nagle. Ich übergebe ihn Dir, und wenn er niemals nach Hause zurückkehrt und ich ihn niemals wieder sehe, *was auch geschehen mag, Herr,* ich nagle diesen Jungen ans Kreuz und übergebe ihn Dir!«

»WAS AUCH GESCHEHEN MAG, HERR!« — DAS WAR DER SCHLÜSSEL

Als ich diese Worte aussprach »Was auch geschehen mag, Herr«, da schienen sie etwas in mir auszulösen. Alles, was ich gesagt hatte, war »Was auch geschehen mag, Herr«, statt meines üblichen: »Warum gerade ich? Warum mein Kind? Warum ist mein Leben ein solches Chaos? Warum gerade ich?« Die ganze schwere Last war *verschwunden!*

Was mich angeht, so hatte mein »Was auch immer geschehen mag, Herr« Ähnlichkeit mit Hiobs Worten: »Siehe, er wird mich doch umbringen und ich habe nichts zu hoffen; doch will ich meine Wege vor ihm verantworten« (Hiob 13,15). Ich wendete den Wagen, und zum erstenmal nach elf Monaten konnte ich tief durchatmen. Ich sang den ganzen Heimweg *The King is comming* (Der König kommt) und *Come on down, Lord Jesus* (Steige herab, Herr Jesus). Seit elf Monaten hatte ich nicht mehr gesungen, aber an diesem Tag sang ich den ganzen Weg über.

Ich rief Bill an und war so aufgeregt, daß ich die Worte nur so hervorsprudelte. Deshalb hatte Bill einige Mühe damit, aus meinem Strom von Worten einen Sinn herauszuhören.

»Wo warst du denn?« fragte er.

»Nun, ich fuhr nach Disneyland hinunter und wollte mich eben umbringen und mein Auto über den Rand der Brücke stürzen, aber statt dessen sagte ich ›Was auch immer geschehen mag, Herr‹ und nagelte Larry ans Kreuz.«

»Du hast WAS?« wollte Bill wissen.

»Ich habe Larry ans Kreuz genagelt«, und ich bin überzeugt, daß Bill in diesem Augenblick dachte: *Ich hätte sie gestern schon in die Klapsmühle schicken sollen. Ich habe zu lang gewartet.*

»Geh nicht mehr fort, bleib zu Hause, ich komme sofort«, und er hängte ein. Ich versuchte ihm zu sagen, daß er nicht nach Hause kommen mußte, daß es mir gut ging, aber er kam trotzdem in höchster Eile nach Hause gesaust und verlangte, daß ich ihm ein paar vernünftige Antworten gab. Mein wirres Gestammel hatte in ihm den Eindruck erweckt, unser Junge sei irgendwo entlang der Autobahn angenagelt! Vor einigen wenigen Jahren noch war Bill derjenige mit dem Hirnschaden gewesen, aber nun redete er sanft und vernünftig mit mir, als wäre er mein Vater oder ein Berater. Ich erzählte ihm die ganze Geschichte von vorne, und schließlich schien er zu verstehen, daß ich imstande gewesen war, Larry loszulassen und das ganze Problem Gott zu übergeben.

Aufs höchste erleichtert sagte er: »Ich kann kaum glauben, was geschehen ist, aber ich sage dir eines. Ich bin froh, daß es dir besser geht, denn meine Versicherung hätte sowieso nicht für dich bezahlt.«

DER VERLORENE SOHN KEHRT ZURÜCK — KURZFRISTIG JEDENFALLS

Am nächsten Tag begann ich, das Haus zu putzen — zum ersten Mal in elf Monaten. Können Sie sich vorstellen, was für eine Arbeit das war? Popcorn und Einwickelpapierchen von Taco-Bell-Keksen im ganzen Haus! Ich holte ein paar solide Müllsäcke, legte christliche Platten auf, und als ich mich eben singend an die Arbeit machen wollte, läutete das Telefon.

Es war Larry.

»Mama, ich bin bei der Hamburger-Bude, und ich möchte dir einen Hamburger bringen. Womit willst du ihn belegt haben?«

Hätte Larry einen Tag früher angerufen, so hätte ich wohl gesagt: »Du kleines Scheusal, weißt du nicht, daß sie nahe dran sind, mich in die Klapsmühle zu stecken?« Statt dessen sagte ich nur: »Ach, Schätzchen, du kannst nach Hause kommen – es ist alles in Ordnung.«

Ich wußte, daß Larry sozusagen die große Zehe ins Wasser steckte, um herauszufinden, ob es gut war, sich zu Hause blicken zu lassen. Kurz darauf kam er herein, und wir aßen zusammen Hamburger. Da er so nervös war, stellte ich ihm nicht viele Fragen, aber ich fand heraus, daß er studierte und allein lebte. Er war in den letzten elf Monaten ganz gut zurechtgekommen, und ich bedrängte ihn nicht, mir mehr als das zu sagen.

Wir unterhielten uns eine ganze Weile lang miteinander, und dann ging er wieder. Aber er kam in der folgenden Woche wieder und plauderte mit Bill und seinem Bruder Barney. Er pflegte an Wochenenden zu Besuch zu kommen und schien sich zu freuen, bei uns zu sein. Bei seinen Besuchen unterhielten wir uns fast nur über alltägliche Dinge. Ich wollte keine Fragen nach homosexuellen Themen stellen – ich wollte einfach, daß unsere Beziehung wieder in Ordnung kam.

Larry hielt weiterhin engen Kontakt mit uns, indem er an Wochenenden zu Besuch kam und häufig anrief. Im darauffolgenden Jahr war er Brautführer bei Barneys Hochzeit, und im folgenden Juni schloß er sein Studium mit Auszeichnung ab. So froh ich auch war, daß er wieder zur Familie gehörte, hatte ich immer noch ein Gefühl des Zweifels und der bösen Vorahnung. Ich ging wie auf rohen Eiern und fürchtete ständig, etwas Falsches zu sagen, das eine gewaltige Explosion auslösen und ihn uns wieder entfremden würde.

Aber Larry war nicht mehr derselbe, der er früher gewesen war. Er sah anders aus und klang anders. Wir konnten über kein geistliches Thema sprechen. Wir sprachen immer nur über alltägliche Dinge. Mir war zumute, als sei er eben von einem anderen Planeten zu Besuch gekommen, und ich redete mir immer wieder ein, daß alles in Ordnung kommen würde. Ich wollte einfach all die schlimmen Tage beenden und nicht mehr darüber reden. Aber allmählich mußte ich akzeptieren, daß sie noch keineswegs hinter uns lagen.

Anfang 1979 meldete sich ein Verleger und fragte mich, ob ich meine Lebensgeschichte niederschreiben wollte. Sie wußten nicht viel über Larry, aber sie wußten, was mit unseren beiden anderen Jungen geschehen war.

Ich fragte Larry: »Wie würdest du dich fühlen, wenn ich das alles in einem Buch niederschreiben würde?«

Larry sagte, es sei ihm egal, aber ich nehme an, daß er überzeugt war, ich würde es ohnehin nicht zustandebringen. Ich sagte dem Verleger, ich hätte noch nie etwas geschrieben, aber einer der Herausgeber sagte: »Nun, der Heilige Geist wird dir die Worte eingeben.«

Und genau so geschah es auch. Die Zeilen flossen in einem Zeitraum von acht Wochen nur so aus mir heraus, und ich erzählte die ganze Geschichte bis zu dem Zeitpunkt, als Larry wieder nach Hause gekommen war. Es wurde im Herbst 1979 veröffentlicht, und die Reaktion darauf überraschte alle, mich ganz besonders. Ich bekam eine Menge Anrufe, Briefe und Anfragen, im Rundfunk und Fernsehen aufzutreten. Eine große Buchhandelskette nahm sich der Sache an und bald tauchte *Where Does a Mother Go to Resign?* in den Regalen von Buchhandlungen in Flughäfen und Supermärkten im ganzen Land auf.

Wie es mit Spatula anfing

Ich war begeistert, welche Reaktion *Where Does a Mother Go to Resign?* hervorrief, weil uns damit ein ausgezeichnetes Werkzeug in die Hand gegeben wurde, als wir SPATULA (Spachtel) gründeten, den neuen Dienst für die Eltern Homosexueller, den wir 1977 ins Leben riefen. Ich hatte mich freiwillig zur Mitarbeit bei einem Beratungstelefon gemeldet, um anderen Eltern zu helfen, vor allem Müttern, und ich wurde immer häufiger gefragt, ob ich nicht eine Selbsthilfegruppe aufbauen könnte, die sich wöchentlich in meinem Wohngebiet treffen sollte. Als einige Freunde vom Beratungstelefon mich fragten, was ich brauchte, um mit Eltern zu arbeiten, antwortete ich, ich brauchte etwa hundert SPACHTEL, »um sie alle von der Decke zu kratzen«. Es war ihr Vorschlag, daß wir meine Elterngruppe SPATULA nennen sollten, weil sie den Zweck hatte, »sie von den Wänden und der Decke zu kratzen«.

Damit war der Name gefunden, und ich begann, mich jeden Donnerstag mit einer Gruppe Frauen zu treffen. Jede einzelne von ihnen wurde offiziell in der Gruppe willkommen geheißen, indem ihr ein großer, roter Plastikspachtel überreicht wurde. Unser Ziel bei SPATULA ist es, ein Kissen intensiver Zuwendung für jene bereitzuhalten, die an die Decke gesprungen sind, nachdem sie von der Homosexualität ihrer Kinder erfahren haben. Die erste SPATULA-Gruppe war so erfolgreich, daß andere in bedeutenden Städten im ganzen Land ins Leben gerufen wurden und die Zeitschrift *Christian life* einen Bericht darüber brachte. Ich war dankbar, daß Gott mir geholfen hatte, das Versprechen zu halten, daß ich zwei Jahre zuvor gegeben hatte, als ich aus dem Büro der Beratungsstelle stürmte, das mir keine Hilfe hatte bieten können.

»Ich sage mich von meiner ganzen Familie los!«

Während bei SPATULA alles großartig lief, verschlechterte sich unsere Beziehung zu Larry wieder. Nachdem *Where Does a Mother Go to Resign?* veröffentlicht worden war, hörte ich eine Weile lang nichts von ihm. Dann kam er zu Besuch, in ärgerlicher und erregter Stimmung. Er brachte seine Bibel mit. Er warf sie vor mir auf den Tisch und sagte: »Ich will nichts mehr damit zu tun haben... du kannst es behalten... es gehört nicht mehr zu meinem Leben... ich gehe meinen eigenen Weg!«

Ich war schockiert und wollte das Ganze nicht glauben. Er stürmte wieder hinaus, bevor ich noch irgend etwas zu ihm sagen konnte. Ich hörte ein paar Wochen lang nichts von ihm, aber dann, kurz nach Neujahr, rief er wieder an. Seine Stimme klang wütend. Er sagte: »Was meinst du wohl, wie ich mich fühle, wenn ich dieses Buch auf dem Flughafen und in jedem Supermarkt sehe? Überall starrt mir dieses Buch entgegen. Ich schalte das Fernsehen an, und du bist da... ich drehe das Radio an, und du bist sogar im Radio zu hören...«

Ich war überrascht und erinnerte Larry: »Aber du hast doch gesagt, ich könnte es schreiben...«

»Ja, kann sein, daß ich das gesagt habe. Aber ich hab' eben nicht gedacht, daß du es schaffen würdest — so eine trübselige Geschichte, und wer sollte es schon lesen?«

»Offenbar lesen es jede Menge Leute und finden jede Menge Hilfe darin...«

»Nun, mir gefällt es jedenfalls nicht. Ich habe jetzt einen Liebhaber, und ich werde meinen Namen ändern lassen und mich von der Familie lossagen. Ich möchte keinen von euch jemals wiedersehen.«

Ich rang nach Atem, als er den Ausdruck *Liebhaber* gebrauchte. Er sagte nicht »Ich lebe mit jemandem zusammen«, er sagte voll Nachdruck »Ich habe einen Liebhaber«, und das warf mich einfach um. Das Gespräch wurde danach in ziemlich scharfem Ton geführt, aber irgendwie gelang es mir, mich im Zaum zu halten. Ich begriff, daß wir ihn schon längst verloren hatten. Dennoch empfand ich nichts anderes für ihn als Liebe.

Ich erinnere mich, daß ich sagte: »Larry, Homosexualität ist in Gottes Augen nicht das Beste für einen Mann, und ich will das Beste für dich. Ich kann dein Leben nicht ändern, aber es gibt zwei Dinge, die ich für dich tun kann – dich lieben und für dich beten. Und das werde ich tun, bis sie die Kiste über mir zunageln und mir eine Lilie in die Hand drücken. Denk daran – wir lieben dich bedingungslos, und das Licht auf der Veranda brennt immer für dich.«

Larry zeigte sich ungerührt von meinen Worten und hängte zornig den Hörer ein, nachdem er mich hatte wissen lassen, daß wir NIEMALS wieder von ihm hören würden. Nun, das stimmte nicht ganz. Wir hörten wieder von ihm, als ein behördliches Schreiben mit dem Inhalt bei uns eintraf, daß er seinen Namen geändert und sich von uns losgesagt hatte. Nun empfand ich meinen Schwur »Was auch geschehen mag, Herr« als große Herausforderung. Meinte ich wirklich ehrlich, was ich Gott dort auf dem Viadukt an der Ball Road versprochen hatte, oder nicht?

Der Rest dieses Buches entspringt den Gedanken und Konzepten, die mein Leben im Lauf jener sechs langen Jahre gestalteten, in denen ich kein Wort von Larry hörte. Im Lauf dieser Jahre lernte ich den Wert des Lachens schätzen, lernte, wie man mit Schuldgefühlen zurechtkommt und wie man ruhig bleibt, wenn die Hysterie in einem aufzuwallen droht. Vor allem lernte ich die Bedeutung der Hoffnung. Und über diese Hoffnung möchte ich als nächstes sprechen.

Gedanken zum Mitnehmen

Wenn das Leben zur Qual wird

In jedermanns Leben gibt es Zeiten, wo Probleme und Schwierigkeiten sich bis zum Himmel zu türmen scheinen. Wenn das geschieht – wenn das Leben zur Qual wird – wie geht man da kreativ mit der Situation um?

Erstens: Versuchen Sie nicht, mit allem allein fertig zu werden. Hören Sie auf, zu kämpfen und sich Sorgen zu machen. Hören Sie auf, sich anzustrengen und herumzujammern. Tun Sie, was in Ihrer Macht steht, und legen Sie dann alles in Gottes Hände, und schenken Sie Ihm Ihr Vertrauen, daß Er es recht machen wird. Sie können sich auf Gott verlassen. Er wird Sie nicht im Stich lassen. Lassen Sie los, und werfen Sie Ihre Sorgen auf den Herrn.

Zweitens: Beten Sie um Führung, und glauben Sie fest daran, daß Ihnen *jetzt* Wegweisung zuteil wird. Glauben Sie daran, daß diese Führung zuverlässig ist. Verlassen Sie sich darauf, denn Sie werden nicht im Stich gelassen werden.

Drittens: Beten Sie um eine gelassene Haltung, und üben Sie sich darin, sie auch einzunehmen. Beunruhigende Ereignisse sind nur so lange beunruhigend, als Sie sich beunruhigen lassen. Aber wenn Sie selbst eine friedvolle Haltung an den Tag legen, werden die äußeren Umstände sich von selbst ändern. Sie können nicht konstruktiv denken, wenn Sie total aus dem Häuschen sind. Denken Sie daran: aufgeregte Seelen schaffen Aufregung, ein friedvolles Herz schafft Frieden.

Viertens: Lassen Sie Ihr Bewußtsein von dem Glauben durchtränken, daß die Dinge in Ordnung kommen werden. Sagen Sie sich jeden Tag mehrfach laut vor: »Wer festen Herzens ist, dem bewahrst du Frieden« (Jes 26,3), »Durch Stillesein und Hoffen werdet ihr stark sein« (Jes 30,15), »Den Frieden lasse ich euch, meinen Frieden gebe ich euch. Nicht gebe ich euch, wie die Welt gibt. Euer Herz erschrecke nicht und fürchte sich nicht« (Joh 14,27).

Fünftens: Halten Sie sich immer die eine große Wahrheit vor Augen: schlimme Ereignisse *gehen vorüber*. Sie *können* sich verändern. Also halten Sie einfach durch – mit Gottes Hilfe.

SECHSTENS: Es gibt immer ein Licht in der Dunkelheit. Glauben Sie daran. Halten Sie Ausschau nach diesem Licht. Dieses Licht ist die Liebe Gottes. »Dein Wort ist meines Fußes Leuchte und ein Licht auf meinem Wege« (Psalm 119,105). Schreiten Sie furchtlos in die Dunkelheit hinein.

SIEBENTENS: Bitten Sie den Herrn, Er möge Ihre eigene Fantasie, Ihre eigene Kraft und Weisheit von ihren Banden befreien, denn dann können diese Fähigkeiten jedes Problem erfolgreich lösen.

ACHTENS: Vergessen Sie niemals, daß Gott für Sie da ist, daß Er Sie liebt. Er möchte Ihnen helfen. Wenden Sie sich Ihm zu, und nehmen Sie Seine Hilfe dankbar an.

NEUNTENS: Denken Sie daran, daß viele Menschen ähnliches Leid wie Sie selbst durchmachen. Vor einigen Jahren schenkte eine Abschlußklasse ihrer Universität eine steinerne Bank, auf der die Worte eingraviert standen: »Ihr alle, die ihr hier sitzt, mit Tränen oder mit Lachen: Willkommen! Zu unserer Zeit haben wir desgleichen getan.«

ZEHNTENS: Zu guter Letzt: Halten Sie fest an diesem großartigen Versprechen: »Gott ist unsere Zuflucht und Stärke, eine Hilfe in der Not.« Und das ist die Wahrheit, Gott wird Sie hindurchbringen, und ein heller Tag wird für Sie anbrechen.

Autor unbekannt

Viertes Kapitel

Seit ich alle Hoffnung aufgegeben habe, geht es mir gleich viel besser

Das Leben ist leichter, als Sie glauben —
Sie brauchen nur eines tun:
Das Unmögliche akzeptieren,
ohne das Unverzichtbare auskommen,
das Unerträgliche ertragen
und
imstande sein, alles mit lächelndem Gesicht hinzunehmen.

Autor unbekannt

Als wir das offizielle Schreiben des Notars erhielten, in dem uns mitgeteilt wurde, daß Larry sich von uns losgesagt und seinen Namen geändert hatte, mußte ich daran denken, was die Bibel den Christen sagt, denen schlimme Zeiten bevorstehen: »Meine lieben Brüder, erachtet es für lauter Freude, wenn ihr in mancherlei Anfechtungen fallt, und wißt, daß euer Glaube, wenn er bewährt ist, Geduld wirkt. Die Geduld aber soll ihr Werk tun bis ans Ende, damit ihr vollkommen und unversehrt seid und kein Mangel an euch sei« (Jak 1,2-4).

Als Larry uns das erstemal verlassen hatte, hatte ich gedacht, ich hätte meine Lektion in bezug auf Geduld gelernt. Jetzt, wo er wieder verschwunden war — und diesmal offenbar endgültig — sah ich, daß Gott noch einige Prüfungen für mich bereithielt, um mir zu Wachstum und Reife zu verhelfen. Geistliches Wachstum ist eine lebenslange Aufgabe, und am besten wachsen wir in den Tälern unseres geistlichen Lebens, dort, wo der Dünger ist.

Eines Tages war ich gerade bei einer Freundin, als sie einen Telefonanruf mit sehr beunruhigenden Nachrichten erhielt. Statt in Panik zu verfallen, lautete ihre Reaktion: »Nun, hier *wachsen* wir mal wieder!« Sie hatte recht. Wir haben die Wahl, ob wir schmerzhafte Prüfungen nur einfach irgendwie durchstehen oder ob wir sie nutzen, um an ihnen zu wachsen.

Eine der besten Beschreibungen einer lang andauernden Prüfung habe ich von einer Dame gehört, die sich verzweifelt und am Boden zerstört fühlte. Es sah aus, als sollte nie wieder ein Licht am Ende ihres Tunnels aufleuchten. Sie sagte zu mir: »Mir ist zumute, als lebte ich in einer Umklammerung, seit ich die Wahrheit über meinen Sohn erfahren habe. Ich versuche, diese Umklammerung vor mir herzuschieben, und sie erstreckt sich immer weiter, und ich lebe *immer noch* in dieser Umklammerung!«

MEINE UMKLAMMERUNG HAT NIE AUFGEHÖRT

Als Larry uns zum zweiten Mal verließ, war ich glücklicherweise besser vorbereitet auf meine Umklammerung — eine Zeit der Prüfungen und inneren Kämpfe, die kurz oder auch scheinbar endlos sein kann. Larrys bittere Reaktion auf *Where Does a Mother Go to Resign?* war keine neue Umklammerung. Sein zorniger Abgang aus unserem Leben zwang mich zu akzeptieren, daß das Problem, das für mich an jenem Abend beim Fahnenmast in Disneyland begonnen hatte, niemals wirklich verschwunden gewesen war. Die Geschichte setzte sich einfach mit einem neuen Kapitel fort.

Als Larry nach seiner Abwesenheit von elf Monaten zurückgekehrt war, hatte ich gedacht, alles sei »okay«, und Bill hatte dasselbe getan. Larrys »Phase« war vorübergegangen, und wir redeten einfach nicht mehr darüber. Wie sehr hatten wir uns geirrt!

Aber hier stand ich nun, in einer neuen Umklammerung gefangen, und bis es Gott gefallen würde, die beiden Enden der Umklammerung zu entfernen, würde ich in einem weiteren Vakuum leben müssen. Einige Leute mögen es eine Grube oder Höhle nennen, aber wie man es auch nennt, es ist eine klaustrophobische Situation. Man kann nicht einfach zurückkehren und wünschen, es dauerte erst einen Tag — oder meinetwegen auch erst zwei Jahre. Man kann auch nicht einfach einen Sprung nach vorne machen — aus der Grube heraus in eine fröhliche, sorglose Zeit. Bis Gott selbst Ihre Umklammerung auflöst, müssen Sie von einem Tag zum anderen leben.

Das soll nicht heißen, daß Sie Gottes Versprechen und Anweisungen ignorieren oder übersehen sollten. Aber Sie müssen sich damit zufriedengeben, daß Sie vielleicht nicht verstehen, was um Sie herum passiert — jedenfalls im Augenblick nicht.

Ich liebe eine Karikatur, deren Text lautet: »Mutter hat mich gewarnt, daß solche Tage kommen würden... aber sie hat mir nicht gesagt, daß sie sich über Monate hinziehen können.«

Eine gute Hilfe ist es, anzunehmen, daß Sie sich mitten in einem schmerzlichen Prozeß befinden. Wenn Ihnen alles weh tut, geben Sie es offen zu. Auf einem Autoaufkleber las ich kürzlich den Spruch:

WENN SIE VOLLKOMMEN ERLEDIGT SIND,
HEBEN SIE FRÖHLICH DEN KOPF UND RUFEN SIE LAUT:
»ICH BIN VOLLKOMMEN ERLEDIGT!«

Das ist der erste Schritt, mit Ihrer Umklammerung umzugehen. Der nächste Schritt besteht in der Erkenntnis: Wie immer das Problem auch heißen mag, *es wird nicht ewig andauern*.

JEDER SCHMERZ IST EINE »DURCHGANGSSTATION«

Machen Sie sich klar, daß jeder Schmerz eine Durchgangsstation ist. Es ist in Ordnung, wenn Sie zugeben, daß Sie leiden und Schmerzen empfinden, und Sie mögen sogar zornig auf Gott sein. Aber dann raffen Sie sich auf und machen das Beste aus dieser speziellen Situation. Wie der Vers aus dem Jakobusbrief uns vor Augen hält, liegt darin eine Chance für das Wachstum. Also sehen Sie, was Sie aus diesem Schmerz lernen können.

All die Verheißungen Gottes sind da, und sie sind wahr, aber im Augenblick bluten Ihre Wunden, Sie fühlen sich zerschlagen und verletzt, und Sie müssen sich an diese Verheißungen klammern, auch wenn diese im Augenblick überhaupt nicht für Sie zu gelten scheinen. In dem Maß, in dem Sie den Schmerz durchleben, wird er geringer werden. Der Schmerz wird verebben und immer durchlässiger werden, und dann können Sie einen Blick zurückwerfen und sehen, wie weit Sie schon gekommen sind. Sie können anfangen, jenseits der Umklammerung zu leben. Vielleicht fallen Sie manchmal kurzfristig wieder in die Grube, aber allmählich werden Sie sich aus der Umklammerung lösen. So werden Sie als Persönlichkeit ein neues Reifestadium erreichen.

Wenn einer von Gottes Propheten wußte, wie es ist, in einer Umklammerung zu leben, dann war es Jeremia. Und dennoch sagte Gott zu ihm: »Ich weiß wohl, was ich für Gedanken über euch habe, spricht der Herr: Gedanken des Friedens und nicht des Leides, daß ich euch gebe das Ende, des ihr wartet.« (Jer 29,11)

Ich habe diesen Vers lieben gelernt, denn wenn man einmal Hoffnung gefunden hat, sieht alles gleich ganz anders aus.

Nachdem Larry uns verlassen hatte, ging es mit SPATULA erst so richtig bergauf. Ich sprach im Fernsehen und in Rundfunksendungen, oder auch in Kirchen und auf christlichen Konferenzen, und die Leute pflegten mich zu fragen: »Nun, wie geht es Ihrem Sohn jetzt?« Und ich mußte sagen: »Nun, er hat sich von uns losgesagt. Er hat seinen Namen geändert, und er sagt, er will uns nie wiedersehen.«

Das war nicht gerade eine hoffnungsvolle Nachricht für meine Zuhörer, aber damals war es die Wahrheit. Ich konnte mich an nichts anderem festhalten als an meiner Liebe zu Gott und meiner Liebe zu Larry und all jenen Eltern, die den Verlust eines Kindes erlitten hatten oder, noch schlimmer, zusehen mußten, wie ein Kind ihre Wertvorstellungen zurückstieß und sich für einen gottlosen Lebenswandel entschied.

WIRKLICHE HOFFNUNG ENTSPRINGT DER HOFFNUNGSLOSIGKEIT

Ich identifiziere mich mit der Frau, die Ruth Graham in dem folgenden Gedicht in ihrem Buch *Gitting by Langhirg Fire* (Am lachenden Feuer) beschreibt:

> Sie wartet auf den Anruf
> der niemals kam, durchsuchte die Post
> nach einem Brief, einer Notiz,
> einer Postkarte
> mit seinem Namen darauf,

und nachts
auf den Knien
und tagsüber
auf den Füßen
stürmte sie um seinetwillen
gegen die Tore des Himmels an.
Sie trat für ihn ein
vor dem Höchsten Gerichtshof des Himmels.
»Sei still und warte«,
dies Wort gab er ihr,
und so wußte sie,
Er würde
in ihm und für ihn
und mit ihm all das tun,
was sie nicht tun konnte.
Sie schob die Zweifel beiseite,
ging ihrer Arbeit nach,
voll innerer Freude
im Wissen, Sein Wort ist Wahrheit,
auch wenn es verachtet wird.
Der Verlorene Sohn war nicht zurückgekehrt,
aber Gott war Gott,
und es gab Arbeit zu tun.

Was mich betrifft, so ist das eine Beschreibung der Hoffnung. Hoffnung ist unverzichtbar, wenn man mit dem Leben zurechtkommen will. Sie ist der Anker der Seele. Der Herr ist denen gnädig, die ihre Hoffnung auf Ihn setzen. Wenn Sie die Hoffnung verloren haben, können Sie Ihren Blick wieder auf den Herrn richten und darauf warten, daß er Ihnen neue Kraft schenkt.

Die Überschrift dieses Kapitels hat Sie vielleicht in Erstaunen versetzt. Wie ist es möglich, sich besser zu fühlen, wenn man die Hoffnung aufgegeben hat? Sobald Sie alle Hoffnung aufgegeben haben, durch Ihre *eigenen* Anstrengungen etwas zu schaffen und sich auf Ihre *eigene* Kraft zu verlassen, können Sie anfangen, WIRKLICHE HOFFNUNG auf Gott zu setzen!

Denken Sie an Ihr Leben, mit all den Fehlern, Sünden und Schmerzen der Vergangenheit, wie an die Knoten in einem Garnknäuel. Es ist alles ein solches Durcheinander, daß Sie gar nicht erst anfangen könnten, alles in Ordnung zu bringen. Es ist ein solcher *Trost,* das ganze Gewirr in Gottes Hände fallen zu lassen und es DORT LIEGEN ZU LASSEN. Die wichtigste

Botschaft, die ich mit Ihnen teilen möchte, lautet: Legen Sie Ihr Kind, Ihren Gatten, Ihre Freunde, wer immer es auch sein mag, in Gottes Hände, und werfen Sie Ihre Sorgen auf Ihn. Gott allein kann die Wirrnisse unseres Lebens entwirren. WAS FÜR EINE FREUDE UND WAS FÜR EIN TROST IST ES DOCH, ALLE DIE WIRRNISSE UNSERES LEBENS IN GOTTES HÄNDE FALLEN ZU LASSEN UND SIE EINFACH DORT LIEGEN ZU LASSEN! Das ist das Geheimnis der Hoffnung.

HOFFNUNG HAT NICHTS MIT FLUCHT VOR DER REALITÄT ZU TUN

Die Inschrift auf einer Grußkarte lautet: »Hoffnung haben heißt nicht, so zu tun, als gäbe es keine Schwierigkeiten ... Hoffnung ist das Vertrauen darauf, daß diese nicht ewig andauern werden, daß Verletzungen geheilt und Schwierigkeiten überwunden werden können ... Hoffnung ist der Glaube daran, daß eine Quelle der Kraft und Erneuerung in uns existiert, die uns durch die Dunkelheit in den Sonnenschein Seiner Liebe führen wird.«

Sehen Sie, wir können nicht durchs Leben gehen und behaupten, daß es keinen Kummer gäbe, und so tun, als wären Schmerzen und Leiden ganz einfach nicht da. Glaube heißt wissen, daß es Schwierigkeiten gibt, aber er ist auch das vertrauensvolle Wissen, daß sie nicht ewig andauern werden.

Hoffnung ist das Nötigste, was wir brauchen, um das Leben zu bewältigen! Sie ist der Anker der Seele. Aber Sie sagen, Ihre Hoffnung sei erloschen. Machen Sie sich keine Sorgen, sie kann neu entflammt werden. Der Herr ist denen gnädig, die ihre Hoffnung auf Ihn setzen.

Sie können neue Hoffnung gewinnen; Sie können Ihren Blick wieder auf den Herrn richten und darauf warten, daß Er Ihnen neue Kraft schenkt. Diejenigen, die ohne Christus leben, mögen nur ein hoffnungsloses Ende sehen, aber die Christen haben ihre Freude an *endloser Hoffnung*.

Was verstehen Sie denn eigentlich unter »Hoffnung«?

Manchmal ist Hoffnung schwer zu erklären. Die niedlichste Beschreibung dessen, was Hoffnung eigentlich ist, fand ich in der Geschichte von dem kleinen Jungen, der in einem Großkaufhaus am Fuß der Rolltreppe steht. Wie gebannt beobachtet er das Geländer der Treppe. Keinen Augenblick weicht sein Blick von diesem Geländer, während die Rolltreppe fährt und fährt. Eine Verkäuferin sieht ihn schließlich dort stehen und fragt ihn, ob er sich verlaufen habe. Der kleine Bursche antwortet: »Nee. Ich warte bloß drauf, daß mein Kaugummi wieder auftaucht.«

Wenn Sie das Gefühl haben, mit der Nase im Staub zu liegen, wenn Ihnen zumute ist, als steckten Sie mitten in der Wäschemangel, dann nehmen Sie sich ein Beispiel an dem kleinen Jungen, der darauf wartet, daß sein Kaugummi wieder auftaucht. Stehen Sie fest auf den Füßen, seien Sie geduldig und vertrauen Sie auf Gott. Dann kümmern Sie sich um Ihr eigenes Leben ... denn da gibt es eine Menge zu tun.

Ich mag den Brief, den mir eine Mutter zusandte. Er lautet kurz und bündig:

> »Liebe Barb, lieber Bill: Dieses Jahr werde ich es machen wie die Sonnenuhr: zähl die heit'ren Stunden nur! Ich weiß nicht, wo wir stehen — ich brauche es auch nicht zu wissen. Alles liegt in Seiner Hand. Können wir uns mehr Sicherheit wünschen?«

Ihre Worte erinnern mich daran, daß uns nichts berührt, das nicht zuvor durch die Hände unseres himmlischen Vaters gegangen ist. Absolut nichts. Was immer auch geschehen mag, Gott in seiner Souveränität hat es bereits überprüft und gebilligt. Wir wissen vielleicht nicht, warum (vielleicht erfahren wir nie, warum), aber wir wissen, daß unser Leid für Ihn, der unser Leben in Seiner Hand hält, kein Zufall ist. Er ist in keiner Weise überrascht darüber. Bevor uns irgend etwas berührt, ist es an ihm vorbeigegangen.

Die schmerzhafte Kunst, durch einen Tunnel zu gehen

Um aus der Dunkelheit wieder in den Sonnenschein zu gelangen, ist es hilfreich, wenn Sie sich vor Augen halten, daß Sie sich in einem Tunnel befinden, nicht in einer Höhle. Sie werden die Sache durchstehen, wenn Sie *einfach Schritt für Schritt durch diesen Tunnel marschieren.* Ich habe eine enge Freundin, Peggy, mit der ich oft Grußkarten und Gedanken austausche, und eine der besten Grußkarten, die sie mir jemals schickte, trug diese Inschrift:

DUNKLE AUGENBLICKE SIND KURZE FLURE,
DIE IN SONNENHELLE RÄUME FÜHREN!

Einer der besten Ratschläge, wie man seinen Korridor oder Tunnel durchquert, stammt von Robert Maner, einem Evangelisten, der in Georgia lebt. Vor einigen Jahren erschien ein Artikel in *Herold of Holiness,* der den Titel »Spaziergänge im Tunnel« trug. Darin beschreibt Maner die schrecklichen Tragödien, die jedem von uns zustoßen können – eine Frau erfährt, daß ihr Mann sie wegen einer anderen Frau verläßt; der Arzt muß Ihnen die schreckliche Mitteilung machen, daß Sie unheilbar an Krebs erkrankt sind; eine unverheiratete halbwüchsige Tochter spricht die schockierenden Worte aus: »Mama, ich bin schwanger«; die Polizei steht vor Ihrer Türe und teilt Ihnen mit, daß Ihr Sohn bei einem Verkehrsunfall getötet wurde, den er unter Alkohol- oder Drogeneinfluß verursachte.

Alle diese Tragödien ereignen sich Tag für Tag, und Christen sind davon genauso betroffen wie andere Leute. Wenn einem so etwas zustößt, scheint es kein Licht am Ende des Tunnels zu geben. Ich kenne dieses Gefühl. Man kann sich Römer 8, 28 noch so oft vorsagen, es bleibt stockfinster rundum – nirgends leuchtet ein Lichtlein.

Möglicherweise empfinden Sie Schuldgefühle, Zorn, Bitterkeit und Depression – alles zugleich. Sie fragen sich selbst in einem fort: »Wo habe ich versagt? Was habe ich falsch gemacht?« Wie Robert Maner es formuliert: »Trostlose Tage und Nächte scheinen zu einer bedeutungslosen Zwielichtzone zu verschmelzen.« Er fährt fort: Sie können nicht ändern, was geschehen ist, aber es gibt Hilfe. Sie sind ein Kind Gottes, und das bedeutet, daß Sie gewisse Rechte, Privilegien und Hilfsquellen haben. Er schreibt:

»Jesus wird Sie auf Ihrem Weg durch diesen langen, dunklen Tunnel begleiten. Zuerst mag Ihnen sogar Seine Gegenwart fern erscheinen. Aber Sie werden feststellen, daß Er da ist. Sie können spüren, wie Er direkt an Ihrer Seite steht. Stellen Sie sich vor, Sie müßten diesen Weg alleine gehen! Aber das müssen Sie nicht – Er ist tatsächlich da. Sie können mit Ihm gemeinsam gehen. Erzählen Sie Ihm von Ihrer Bitterkeit, Ihrem Zorn, Ihrer Schuld. Sagen Sie Ihm, wie deprimiert Sie sind. Sagen Sie Ihm, wie groß Ihre Angst vor der Dunkelheit ist. Sagen Sie Ihm, wie einsam Sie sind. Er wird Ihnen Mut schenken in diesem dunklen Tunnel, den das Leben Sie zu durchschreiten zwingt...
Sie sehen kein Licht am Ende des Tunnels, aber Sie wissen nicht, ob der Tunnel nicht einen Bogen macht. Und hinter dieser Kurve mag ganz plötzlich das Licht eines großartigen neuen Tages erstrahlen. Sie können es von Ihrem Standort aus noch nicht sehen, aber es ist da.
Jeder Tunnel hat irgendwann ein Ende, sonst wäre er eine bloße Höhle. Und für den Christen ist das Leben ganz sicher keine Höhle. Jesus hat uns das durch Seine Auferstehung bestätigt. Hören Sie genau hin. Vielleicht hören Sie Seine Stimme, die Sie ermuntert, Ihren Schritt zu beschleunigen.
Ich erinnere mich an eine Zeitspanne vor einigen Jahren, als ich selbst durch einen Tunnel ging. Die Dunkelheit war erstickend – so dicht, daß ich sie förmlich fühlen konnte. Kein Licht war am Ende des Tunnels zu sehen. Ich betete – oder versuchte zu beten –, aber es schien mir, als wollten meine Gebete nicht durch die Zimmerdecke dringen. Schlaf war unmöglich, also verließ ich das Haus und ging in der Nacht spazieren. Als ich aufblickte, waren alle die Sterne da. Kein einziger fehlte. Ich dachte, es sei kein einziger übriggeblieben, aber ich hatte mich geirrt. Und der Gott, der sie dort hingestellt hatte, war immer noch derselbe, der Er immer gewesen war. Am nächsten Morgen ging die Sonne auf, wie sie immer aufgegangen war. Auch die Vögel sangen. Nicht einmal sie ließen mich im Stich. Der Tag kam, an dem der Tunnel eine plötzliche und unerwartete Wendung nahm. Licht leuchtete auf – ein gewaltiges Licht. Auch meine Gebete wurden beantwortet. Es geschah nicht über Nacht, aber es geschah.
Auch am Ende Ihres Tunnels, gläubiger Christ, gläubige Christin, wird ein Licht scheinen. Gehen Sie nur weiter voran.«

Die »Patentantworten« funktionieren nicht

Eine Hilfe bei Ihrem Tunnelspaziergang kann die Überlegung sein, daß niemand ein perfektes Leben führt, auch wenn Werbesendungen und TV-Shows behaupten, es wäre durchaus möglich. Meine Freundin Lynda sieht wirklich toll aus, und ich sagte es ihr. Sie erzählte daraufhin, daß sie sich einen neuen Büstenhalter gekauft hatte, dessen Design die Bezeichnung trug: »Niemand ist vollkommen!« Das erinnerte mich daran, wie viele von uns in Situationen leben müssen, in denen nichts und niemand vollkommen ist.

Man erwartet schnell zuviel von anderen Menschen oder auch von Produkten, die als »Die ideale Lösung« beworben werden. Ich war kürzlich in der Autowaschstraße, und während ich meine Rechnung bezahlte, sah ich einen Werbeständer voll kleiner Flaschen, die als »Autoduft« verkauft wurden. Auf dem Etikett war ein Bild eines funkelnden, brandneuen Autos mit einer großen Geschenkschleife oben drauf; und ohne daß ich mir die Mühe gemacht hätte, probeweise zu schnuppern, kaufte ich eine Flasche. Ich war eben der Meinung, der Duft eines brandneuen Autos könnte meinem alten Volvo nur gut tun.

Als ich heimkam, sprühte ich den Duft ins Autoinnere. Mir wäre beinahe übel geworden von dem Aroma, das anscheinend eine Mischung aus altem Schmieröl, Teer und Bananen darstellte. Wenn ein neues Auto jemals so gerochen hat, muß der Besitzer wohl gedacht haben, irgendetwas sei nicht in Ordnung damit.

Ich erinnere mich, wie es vor einigen Jahren im Supermarkt buntgefärbte Maiskörner als Popcorn zu kaufen gab. Die Körner waren leuchtendrot, grün, lilafarben und orange. Ich kaufte sie in der Meinung, daß wir richtig buntes Popcorn haben würden. Wir standen rundum und sahen zu, wie sie sich aufblähten — und mußten feststellen, daß das Popcorn genauso weiß wie sonst auch wurde. Die Farben, die wir erwartet hatten, ließen sich nicht blicken.

Werbesendungen erwecken oftmals übersteigerte Erwartungen in uns, aber wir lernen die Realität durch Enttäuschungen kennen. Kein Duftspray läßt ein altes Auto wie ein neues riechen, und farbige Maiskörner werden letzten Endes doch immer zu weißem Popcorn. Dennoch steckt etwas in uns, das solchen Werbegags nur zu bereitwillig Glauben schenkt. Vielleicht hoffen wir immer wieder auf dieses Wunder, und deshalb probieren wir immer wieder etwas Neues aus, in der Hoffnung, die perfekte Lösung zu finden.

MANCHMAL STEHT DAS LEBEN EBEN KOPF

Aber nichts ist vollkommen. Wir müssen in einer Welt leben, die alles andere als vollkommen ist, mit Leuten, die voller Macken stecken und in Häusern, die auch ihre Mängel haben.

Ich habe eine Freundin, die eine ganze Weile lang knauserte und sparte, um eine teure Tapete für das Schlafzimmer ihres Jungen zu kaufen. Schließlich wurde die Tapete geliefert, und sie trug sie nach Hause und räumte sie beiseite, um sie bei Gelegenheit aufzukleben.

Ihr Mann entdeckte die Tapete, und sobald sie einkaufen gegangen war, beschloß er sie zu überraschen und die Tapete selber aufzukleben. Er arbeitete den ganzen Tag lang daran und tapezierte das ganze Schlafzimmer mit dem hübschen neuen Papier. Das Muster bestand aus bunten Ballons, deren Schnüre unten herabhingen. Er machte nur einen einzigen Fehler: Er klebte die Tapete VERKEHRT HERUM auf, und die Schnüre krochen an der Wand empor wie schlängelnde Schlangen, statt graziös herabzuhängen, wie es eigentlich vorgesehen war.

Als meine Freundin heimkehrte, war sie schockiert, aber das Unglück war bereits geschehen und ließ sich nicht mehr ändern. Also lernten sie und ihr Mann kurzerhand, mit der kopfstehenden Tapete zu leben, und gewöhnten sich daran, die Schnüre sich in die Höhe schlängeln zu sehen. Sie hatte vorgehabt, den Raum wirklich perfekt zu tapezieren, aber nun war das genaue Gegenteil herausgekommen. Es ist nicht immer leicht, mit solchen kopfstehenden Situationen leben zu lernen, aber es gehört zum Leben, denn wir alle müssen mit unvollkommenen Situationen leben.

Wir haben eine Uhr in unserem Auto, die während der Winterzeit, von Oktober bis April, immer eine Stunde falsch geht. Der Mechanismus, mit dem man die Zeiger verstellen kann, ist kaputt, und während dieser Monate muß ich mich selbst andauernd daran erinnern, daß die Uhr in unserem Auto immer eine Stunde vorgeht. Ich muß meine Zeitplanung und meinen Terminkalender ständig nach einer Uhr richten, die eine Stunde falsch geht, und vielleicht soll mir das eine Lehre sein. Manche Dinge im Leben sind NIEMALS so, wie sie sein sollten, und man muß einfach damit leben lernen. Die Bereitschaft, etwas hinzunehmen, das eben nicht vollkommen ist, ist ein Zeichen von Annahme.

Eine Mutter mit gebrochenem Herzen, deren Kind sie schrecklich enttäuscht hatte, lernte schließlich mit ihrer Last zu leben. Das folgende kleine Gedicht war ihr eine Hilfe dabei:

ANNAHME

Annahme ist heute die Antwort auf all meine Probleme.
Wenn ich aus der Ruhe gerate, dann deshalb, weil ich irgendeinen Menschen, eine Sache, einen Ort oder eine Situation — irgend einen Umstand in meinem Leben — unannehmbar finde,
und ich kann meine Gelassenheit nicht wiederfinden, bis ich akzeptiert habe,
daß dieser Mensch, dieser Ort, diese Situation
gerade so ist, wie sie im Augenblick sein sollen.
Nichts in Gottes Welt geschieht irrtümlich.
Ich kann nicht glücklich sein, bis ich gelernt habe,
das Leben mit seinen eigenen Bedingungen anzunehmen.
Ich muß mich nicht so sehr darum kümmern, was in der Welt zu ändern wäre,
als was an mir und meinen Einstellungen zu ändern wäre.

Autor unbekannt

Ich bekam einen Brief von einer sehr lieben Dame, die mir eingestand, daß sie keine Spende für SPATULA schicken könnte, daß aber ihre Liebe und ihre Gebete uns begleiten. Sie sagte:

»Mein Mann arbeitet seit vier Jahren nicht mehr, da ihm nach einem Unfall beide Beine abgenommen werden mußten. Mein Sohn hat den Kontakt zu uns wieder aufgenommen — dank SPATULA — und ist in unsere Nähe gezogen, um uns bei der Landarbeit zu helfen. Ich habe mich von meiner Brustoperation gut erholt und danke dem Herrn dafür. Das Augenproblem freilich, von dem ich Ihnen erzählt habe, hat sich so sehr verschlimmert, daß der Arzt mir sagt, ich würde das Augenlicht im Lauf der nächsten Monate wohl völlig verlieren. Aber ich bin dankbar dafür, daß mein Mann mir vorlesen kann, wenn ich blind werde, und er wird mir alle die witzigen Zeichnungen und lustigen Geschichten vorlesen, damit wir gemeinsam lachen können, wenn Euer monatliches Rundschreiben eintrifft. Ich habe über Euren Rundbrief mehr gelacht, als ich sonst an Lachen aufbringen konnte, seit diese schreckliche Prüfung über uns gekommen ist. Wie lobe ich den Herrn für SPATULA und das Lachen, das ich durch Euch wiedergefunden habe, und die Ermutigung weiterzumachen, wenn die Zukunft auch noch so schwarz aussieht.«

Inmitten ihrer Schmerzen, angesichts von Problemen, die viele Menschen in Verzweiflung stürzen würden, hat diese Frau immer noch Grund zur Hoffnung!

GOTT BENÜTZT UNSERE SCHWIERIGKEITEN, UM UNS SÜSSER ZU MACHEN

Das Leben ist niemals vollkommen, aber Jesus ist es. Und Er nimmt die Unvollkommenheiten — die Trümmer und das Durcheinander — und verwandelt sie in Hoffnung. Denken Sie daran: Was auch immer Sie gerade durchmachen, es wird nicht ewig andauern, es wird vorübergehen.

Erst kürzlich fuhren Bill und ich durch Palm Springs, den berühmten Ferienort in der Wüste. Wir fuhren an einem Obststand am Straßenrand vorbei, und auf dem Schild stand zu lesen »WÜSTENSÜSSE GRAPEFRUIT«. Ich dachte: *So ergeht es uns allen, wenn wir geistlich in der Wüste sind — wenn wir uns inmitten von endloser, trockener Öde befinden und anscheinend von niemandem auch nur die geringste Ermutigung erhalten. Solche Zeiten benützt Gott, um uns süßer zu machen, je mehr wir lernen, unser Problem ganz und völlig Ihm zu überlassen.*

Wir alle gehen durch verschiedene Phasen, wenn wir versuchen, ein Problem völlig Gott zu überlassen. Den ersten Schritt macht man, wenn das Leben einem einen gewaltigen Schlag versetzt — man BRODELT innerlich. Du fühlst dich, als wäre dein Innerstes voller Messer, die dich wie ein Fleischwolf zermalmen. Es gibt kein anderes Wort, um die Verwüstung zu beschreiben, wenn man innerlich brodelt.

Der nächste Schritt heißt BRENNEN. Stimmt, du möchtest dein Kind umbringen, und im nächsten Augenblick möchtest du dich selbst umbringen. Du bist so voller weißglühender Wut und qualvoller Frustration, daß dein Temperament völlig außer Kontrolle gerät. Du hast buchstäblich das Gefühl, als ob dein Herz in Flammen stünde.

Der dritte Schritt heißt SEHNSUCHT. Oh, wie sehr sehnst du dich danach, daß alles anders wäre! Du bist voll schmerzlichster Sehnsucht, die Dinge möchten wieder so sein, wie sie früher waren. Du sehnst dich nach der guten alten Zeit, und dieses Stadium dauert oft länger als alle anderen.

Aber dann machst du den nächsten Schritt, und der heißt LERNEN. Du sprichst mit anderen, vielleicht findest du eine Selbsthilfegruppe, und du lernst, daß du dich inmitten eines langen Wachstumsprozesses befindest. Du wirst verständnisvoller und mitfühlender. Geistliche Werte, die du in der Vergangenheit theoretisch kennengelernt hast, werden plötzlich *real* für dich. Du lernst eine Menge über bedingungslose Liebe und aktive Nächstenliebe. Das wunderbare Ergebnis ist, daß dein eigener Schmerz nachläßt.

Und schließlich tust du den letzten Schritt – der ÜBERGABE heißt. Du lernst, das Problem völlig dem Herrn zu übergeben, indem du sagst: »Was auch immer, Herr! Was auch immer Du in mein Leben bringst, Du bist groß genug, mir hindurchzuhelfen.« Nun kannst du deine innere Last an Gott abgeben. Du weißt, daß Er alles unter Kontrolle hat. Er liebt dein Kind mehr als du selbst. Wenn du dein Problem an das Kreuz nagelst und es wirklich ernst meinst, dann wird deine zermürbende Last von deinen Schultern genommen werden.

Aber jetzt kommt der wirklich schwierige Teil. Daß Sie alle diese Schritte hinter sich gebracht haben, bedeutet noch nicht, daß Sie nicht dann und wann wieder brennen, Sehnsucht empfinden oder innerlich brodeln. Aber diese Phasen werden immer kürzer und kürzer werden. Und Sie werden immer mehr Zeit damit verbringen, Ihr Problem an Gott abzugeben. In 1. Petrus 5,7 lesen wir, daß wir all unsere Sorgen auf den Herrn werfen sollen. Das bedeutet, daß wir unsere Sorgen bei Ihm deponieren sollen, wie wir Geld in einer Bank deponieren, und sie dort lassen. So viele Eltern schreiben mir oder rufen mich an und fragen: »Wie können wir unsere Kinder Gott übergeben und ein wenig Erleichterung in unserer inneren Verwüstung finden?« Ich glaube, aus der Erfahrung meiner eigenen Kämpfe, daß die Antwort in den verschiedenen Stadien der Übergabe liegt, die ich oben beschrieben habe.

Machen Sie sich nicht selbst kaputt, wenn Sie keine Fortschritte machen oder sogar feststellen müssen, daß Sie plötzlich auf unerklärliche Weise auf Feld eins gelandet sind. Sie stellen vielleicht fest, daß es in Ihrem Inneren genauso brodelt wie am Anfang. Das ist normal und ganz typisch für Kummer. Vergessen Sie niemals, daß Sie es mit Kummer zu tun haben und daß Sie sich durch die Trümmer Ihres Lebens vorwärtskämpfen müssen.

Im Augenblick stehen Sie vor den Scherben eines Traums. Vielleicht wird es nicht immer so sein, aber gerade jetzt ist es eben so, und Sie müssen es akzeptieren. Aber glauben Sie mir ... Genesung ist unterwegs. Der Heilungsprozeß dauert seine Zeit, aber Sie machen eine lange Reise, um wieder heil zu werden, und Sie steuern auf ein *Tor der Hoffnung* zu! Ich hatte meine Freude an der Unterschrift, die eine Frau unter ihre Ostergrußkarte setzte: »Von einer Oster-Person, die in einer Karfreitagswelt lebt.« Selbst inmitten dieser chaotischen alten Welt können wir Freude haben, denn wir wissen, daß unsere Zukunft – und unsere Hoffnung – auf IHN gebaut sind!

GEDANKEN ZUM MITNEHMEN

Nur einige wenige von uns
lernen aus den Fehlern anderer Leute.
Der Rest von uns muß diese anderen Leute selbst sein.

WAS HEISST HIER LICHT?
ICH BIN NOCH AUF DER SUCHE NACH DEM TUNNEL!

HOFFNUNG MACHT EINEN UNTERSCHIED

Hoffnung sucht nach dem Guten in anderen Menschen, anstatt auf ihren Fehlern herumzuhacken.
Hoffnung öffnet Türen, die die Verzweiflung zugeschlagen hat.
Hoffnung entdeckt, was getan werden kann, statt darüber zu murren, was nicht getan werden kann.
Hoffnung zieht ihre Kraft aus einem tiefen Vertrauen in Gott und das grundlegend Gute im Menschen.

Hoffnung »zündet eine Kerze an« statt »die Dunkelheit zu verfluchen«.
Hoffnung betrachtet Probleme, seien sie klein oder groß, als Chancen.
Hoffnung überläßt sich keinen Illusionen und ergibt sich nicht dem Zynismus.

Autor unbekannt

*Danke, lieber Gott,
für alles, was Du mir gegeben hast,
für alles, was Du mir genommen hast,
für alles, was Du mir übriggelassen hast.*

Autor unbekannt

TRAG DEINE ZERBROCHENEN TRÄUME ZU JESUS!

Fünftes Kapitel

Einmal lachen — drei Teelöffel Haferflocken

SEIEN SIE DANKBAR ...

für Ehemänner, die kleine Reparaturarbeiten im Haus erledigen. Für gewöhnlich machen sie die Reparaturen groß genug, daß ein Handwerker gerufen werden muß.
Für Kinder, die ihre Sachen wegräumen und ein sauberes Zimmer hinterlassen. Sie sind eine solche Freude, daß man es wirklich bedauert, wenn sie zu ihren Eltern heimgehen.

Autor unbekannt

Dieses Kapitel ist »einfach zum Lachen«, hat aber einen tieferen Sinn. Wenn ich je etwas aus den Prüfungen in meinem Leben gelernt habe, dann das: »Ein fröhliches Herz tut dem Leibe wohl« (Sprüche 17,22).

Sich richtig gut auszuweinen, ist wie ein reinigendes Gewitter, aber ein herzliches Lachen bringt Sonnenschein ins Leben. Ein ordentliches Lachen ist jederzeit mehr wert als hundert Seufzer. *Wer lacht, bleibt bestehen, denn*

LACHEN IST DIE SONNE, DIE DEN WINTER
AUS DEM MENSCHLICHEN GESICHT VERTREIBT.

Wenn Sie es lernen können, trotz der Umstände, in denen Sie sich befinden, zu lachen, dann werden Sie andere bereichern, sich selbst bereichern, und mehr als das: Sie werden BESTEHEN!

Lachen ist Jogging für die Seele

Ärzte und Gesundheitsexperten sagen uns, daß Lachen einfach gut für die Gesundheit ist. Ein Experte, der die ganze Welt bereist und überall Fitness-Workshops abhält, sagt, gesunde Menschen lachen zwischen 100 und 400 Mal am Tag.

Und ich habe von einem Arzt gelesen, der Lachen als »inneres Jogging« bezeichnet. Er sagt, herzliches Gelächter habe eine wohltuende Wirkung auf den ganzen Körper — und mache viel mehr Spaß als Aerobic. Hundert Mal am Tag zu lachen gibt dem Herzen so viel zu tun, als hätten Sie zehn Minuten mit dem Expander trainiert. Wenn ich in der Öffentlichkeit spreche, dann lade ich meine Zuhörer ein, sie möchten versuchen, »innerlich zu joggen« — einfach einige Male lang und herzlich zu lachen, trotz der Schmerzen und Frustration in ihrem Leben.

Ein Autoaufkleber gab mir die Idee für die Überschrift zu diesem Kapitel ein. »Einmal lachen — drei Teelöffel Haferflokken«.

Sie haben zweifellos schon von Haferflocken gehört, dem neuen »Wundermittel«, das sich als so nützlich erwiesen hat, um den Cholesterinspiegel zu senken.

Dr. James W. Anderson, ein Mediziner an der Universität Kentucky und Spezialist für die Zuckerkrankheit, kaufte einen Fünfzig-Kilo-Sack Haferflocken und begann sie in seinen Diätplan einzubauen. In nur fünf Wochen sank sein Cholesterinspiegel um 110 Punkte bzw. 38 Prozent!

Ich bin nicht sicher, ob Lachen auch den Cholesterinspiegel senkt, aber es ist zweifellos gesund. Und außerdem ist Lachen weitaus lustiger, als Haferflocken zu essen, die mich immer ein bißchen an Sägemehl erinnern. Trotzdem essen Bill und ich fast täglich Haferflocken.

Haben Sie schon einmal darüber nachgedacht, wieviele Tage wir vergeuden, wenn wir nicht lernen zu lachen? Jemand hat einmal gesagt: »Die am schlimmsten verschwendeten Tage sind jene, an denen man nicht gelacht hat.« Es gibt so viele Bücher auf dem Markt, wie man seine Familie liebt, wie man seine Ehe richtig gestaltet, wie man abnimmt, wie man reich wird, wie man mit dem Leben fertig wird, wie man ein Erdbeben überlebt, was man tun kann, wenn Teenager von zu Hause fortlaufen, aber es gibt praktisch nichts darüber, wie man lachen lernt. Wie oft wird Eltern gesagt, sie sollten »ihr Kind einpacken und das ganze Bündel dem Herrn übergeben, weil es keinen anderen Ausweg gibt.« Aber Eltern müssen auch hören, daß Gott sie durch alles hindurchbringen kann, was sie erleiden müssen. Und lachen zu lernen kann einem den Weg ganz beträchtlich erleichtern!

VERSUCHEN SIE ES MAL MIT EINER LACHPAUSE – ES FUNKTIONIERT!

Ich las einmal einen Zeitungsartikel, in dem es hieß, man sollte eine »Lachpause machen«, wenn einem das Wasser bis zum Halse steht. Wenn Sie völlig kaputt sind und sich als absoluter Versager fühlen, nehmen Sie sich ein bißchen Zeit zum Lachen. Es kann Sie tatsächlich verjüngen.

In einer psychologischen Studie wurden sechzig Testpersonen auf drei Gruppen aufgeteilt. Jede Gruppe erhielt die gleichen Denkaufgaben zu lösen. Alle drei Gruppen versagten beim ersten Block schwieriger Denkaufgaben. Dann gaben die Forscher den Gruppen Eins und Zwei ein paar einfachere Tests, wie beispielsweise einen Wortsalat zu sinnvollen Worten zu arrangieren. Beide Gruppen erbrachten ähnlich schlechte Leistungen wie beim ersten Set wirklich schwieriger Denkaufgaben.

Gruppe Drei durfte jedoch eine Lachpause machen, bevor sie dieselben Aufgaben mit den Wortsalaten zu lösen bekam. Sie lachten sich eins, als sie ein Sortiment von zehn Comics lasen, um zu bewerten, welchen sie für den lustigsten hielten; dann machten sie den Test mit den Wortsalaten und erzielten gute Ergebnisse. Was ich damit sagen will: Humor kann tatsächlich Ihre innere Haltung verändern. Humor machte es der Gruppe Drei leichter, mit Schwung an die Arbeit zu gehen. Ihre Lachpause half ihnen dabei, ihre anfängliche Frustration zu überwinden und eine bessere Leistung zu erbringen!

MEIN FREUDENKÄSTLEIN WUCHS ZU EINEM FREUDENZIMMER AN

Die beste Methode, wie man lachen lernen kann, ist, Freude aufzuspüren und buchstäblich zu sammeln. In meinen Büchern und Rundschreiben ist oft die Rede von meinem Freudenzimmer, einem kleinen Anbau an unser Haus, der vollgestopft ist mit Dingen, über die ich und meine Gäste lächeln, kichern oder sogar einmal vor Lachen wiehern. Mein Freudenzimmer nahm seinen Anfang als ein Freudenkästlein – eine Schuhschachtel, die ich mit buntem Papier beklebt hatte – in der ich Dinge sammelte, die mich zum Lachen brachten. Als ich wirklich grauenhafte Zeiten durchmachte und durch meinen Tunnel marschierte, suchte ich nach Grußkarten, Gedichten und selbst Bibelversen, bei denen ich lächeln oder lachen mußte. In mancher Hinsicht ist der *The Love Line-Rundbrief* einfach ein Mittel, meine innere Freude mit anderen Menschen zu teilen.

In den ersten Jahren unseres Dienstes bei SPATULA pflegte ich meinen Vortrag zu halten, und wenn ich dabei über Wassermelonen redete, dann schickten mir die Leute kleine lustige Dinge, die irgendwie mit Wassermelonen zu tun hatten. Wenn ich über Luftballons sprach, dann bekam ich kleine lustige Dinge, die mit Luftballons zu tun hatten. Im Handumdrehen war mein Freudenkästlein zum Bersten voll und quoll über, und wir mußten uns etwas anderes einfallen lassen. So viel Freude kehrte auf dem Postweg zu mir zurück, daß ich zu Bill sagte, wir müßten einen Raum ans Haus anbauen, und genau das haben wir auch getan. Heute ist jeder Quadratzentimeter der Wände mit Schildchen, Bildern, Püppchen und kleinen Albernheiten gespickt — alle Arten von fröhlichem Krimskrams, die den ganzen Raum ausfüllen.

Eines der Lieblingsstücke in meinem Freudenkämmerchen ist ein Nadelkissen mit der Inschrift: »STICHELN SIE NICHT!« Die Leute schicken mir auch alle erdenklichen Püppchen und Plüschtiere. Ein dreißig Zentimeter hoher Bugs Bunny sitzt auf einer Karotte, die mindestens fünfzig Zentimeter lang ist. Er ist mir ungemein lieb und wert, denn er wurde speziell für mich angefertigt, von einer Mutter, deren Sohn an AIDS gestorben war. Sie überwand den Tod ihres Sohnes aufs beste, und nach allem, was in ihrem Leben geschehen ist, hilft sie nun anderen Müttern, die denselben Schmerz durchleiden. Sie besucht unsere SPATULA-Selbsthilfegruppe jeden Monat. Sie hat ihre Freude daran, anderen Müttern zu schreiben oder mit ihnen zu reden, um ihnen Mut zu machen.

Ich hatte einen kleinen blauen Sandmann mit possierlichen roten Füßen, einem kleinen Sandsäckchen in der Hand und einem kleinen Hut auf dem Kopf, damit er besser einschlafen kann. Er wurde Sleepy Sam genannt, und ich schenkte ihn Al Sanders, dem Talkmaster des »Vox Pop«-Rundfunkprogramms, weil Al mir erzählte, daß er in letzter Zeit immer ein Nachmittagsschläfchen braucht.

Ein weiterer Liebling in meinem Freudenkämmerchen ist eine große, wunderschöne Puppe, die eine katholische Nonne für mich machte. Sie ist über zwei Meter groß und so realistisch, daß sie sogar den Paketboten täuschte, der eines Tages an die Tür kam. Statt wie üblich lärmend an die Türe zu klopfen, pochte er ganz leise. Er sagte: »Ich wollte die Dame nicht aufwecken.« Ich pflegte diese Puppe zu meinen Vorträgen mitzunehmen. Ich setzte sie vorne in den Wagen, und es sah oft so aus, als hätte ich einen Passagier im Wagen.

Geschenke der Liebe füllen mein Freudenkämmerchen

Zusätzlich zu all den handgearbeiteten lieben Geschenken, die jetzt mein Freudenkämmerchen schmücken, erhalte ich auch eine Menge Gedichte und Sprüche aus den Reihen unserer SPATULA-Familie. Ein Gedicht, das ich besonders gern habe, stammt aus einem Kirchenblatt. Die ursprüngliche Quelle ist mir unbekannt.

> Falls du drauf schläfst ... streich es glatt.
> Falls du es trägst ... häng es auf.
> Wenn du daraus ißt ... stell es in den Ausguß.
> Wenn du draufgestiegen bist ... wisch es auf.
> Wenn du es aufmachst ... mach es wieder zu.
> Wenn du es ausleerst ... füll es an.
> Wenn es klingelt ... heb ab.
> Wenn es miaut ... füttere es.
> Wenn es weint ... hab es lieb.

Einer der Bewohner meines Freudenkämmerchens erinnert mich daran, daß die Liebe zu unseren Kindern manchmal eine dicke Haut braucht. Es ist ein kleines Stachelschwein, das ehrlich gesagt mehr wie ein Igel aussieht, aber es erinnert mich daran, daß Kinder unsere Liebe manchmal mit Stacheln beantworten, die so schmerzhaft sind wie die Stacheln eines Stachelschweins. Das geschah, als Larry sich von uns lossagte und seinen Namen änderte und sagte, er wolle uns nie wiedersehen. Aber während der ganzen Zeit, in der wir nichts von ihm hörten, liebten wir ihn bedingungslos.

Eltern müssen sich ständig vor Augen halten, daß sie niemanden ändern können. Billy Grahams Frau Ruth sagte einmal: »Es ist meine Aufgabe, Billy zu lieben und Gottes Aufgabe, ihn zu einem guten Menschen zu machen.« Ich habe diesen Gedanken aufgegriffen, und ich sage, es ist meine Aufgabe, meine Kinder zu lieben, und Gottes Aufgabe, ihr Leben anzurühren.

Einmal sagte jemand: Wir verbringen die ersten drei Jahre im Leben eines Kindes damit, daß wir ihm das Gehen und das Sprechen beibringen, und die nächsten fünfzehn damit, daß wir es lehren, still zu sitzen und den Mund zu halten! Aber letztendlich gibt es nur zweierlei, das man wirklich für Kinder tun kann: Man kann sie lieben, und man kann für sie beten. Also bewahre ich mein kleines Stachelschwein in meinem Freudenkämmerchen auf, als Erinnerung daran, daß unsere Kinder uns gegenüber zwar die Stacheln aufstellen mögen – das heißt, daß sie vielleicht Dinge sagen oder tun, die schmerzhaft unter die Haut gehen –, daß es aber unsere Aufgabe ist, sie mit bedingungsloser Liebe zu lieben.

FREUDE IST DIE BESTE MEDIZIN

Manchmal finde nicht ich die Freude, sondern sie findet mich. Es macht einfach Spaß, allerorten vor Frauengruppen in Kirchen zu sprechen, auf Konferenzen, bei Arbeitsessen – überall, wo Frauen mich einladen, mich mit ihnen auszutauschen. Ihre Kreativität ist erstaunlich. Manchmal ist das Zimmer mit kleinen Spachteln dekoriert, die von der Decke herunterhängen. Nachdem ich *Fresh Elastic for Stretched-out Moms (Frisches Gummiband für ausgeleierte Mütter)* geschrieben hatte, fand ich den Raum bei einem Arbeitsessen mit schlaffen Lumpenpüppchen geschmückt, die die »ausgeleierten Mütter« darstellten. In einem Fall hatte eine Dame sogar eine Lumpenpuppe in die Mangel einer richtigen alten Waschmaschine gesteckt! Wenn ich von diesen Treffen zurückkomme, habe ich immer das Gefühl, daß ich mehr bekomme als gegeben habe.

Erst kürzlich sollte ich einen Vortrag halten und hörte, daß eine Dame mich vorstellen würde, die noch nie in der Öffentlichkeit gesprochen hatte. Diese reizende Dame übte und übte und machte sogar eine Bandaufnahme ihrer kleinen Eröffnungsrede, die sie mir vorspielte, um ganz sicher zu gehen, daß alles in Ordnung ist. An dem fraglichen Abend erschien sie mit einer neuen Frisur und in einem neuen Kleid. Der große Augenblick brach an, und sie stand auf und sagte: »Wir freuen uns, Barbara Johnson hier begrüßen zu dürfen. Sie hat ein Buch geschrieben und eines der Kapitel darin trägt die Überschrift ...« Sie wurde blaß um die Nase, und ich merkte, daß sie ihre ganze Rede vergessen hatte, aber sie fuhr wacker fort: »... trägt die Überschrift ›Freude ist die beste Medizin!‹«

Ich lachte so laut, daß ich kaum meinen Vortrag beginnen konnte, aber dann dachte ich: »Ist doch passend!« Sie versuchte nämlich, ein Kapitel in *Fresh Elastic for Stretched-out Moms* zu beschreiben. Darin wird erzählt, wie Lachen und Humor uns helfen können, die Tage und Nächte zu überstehen, die so endlos erscheinen, wenn Schmerzen und Tragödien über uns hereinbrechen. Ich habe immer etwas dafür übriggehabt, mir lieber die Rosen als die Dornen anzusehen, wenn ich mit einem Problem konfrontiert werde. Deshalb habe ich ›*Freude ist die beste Medizin*‹ als den Titel dieses Buches gewählt. Vielleicht ist es nicht immer ganz so einfach, aber schließlich muß man irgendwo damit anfangen, Glück und Freude zu finden, und ich weiß, daß der Anfang in einer positiven Lebenseinstellung besteht.

SEHEN SIE SICH NACH DER FREUDE UM — SIE IST ÜBERALL!

Wir können es lernen, inmitten unseres Alltags Ausschau nach Freude und Lachen zu halten. Wenn ich morgens zum Postamt in La Habra gehe, dann ist der Beton des Bürgersteigs davor einfach grau. Aber wenn ich nachmittags gehe, zu der Zeit, wo ihn die Sonne bescheint, dann funkelt der Beton wie eine Million durchscheinender Diamanten! Deshalb gehe ich für gewöhnlich am Nachmittag und suche nach der Freude, die von diesem Betonweg direkt in mein Leben springt und mich daran erinnert, daß das Leben um uns vor Freude funkelt, wenn wir nur bereit sind, danach Ausschau zu halten.

Aber ich wiederhole, Sie müssen nach dieser Freude AUSSCHAU HALTEN. Halten Sie die Augen offen für das Licht Gottes, das in Ihr Leben strömt, und Sie werden ein Funkeln an den unwahrscheinlichsten Stellen finden. Kürzlich rief mich eine reizende junge Mutter an, die vier Kinder hat, alle unter sechs Jahren. Sie bat mich, sie zu besuchen und ein Beratungsgespräch mit ihr zu führen. Ich sagte: »Vier Kinder unter sechs Jahren ... soll ich da nicht lieber einen Babysitter mitbringen?«

»O nein«, sagte sie, »ich habe da eine Patentlösung. Da gibt es gar kein Problem.«

Ich dachte bei mir, das würde ja interessant werden. Ich fragte mich, wie sie das schaffen wollte, vier Kinder unter sechs Jahren zu beschäftigen, während wir versuchten, ein ernsthaftes Gespräch zu führen.

Ich fuhr also zu ihrem Haus, und wir gingen auf die Veranda hinaus. Dann nahm sie zwei Handvoll Pennies und warf sie schwungvoll in einen großen Efeubusch, der am Hügel wuchs. Dann gab sie jedem ihrer vier Kinder ein Plastiksäckchen und sagte, sie sollten die Pennies im Efeubusch suchen.

Was für eine grandiose Idee! Wir blieben eine Stunde lang völlig ungestört. Und so viel ich weiß, macht sie das Spiel mit den Pennies jedesmal, wenn sie ein wenig Zeit für sich selbst braucht, um sich zu konzentrieren oder mit jemandem zu reden. Auf jeden Fall ist es eine wunderbare Idee, denn ihre Kinder lernen, nach der Freude Ausschau zu halten, während sie die Pennies im Efeubusch suchen.

VERSUCHEN SIE MAL, ETWAS WIRKLICH AUSGEFALLENES ZU TUN

Ich habe irgendwo gelesen, daß die beste Methode, mehr Lachen ins Leben zu bringen, darin besteht, etwas wirklich Ausgefallenes zu tun. Wie lang ist es schon her, seit Sie das letzte Mal etwas richtig Übergeschnapptes getan haben? Absichtlich, meine ich. Zum Beispiel, in Dreiecken zu joggen? Oder auf dem Parkplatz im Kreis zu fahren – nur zum Spaß? Oder auf den Markt zu gehen und die Perücke verkehrt herum zu tragen? Ich hatte schon eine ganze Weile keinen richtig ausgeflippten Spaß mehr gehabt, also beschlossen Marilyn (meine Partnerin, wenn es um skurrile Späße geht) und ich, etwas zu tun. Wir kannten einen Pastor, der ein paar überwältigende Probleme in seiner Familie gehabt hatte und sich absolut niedergeschlagen und deprimiert fühlte. Er sagte zu mir: »Was ich wirklich brauche, sind ein paar Engel, die mich trösten kommen!«

Nun, mehr brauchten wir nicht. Am nächsten Tag machten Marilyn und ich einen Abstecher zu unserer Kirche. Dort schlichen wir uns unbemerkt ins Taufzimmer und »borgten« zwei von den langen Taufhemden. Wir fuhren zum Haus unseres Freundes hinüber und hielten einen Häuserblock entfernt an, um die Taufhemden anzulegen. Ein Briefträger, der eben vorbeiging, hätte beinahe seinen Postsack fallen lassen, als er zwei Frauen aus dem Volvo aussteigen und die Taufhemden mit dem Bleiband im Saum anlegen sah, das beim Gehen klappernde Geräusche erzeugte.

Als mein Gatte Bill von diesem Späßchen hörte, meinte er, es sei gotteslästerlich und ungeistlich. Seine Hauptsorge war: »Habt ihr die Taufhemden auch wieder in die Kirche zurückgebracht?« Aber unser Freund, der Pastor, war ganz begeistert davon. Er stand sogar beim Gottesdienst auf und erzählte allen Leuten von den beiden Frauen, die als Engel zu ihm zu Besuch gekommen waren.

Gemeinsames Lachen ist lustiger

Eines muß man zum Thema Lachen sagen: Es ist nicht einfach, allein zu lachen. Für gewöhnlich braucht man jemand anderen, der einem dabei zusieht, zuhört oder sonst irgendwie reagiert. Wir schaffen es einfach nicht allein, ob es nun ums Lachen oder eine andere nützliche Beschäftigung geht. Wir brauchen andere Menschen in unserem Leben. Wir brauchen andere Menschen, die uns helfen, die Last zu tragen. Manchmal sage ich Leuten, sie sollen die folgende Geschichte ihren Familien vorlesen, damit sie alle zusammen darüber lachen können. Ich kenne die ursprüngliche Quelle nicht, aber die Geschichte ist ein köstliches Beispiel dafür, daß man es allein nicht schafft. Eine Versicherungsgesellschaft verlangte von einem Mann, er solle ein Formular ausfüllen und darin die nähere Ursache der zahlreichen Verletzungen anführen, wegen derer er sich an die Versicherung gewandt hatte. Er schrieb folgende Antwort:

> »Ich schreibe Ihnen dies in Beantwortung Ihrer Anfrage zu Punkt 1 auf dem Versicherungsformular betreffend die Ursache meiner Verletzungen, worin ich angegeben habe: »Verletzungen zugezogen beim Versuch, alles allein zu schaffen«. Sie sagten, Sie bräuchten zusätzliche Informationen, und ich hoffe, die folgenden Auskünfte sind ausreichend.
> Ich bin von Beruf Maurer, und am Tag des Unfalls war ich alleine an meiner Arbeitsstelle und damit beschäftigt, im obersten Geschoß eines vierstöckigen Gebäudes eine Ziegelmauer zu legen. Als ich fertig war, stellte ich fest, daß ich ungefähr zweihundertfünfzig Kilo Ziegel übrig hatte. Statt die Ziegel von Hand hinunterzutragen, beschloß ich, sie in ein Faß zu füllen und mittels eines Flaschenzugs, der am Dach des Gebäudes angebracht war, hinunterzulassen. Ich befestigte das Ende des Seils unten im Erdgeschoß und lud die Ziegel in ein Faß und stieß das Faß mit den Ziegeln darin ins Leere. Dann ging ich hinunter und löste das Seil, das ich fest und sicher hielt, um das Faß langsam hinunterzulassen.
> Wie Sie Punkt 6 des Formulars entnehmen können, wiege ich 75 Kilo. Infolge des Schocks, als ich plötzlich vom Boden emporgerissen wurde, geriet ich in heftige Verwirrung und vergaß, das Ende des Seils loszulassen. Zwischen dem zweiten und dritten Stockwerk stieß ich mit dem Faß zusammen, das eben heruntersauste. Das erklärt die Abschürfungen auf dem

Oberkörper. Nun kam ich wieder zu Sinnen und hielt mich an dem Seil fest, worauf ich in höchster Geschwindigkeit am Gebäude entlang in die Höhe gezogen wurde, bis ich oben ins Rad des Flaschenzugs geriet. Das erklärt meinen gebrochenen Daumen.

Trotz der Schmerzen blieb ich geistesgegenwärtig und klammerte mich weiterhin fest ans Seil. Zu etwa derselben Zeit jedoch krachte das Faß voll Ziegel auf der Erde auf, und der Boden fiel heraus. Zieht man das Gewicht der Ziegel ab, so wiegt das Faß etwa 25 Kilo. Ich weise Sie neuerlich auf Punkt 6 und mein Gewicht hin. Wie Sie erraten können, sauste ich daraufhin mit hoher Geschwindigkeit abwärts. In der Nähe des zweiten Stocks stieß ich mit dem aufwärtssausenden Faß zusammen. Das erklärt die Verletzungen an meinen Beinen und meinem Unterleib. Durch den Zusammenstoß wurde meine Geschwindigkeit nur geringfügig verringert. Ich fuhr weiter abwärts und landete auf dem Ziegelhaufen. Glücklicherweise kam ich mit einem verrenkten Wirbel und geringfügigen inneren Verletzungen davon. Ich muß Ihnen jedoch zu meinem Bedauern mitteilen, daß ich durch den Schock die Kontrolle über mich verlor und das Seil losließ. Wie Sie sich vorstellen können, fiel mir daraufhin das leere Faß auf den Kopf.

Ich nehme an, daß ich damit Ihre Anfrage hinreichend beantwortet habe. Ich darf Sie wissen lassen, daß ich es satt habe, die Arbeit allein zu machen.«

DAS LEBEN GEHT WEITER — ALSO LACHEN SIE!

Robert Frost sagte, er könne alles, was er je über das Leben gelernt habe, in den drei Worten zusammenfassen: »ES GEHT WEITER!« Ich glaube, daß das sehr, sehr wahr ist. Der menschliche Geist kann Schmerz, Tod, Verlust, Steuern und sogar nasse Strumpfhosen überleben, und das Leben geht weiter ... und weiter und weiter. Die Ermutigung, die ich an alle weitergeben will, denen ich begegne, heißt: Entwickeln Sie ein Gefühl für Humor, das Sie in diesen schweren Tagen aufrechterhält. Ohne das sind Sie zur Verzweiflung verurteilt. Aber mit Humor können Sie überleben und sogar Spaß an der Reise haben.

Vor Jahren half mir mein Freudenkästlein durch bittere Zeiten, als ich keine andere Stütze hatte. Ich fühlte mich ganz allein in dieser schwarzen Grube. Ich sammelte die Gedichte,

Witzzeichnungen, Verse und allen möglichen Kram und Schnickschnack und ZWANG mich damit dazu, nach fröhlichen Dingen Ausschau zu halten. Auf die Art gelangte ich von dort, wo ich *damals war,* dorthin, wo ich *jetzt bin.* Ich kann zurückschauen und mich daran erinnern, aber ich befinde mich nicht mehr dort.

Deshalb heißt der Rat, den ich Ihnen heute geben will: *Legen Sie sich ein Freudenkästlein an.* Schmücken Sie einfach eine Schuhschachtel, und fangen Sie noch heute an, Dinge zu sammeln, die lustig, drollig, ermutigend sind. Wenn Sie anfangen, Freude zu sammeln, werden Sie feststellen, daß sie wie ein Magnet ist. Fürs erste mag eine Schuhschachtel ausreichend sein, aber schon bald werden Sie einen Korb brauchen. Dann werden Sie ein Faß brauchen, und vielleicht wird es schneller als gedacht notwendig sein, daß Sie ein Extrazimmer an Ihr Haus anbauen, wie es bei uns der Fall war, um all die Freude unterbringen zu können.

Ein Stück in meinem Freudenkämmerchen, das ich besonders schätze, ist ein hölzernes Schildchen an der Wand mit dem Namen BARBARA darauf. Unterhalb des Namens steht seine Bedeutung geschrieben: »DIE IN FREUDEN KOMMT.« Ich bin all den Leuten so dankbar, die mir überreichliche und überfließende Freude geschenkt haben. So viele Leute haben mir Liebe und Fürsorge gesandt und mein Freudenkämmerchen in einen Hafen verwandelt, in dem Menschen lernen können, einen neuen Gang einzulegen und wieder zu lächeln. Einige der Menschen, die zu mir zu Besuch kommen, haben seit Monaten nicht mehr gelächelt oder gelacht, aber im Freudenkämmerchen zu sitzen, ist eine Form der Therapie. Selbst die Standuhr an der Wand läßt, so möchte man meinen, die Botschaft erklingen: »Ich liebe dich, Freund, von ganzem Herzen!«

Ich habe das Gefühl, daß ich mein Freudenkämmerchen verdient habe. Ich bin aus der schwarzen Grube zurückgekehrt – mitten ins Leben.

Ich unterhielt mich einmal mit einer Dame und sagte zu ihr: »Ich frage mich, ob es irgendwo in der Bibel eine Stelle gibt, wo geschrieben steht, daß Jesus lachte.«

Sie antwortete: »Ich weiß nicht, ob das irgendwo in der Bibel steht, aber auf jeden Fall hat Er es so hingekriegt, daß *wir* es können!«

Und ich dachte: *Sie hat so recht. Gott hat es hingekriegt, indem Er Jesus am Kreuz sterben ließ und Ihn dann von den Toten auferweckte. Er hat es so hingekriegt, daß wir lachen und uns freuen können, daß wir aufblicken können und sagen: »Hab Dank für alles, Herr, was Du uns gegeben hast — Erlösung und ewiges Leben.«* Und wir können lachen — ich glaube aus ganzem Herzen, daß wir lachen und fröhliche Christen sein können, weil Er auf Golgatha alles für uns getan hat.

GEDANKEN ZUM MITNEHMEN

Wenn es je einen Mann gegeben hat, der wirklich wußte, was Leiden ist, dann war es Hiob, und dennoch finden Sie in seiner Geschichte ein Versprechen des Herrn, wenn Sie bereit sind, Ihm zu vertrauen und alles in Seine Hände zu legen:

BIS ER DEINEN MUND VOLL LACHENS MACHE
UND DEINE LIPPEN VOLL JAUCHZEN.

Hiob 8,21

*Manchmal habe ich den Eindruck,
daß ich alles verstanden habe,
aber dann besinne ich mich.*
Ashleigh Brilliant
Pot Shots Nr. 432,
Brilliant Enterprises 1973

NEHMEN SIE DAS LEBEN NICHT SO ERNST,
SIE VERLASSEN ES OHNEHIN NICHT LEBENDIG.

Autor unbekannt

Sechstes Kapitel

Schuld — das Geschenk,
das uns immer von neuem beschenkt

> *Herr,*
> *es gibt zahllose Dinge in meinem Leben,*
> *die einfach unentschuldbar sind.*
> *Es gibt unerklärliche Dinge*
> *und unbegreifliche Dinge.*
> *Es gibt unwiderlegbare Dinge*
> *und unverantwortliche Dinge.*
> *Aber ich begreife mit unaussprechlicher Erleichterung,*
> *daß aufgrund Deiner erstaunlichen Liebe*
> *NICHTS in meinem Leben unverzeihlich ist.*
>
> Ruth Harms Calkin
> »Die wundervolle Tatsache«

So oft ich mich mit Eltern unterhalte, die unter der Last der Nachricht zusammengebrochen sind, daß eine unverheiratete Tochter schwanger geworden ist oder ein Sohn sich der Schwulenszene zugewandt hat, greife ich nach zwei meiner Lieblingswerkzeuge: einem Fläschchen »Schuld-Ex« und einem Scheibenwischer. Ich habe tatsächlich einen kleinen Zerstäuber, auf dessen Etikett »Schuld-Ex« steht. Dieses Produkt, nach dem große Nachfrage herrscht, wurde von zwei jungen Männern erfunden, die im Verlauf eines Segeltörns häufig unter den Folgen durchzechter Nächte zu leiden hatten. Sie kamen zu dem Entschluß, daß sie eine zeitgemäße Methode brauchten, um ihre Schuldgefühle loszuwerden, also gründeten sie nach ihrer Heimkehr ihr eigenes Laboratorium und begannen kleine Fläschchen mit Rosenwasser und dem Etikett »Schuld-Ex« zu produzieren. Die Fläschchen gab es bald in ganz Amerika zu kaufen.

Wenn man all die Schuldgefühle und Schmerzen betrachtet, die uns um die Ohren fliegen, sollte man meinen, sie hätten mindestens eine Million Fläschchen im Lauf des ersten Jahres verkauft, und ich bin überzeugt, sie haben ihr Ziel erreicht.

Aber unglücklicherweise genügt ein Zischer »Schuld-Ex« nicht, um die Sache mit der Schuld zu erledigen. Der Grund, warum ich den Leuten meinen Zerstäuber unter die Nase halte, ist, daß ich sie auf den *richtigen* Weg, mit der Schuld fertigzuwerden, hinweisen will. Johannes 1,9 sagt: »Wenn wir aber unsere Sünden bekennen, so ist er treu und gerecht, daß er uns die Sünden vergibt und reinigt uns von aller Ungerechtigkeit.«

Erma Bombeck sagt, Schuld sei »das Geschenk, das uns immer wieder von neuem beschenkt«, und das stimmt hundertprozentig. Zu viele von uns — seien es Mütter oder Kinder — können dem Gedanken zustimmen, den ich kürzlich auf einem Aufkleber geschrieben sah:

MEINE MUTTER WAR
DAS REINSTE REISEBÜRO FÜR FAHRTEN
INS LAND DER SCHULDGEFÜHLE.[14]

Deshalb trage ich auch immer einen Scheibenwischer bei mir, wenn ich Vorträge halte — zur Erinnerung daran, daß wir die Vergangenheit beiseite wischen müssen. Man kann sich nicht ständig selbst in den Hintern treten für die Fehler, die man gemacht hat (oder glaubt, gemacht zu haben). Vielleicht waren Ihre Eltern Alkoholiker oder Sie wurden das Opfer sexuellen Mißbrauchs in der Familie. Uns widerfährt alles mögliche, das Schuld und Schmerz in uns hervorruft, aber wir müssen das nicht endlos mit uns herumtragen. Wir können sagen: »Herr, lösche diesen Gedanken oder diese Erinnerung aus meinem Herzen. Du erneuerst mein Herz von innen heraus.« (Röm 12,2)

Auch Gott hatte ein Problemkind!

Eltern fragen sich immer: »Was habe ich falsch gemacht?« Ich sage ihnen immer, daß Gott ein perfekter Vater war, und nun sehen Sie sich einmal all den Ärger an, den Er mit Adam hatte! Wie können wir uns einbilden, wir könnten Eltern sein und nicht auch große Schwierigkeiten mit unseren Kindern haben?

---

[14] 1987, »Remarkable Things«, Long Beach, CA. Mit freundlicher Genehmigung von Larry Thomas.

Als ich in einer Rundfunksendung auftrat, rief ein Pastor an und sagte mir, er habe eine Frau in seiner Gemeinde, deren Sohn homosexuell sei. Die Frau litt an schweren Depressionen, und er wußte nicht, was er ihr sagen sollte. Ich gab ihm zur Antwort:

> »Auf jeden Fall sollten Sie ihr als erstes sagen, daß es nicht ihre Schuld ist. Helfen Sie ihr, sich nicht in Schuldgefühlen zu verlieren. Gott war ein perfekter Vater, und nun sehen Sie sich mal all den Ärger an, den Er mit Adam hatte. Versuchen Sie, der Frau klarzumachen, daß die Homosexualität ihres Sohnes nicht ihre Schuld ist – sie hat *nicht das Geringste* dazu beigetragen. Das erste, was Sie tun können, ist, die Last der Schuld von ihren Schultern zu nehmen, und dann helfen Sie ihr, ihrem Sohn mit bedingungsloser Liebe zu begegnen.«

Über viele Jahre hinweg haben sich die Psychologen gestritten, was nun wirklich die Persönlichkeit formt: die Erbanlagen oder das Milieu. Wie ein Kind von seinen Eltern erzogen wird, ist wichtig, aber neueste Studien haben gezeigt, daß die Erbanlagen die wichtigere Rolle spielen. Einige Experten sind der Ansicht, gute Eltern könnten lausige Kinder haben, und lausige Eltern könnten traumhafte Kinder haben. Oft gibt es keinen klar erkennbaren Zusammenhang zwischen der Art und Weise, wie Kinder erzogen werden und was später aus ihnen wird.

Ich begegne so vielen Eltern, die unter der Last der Schuld zusammengebrochen sind. Sie fragen sich in einem fort: »Was haben wir falsch gemacht?«, wenn ihre Kinder vom rechten Weg abweichen. Es hilft oft, ihnen zu sagen, daß den neuesten psychologischen Erkenntnissen zufolge die Eltern nicht allzuviel Schuld oder Verdienst daran haben, was aus ihren Kindern wird.

Ich versuche jetzt nicht, Eltern von der Verantwortung freizusprechen, die sie als Eltern haben — nämlich bei der Erziehung ihrer Kinder ihr Bestes zu geben. Gott macht es ganz klar: »Gewöhne einen Knaben an seinen Weg, so läßt er auch nicht davon, wenn er alt wird« (Sprüche 22,6). Aber was diese Psychiater sagen, sollte jenen Eltern Erleichterung bringen, die das Gefühl haben, sie hätten total versagt. Viel von dem, was unsere Kinder mit ihrem Leben machen, *ist einfach nicht unsere Schuld!* Unsere Aufgabe ist es, sie zu lieben, und das Endergebnis können wir getrost Gott überlassen!

Einer der größten Kostenfaktoren von SPATULA ist die Telefonrechnung. Ich telefoniere ständig mit Eltern im ganzen Land, die Hilfe brauchen. Ich erhalte zahllose Anrufe von Müttern, die vollständig *»ausgeflippt«* sind wegen eines mißratenen Kindes. Ich fühle mich ihnen aufs innigste verbunden, habe ich doch dasselbe wie sie durchgemacht. Wir alle bringen es irgendwann fertig, dieses Gefühl der Panik zu überwinden, und ich freute mich, als ich das folgende Schreiben von einer Mutter bekam, die so klare Worte dafür findet, wie sie mit ihrer Panik und ihren Schuldgefühlen fertig wurde und wieder in die Realität zurückkehrte:

> »Ich war einfach erschöpft, nachdem ich zwei Jahre lang jede Nacht um zwei Uhr morgens mit Magenschmerzen aufgewacht war. Ich wußte, ich würde ein Wrack sein, wenn es noch lange so weiterging. Also räumte ich in mir auf. Ich machte mir klar, daß Carol Gott viel mehr gehört als mir, und daß Er sie mehr liebt als ich.
> Ich sagte: ›Gott, DU solltest Dich um sie kümmern, Du weißt, wie Du sie erreichen kannst, wenn ich es nicht mehr kann.‹

Damals schmiß ich meine Last fort und *ließ sie liegen.* Ich habe keine Schuldgefühle, denn ich weiß, daß ich nach bestem Wissen und Gewissen eine gute Mutter war. Wahrscheinlich habe ich jede Menge Fehler gemacht, aber niemand kann mir nachsagen, meine Tochter sei mir gleichgültig gewesen ...
Das hat mir geholfen, diese schreckliche Depression durchzustehen, in die ich verfiel, als ich erfuhr, daß meine Tochter Lesbierin ist. Vielleicht hilft mein Brief einer anderen Mutter, die sich jetzt gerade dort befindet, wo ich mich vor einem Jahr befand.«

DIE DAME MIT DEM HAMSTER-HAAR

Mütter reagieren oft sehr emotionell, wenn sie erfahren haben, daß ihr Kind in Sünde lebt. Als ich von Larrys Homosexualität erfuhr, überschwemmten mich zugleich mit einer Flut von Schuldgefühlen auch körperliche Symptome wie »ein Elefant auf der Brust«, »ein Filzteppich in der Kehle« und »juckende Zähne«. Ich lernte eine Mutter kennen, der im Verlauf einer Woche ihr gesamtes Kopfhaar ausgefallen war, nachdem sie erfahren hatte, daß ihr Sohn schwul ist. Ich begegnete ihr bei einem Treffen, und als sie ihr Kopftuch abnahm, hatte sie nur noch einige dünne, daunenähnliche Haarbüschel auf dem Kopf, so ähnlich wie das Fellchen eines Hamsters.

Ich versuchte, ihr Hilfe anzubieten, indem ich sie daran erinnerte, daß wir keinen wirklichen Einfluß darauf haben, wie unsere Kinder sich entwickeln. Ich muß jedoch gestehen, daß ich eine gewisse Erleichterung verspürte, als sie das Kopftuch wieder umband und ihre unansehnliche Kopfhaut verhüllte. Ich hatte keine Ahnung, ob ihr Haar jemals wieder wachsen würde, aber kürzlich erhielt ich einen Telefonanruf und eine fröhliche Stimme sagte: »Erinnern Sie sich noch an die Dame mit dem Hamster-Haar?«

Tatsächlich erinnerte ich mich nur sehr verschwommen an die Frau selbst, aber niemals würde ich dieses Hamsterhaar vergessen. »Nun«, fuhr sie fort, »ich wollte Sie nur wissen lassen, daß mein Haar nachgewachsen ist, voll und üppig, und daß ich mir eine Afro-Frisur machen lasse!« Das war eine tolle Neuigkeit! Haar kann nachwachsen, Magenschmerzen können ein Ende nehmen, und gebrochene Herzen können heil werden, obwohl es oft länger dauert, gebrochene Herzen wieder ganz zu machen, als sich eine Afro-Frisur wachsen zu lassen.

Ein Teil unseres Dienstes bei SPATULA besteht darin, daß wir Menschen helfen, mit Leid und Schmerz leben zu lernen, weil sich selten Veränderungen abzeichnen und der Kummer manchmal endlos zu dauern scheint. Deshalb freue ich mich immer über Zeugnisse von Eltern, die gelernt haben, Gott mitsamt all den Problemen und seelischen Schmerzen in ihrem Leben zu vertrauen. Wir alle können der Zukunft ins Gesicht blicken, solange wir nur völliges Vertrauen zu Ihm haben.

Ich legte den Hörer auf, nachdem ich mich mit meiner Freundin unterhalten hatte, und dankte Gott, daß ihre Afrofrisur ein Zeichen der Wiederherstellung war, eines neuen Wachstums, wo früher nur unfruchtbare Öde war. Also fassen Sie Mut! Vielleicht haben Sie Ihre ganz speziellen Paniksymptome, aber ich wette, Sie hatten niemals »Hamsterhaar«, oder? Also gibt es schon einmal einen Grund, dankbar zu sein. Sie hätten schließlich auch vor lauter Kummer eine Glatze bekommen können!

Während einer Fragestunde im Lauf einer Konferenz fragte mich eine Frau, wie sie ihrem Mann helfen könnte, seine Schuldgefühle für das Verhalten ihres halbwüchsigen Sohnes abzulegen. Ich sagte ihr, wir alle müßten lernen, die Schuld in unserem Leben loszulassen, weil niemand von uns vollkommen ist. Es gab noch nie vollkommene Eltern.

Was die Dame tun konnte, war, das Blickfeld ihres Ehemannes zu erweitern und ihn wissen zu lassen, daß Gott ihm die Fehler, die er bei der Erziehung seines Sohnes gemacht hat, vergeben hat. Um jemandem zu helfen, der mit Schuld ringt, müssen Sie ihn oder sie ermutigen, diese Schuld in Gottes Hände zu legen und um Vergebung zu bitten. Verweisen Sie auf einen Vers wie den in Psalm 32,1:

WOHL DEM,
DEM DIE ÜBERTRETUNGEN VERGEBEN SIND,
DEM DIE SÜNDE BEDECKT IST!

Sobald ein Mensch um Vergebung bittet und sagt: »Herr, ich habe Mist gebaut, vergib mir«, kann er oder sie das Leben mit frischer Kraft wieder anpacken. Das Wichtigste ist, *daß Sie nicht mit all der Schuld leben müssen*. Ich nehme an, wir brauchen nur sagen, daß wir nach unserem Vermögen unser Bestes getan haben. Von da an liegt es bei Gott, welches Ergebnis erzielt wird. Wenn Ihre Ernte durch Hagel zerstört wird, dann ist das auch Gottes Sache. Und wenn Sie das Problem Gott übergeben und lernen, es ganz auf Ihn zu werfen, dann können Sie aufhören, sich selbst für all Ihre Sünden zu geißeln. Sie können die Schuld loswerden, und das ist genau das, was wir alle wollen.

Eine Mutter rief beständig an — um drei Uhr morgens

Es ist schon merkwürdig, wie sich manche von uns geradezu an ihre Schuld klammern. Da gab es eine Mutter, die mich immer wieder um drei Uhr morgens anrief, weil sie einfach nicht begreifen konnte, warum ihr Sohn Ted homosexuell war. Sie wohnte an der Ostküste und rief mich oft um sechs Uhr morgens an (also um drei Uhr morgens bei mir). Sie weinte jedesmal und sagte: »Oh, ich verstehe einfach nicht, warum Ted homosexuell ist.«

Ich wußte es auch nicht, aber sie hatte offenbar das Bedürfnis, mit jemandem zu sprechen, obwohl es an der Westküste drei Uhr morgens war. Also ließ ich sie reden und reden und reden.

Bill sagte: »Warum sagst du ihr nicht einfach, daß wir drei Stunden Zeitunterschied haben, damit sie nicht mehr um drei Uhr morgens anruft?«

Aber sie schien das einfach nicht in den Kopf zu kriegen. Schließlich rief sie noch einmal um drei Uhr morgens an und sagte: »Oh, ich bin so glücklich. Ich habe herausgefunden, warum Ted homosexuell ist. Er ist das einzige von meinen fünf Kindern, das ich nicht gestillt habe.«

Ich sagte ihr, das sei eine gute Nachricht, aber insgeheim dachte ich: *Oh großartig! Jetzt, wo du* DAS *rausgefunden hast, kannst du anfangen, an deinem Leben und deiner Ehe zu arbeiten und kannst aufhören, mich um drei Uhr morgens anzurufen.*

Diese arme Mutter mußte sich an irgend etwas klammern, und sobald sie eine Antwort auf ihre Frage nach dem Warum zu haben glaubte, konnte sie sich wieder um ihr Leben kümmern. Sie hatte sich im Kreis gedreht wie ein Hamster in seinem Rad, aber sobald sie abspringen konnte, konnte sie den Blick in die Zukunft richten. Ich wußte, daß Teds Homosexualität nichts mit Stillen oder Nicht-Stillen zu tun hatte, aber wenn sie sich im Moment daran klammern wollte, sollte es mir recht sein. Sie brauchte etwas, das sie stabilisierte und ihr half, das Leben neu anzupacken. Dann konnte ich sie dazu bringen, ihr Problem in Gottes Hände zu legen. Und jetzt ruft sie nicht mehr um drei Uhr morgens an.

BARNEY WAR UNSER ENTZÜCKENDER KLEINER KOBOLD

Wir wissen nie so recht, was aus unseren Kindern einmal werden wird. Als meine Jungen heranwuchsen, hätte ich am ehesten gesagt, daß Barney, unser Jüngster, uns einmal am meisten Kummer machen würde. Sein richtiger Name ist Dean, aber als er ein kleiner Junge war, liebte er das Lied »Barney Goggle, mit den Goo-Goo-Goggel-Augen«, das er ständig auf unserer Heimorgel spielte. Also bekam er den Spitznamen Barney und wurde auch weiterhin so genannt.

Ich schrieb über Barney in *Where Does a Mother Go to Resign?:*

> »... wie ich ihn am Weihnachtsmorgen aus dem Krankenhaus heimbrachte, kuschelig in einen goßen roten Weihnachtssokken gehüllt, den das Krankenhaus für alle Weihnachtsbabies ausgab;
> ... wie er und ein weiterer kleiner Junge die Veranda unseres Nachbarn schwarz anstrichen, als er sechs Jahre alt war;
> ... wie er mit neun Jahren den ganzen Supermarkt lahmlegte, weil er einen Penny auf das Förderband an der Kasse fallen ließ und das Geldstück durch einen Schlitz in das Getriebe rollte und alle Kassen im gesamten Supermarkt blockierte!
> ... und wie er mit zehn Jahren, als ich gerade in Teilzeitbeschäftigung arbeitete, die Liste mit den Aufträgen änderte, die ich ihm und seinen Brüdern gegeben hatte. Ich hatte die Liste auf meine übliche Art signiert, indem ich einen Lippenstiftabdruck auf jeder einzelnen hinterließ. Weil Barney die Listen mit großer Mühe tippte und dann mit einem Lippenstiftküßchen »signierte«, schöpften seine Brüder und ich nicht den geringsten Verdacht, bis Larry sich eines Tages beschwerte, seine Liste sei so lang, daß er unmöglich alles erledigen konnte. Erst da überprüfte ich die Sache und kam Barneys Fälschung auf die Spur.«

Glücklicherweise war Barney ein kleiner Herzensbrecher, und das half uns, mit seinen koboldhaften Streichen zu leben. Als er dann auf die Höhere Schule ging, dachte ich, wir würden nun vielleicht ernsthafte Schwierigkeiten mit ihm bekommen, vor allem, da er zwei Brüder verloren hatte. Er war zehn Jahre alt, als Steve in Vietnam fiel, und fünfzehn, als Tim tödlich verunglückte.

Ich denke, Tims Tod machte ihm am schwersten zu schaffen, denn er und Tim standen einander sehr nahe. Ich bezweifele, daß ich ihm in dieser Zeit viel helfen konnte. Vermutlich konnte ich ihm überhaupt nicht helfen, weil ich so viel Zeit damit verbrachte, bei der Müllhalde draußen zu weinen und meinen eigenen Kummer zu bewältigen. Ehrlich gesagt machte ich mir keine großen Sorgen um ihn. Er schien recht gut zurechtzukommen, und außerdem war er grundsätzlich ein sehr pflegeleichtes Kind. Alles war in Ordnung. Er aß alles, was man ihm vorsetzte. Er machte alles, was wir von ihm verlangten – kein Problem. Das einzige Problem waren die Strafzettel.

Bevor Barney achtzehn war, mußte ich *zweiundzwanzigmal* mit ihm vor Gericht erscheinen, weil er einen Strafzettel bekommen hatte. Ein paar davon hatte er wegen Geschwindigkeitsüberschreitung bekommen, aber die meisten hatte er bekommen, weil sein Moped nicht die richtige Ausstattung hatte. Also fuhren wir zum Gerichtsgebäude in Pomona, und das bedeutete, daß wir den größten Teil des Tages dort verbringen mußten. Wir fuhren morgens hinaus und saßen dort, Stunden um Stunden, gingen mittagessen, kamen zurück und saßen nochmals Stunden dort, bis wir endlich aufgerufen wurden.

Schließlich standen wir vor einem Verkehrsrichter, und er sagte: »Na hör mal, du wirst das doch nicht noch einmal machen, oder? Du hast eine so nette Mutter, die dich hierher begleitet, aber das nächste Mal nehmen wir dir den Führerschein weg oder verhängen eine Geldstrafe.«

Barney ließ sein bezauberndes Lächeln aufblitzen und sagte: »Ja, Sir, ich mach's gewiß nie wieder!«

Nun, bald darauf bekam Barney einen *weiteren* Strafzettel, und wir gingen vors Gericht und standen vor einem *weiteren* Verkehrsrichter. Glücklicherweise gerieten wir niemals zweimal hintereinander an denselben Mann, deshalb verlor Barney nie seinen Führerschein – er bekam nicht einmal eine Geldstrafe. So oft ich Barney jetzt über den Weg laufe, sage ich ihm, er schulde mir einen zweiwöchigen Urlaub für all die Zeit, die ich mit ihm im Gerichtsgebäude verbracht habe. Er ist jetzt verheiratet, und seine entzückende Frau, Shannon, hat eine große Rolle dabei gespielt, daß er sein Leben völlig an Christus übergeben hat. Sie haben zwei reizende Töchter, Kandee und Tiffany. Ihr Haus ist wahrhaftig dem Herrn geweiht, der wunderbare Dinge für sie und durch sie getan hat.

UMDREHEN VERBOTEN!

Kürzlich kamen all die Schuldgefühle, die ich wegen Barneys Jungenstreichen empfunden hatte, wie ein Bumerang zu mir zurück, als ich zum Postamt von La Habra fuhr – das sich übrigens genau neben der Polizeistation von La Habra befindet. Als ich das Postamt verließ, entdeckte ich ein großes Schild mit der Aufschrift »Umdrehen verboten«. Aber da ich es sehr eilig hatte, drehte ich kurzerhand in einem eleganten, weitausholenden U-Bogen um, um mich so rasch wie möglich wieder in die richtige Richtung zu bringen.

Ich war noch keinen halben Block weit gefahren, als ein Polizeiauto mit heulenden Sirenen und funkelndem Blaulicht hinter mir auftauchte. Eine ganze Schar von Schulkindern war eben unterwegs, und ich saß in meinem Auto fest, während sie mit den Fingern deuteten und »YEAH! YEAH! YEAH!« brüllten. Der Polizist kam heran und zog seine Handschuhe aus. Ich hatte schon jahrelang keinen Strafzettel mehr bekommen, aber die Geste war mir vertraut. Die Polizisten stehen einfach da und ziehen ihre Handschuhe aus, einen Finger nach dem anderen, während du dasitzt und dir der Schweiß ausbricht (möglichst unauffällig natürlich). Schließlich hatte er seine Handschuhe ausgezogen und sagte: »Haben Sie das Schild ›Umdrehen verboten‹ nicht gesehen?«

Ich sagte ihm natürlich, daß ich es sehr wohl gesehen hatte, aber der Meinung gewesen sei, sie »würden es nicht so genau nehmen«.

Der Beamte war nicht im geringsten beeindruckt. Während die Schulkinder starrten und kicherten, stellte er einen Strafzettel aus. Die ganze Zeit hatte ich keinen anderen Wunsch, als von hier verschwinden zu können. Schließlich nahm ich den

Strafzettel entgegen, steckte ihn ins Handschuhfach und fuhr los. Ich fuhr etwa zwei Blocks weit die Straße hinunter, und plötzlich hörte ich von neuem die Sirene. Im Rückspiegel sah ich ein Polizeiauto mit wirbelndem Blaulicht.

Ich dachte: *Du meine Güte, ich bin doch nur zwei Blocks weit gefahren, was habe ich schon wieder angestellt?* Ich fuhr an den Straßenrand, und derselbe Beamte wie zuvor kam herüber und zog sich — einen Finger nach dem anderen — die Handschuhe aus. Dann fragte er: »Haben Sie noch das Original des Strafzettels, den ich Ihnen gegeben habe?« Ich griff ins Handschuhfach und holte ihn heraus.

»Nein«, sagte er, »haben Sie denn nicht das Original?«

»Sollte ich mehr als das hier haben?« fragte ich. »Das ist alles, was ich habe — und das ist alles, was Sie mir gegeben haben.«

»Nun, ich muß unbedingt das Original haben«, war alles, was er sich herabließ zu sagen. Er suchte mit den Augen den Rücksitz meines Wagens ab, auf dem ich all meinen Kram für SPATULA liegen hatte, und kam endlich zu dem Schluß, daß ich sein Original nicht hatte. Also wünschte er mir einen guten Tag und ließ mich gehen. Ich legte die Kopie zurück ins Handschuhfach und fuhr weg. Ich wollte niemandem etwas von diesem Strafzettel sagen, vor allem Bill nicht, weil er nie Strafzettel bekommt, und dieser hier war der erste, den ich im Lauf mehrerer Jahre bekommen hatte. Ich wußte nicht, was ich wegen dieses Strafzettels tun sollte.

Ein paar Tage vergingen, und ich wußte, daß ich mir allmählich etwas wegen dieses Strafzettels einfallen lassen mußte. Dann kam mit der Post ein Brief, der an meinen Mann adressiert war, »Mr. William H. Johnson«, von der Bezirkspolizeibehörde La Habra. In dem Brief stand: »Sehr geehrter Mr. Johnson: Sie können das Strafmandat als gegenstandslos betrachten, das Sie wegen verbotenen Umdrehens in La Habra erhalten haben, da das Original verloren ging.«

Als Bill den Brief sah, bekam er einen Anfall von Verfolgungswahn.

»Was soll das heißen? Ich habe keinen Strafzettel bekommen. Wieso bekomme ich einen solchen Brief? DA STEHT MEIN NAME DRAUF!«

Bill wußte, daß er keinen Strafzettel bekommen hatte. Aber ich ließ ihn ein Weilchen im eigenen Saft schmoren. Warum sollte ich ihn von seinen Schuldgefühlen befreien? Dann jedoch sagte ich: »Es ist nicht dein Strafzettel; es ist mein Strafzettel.«

Er brachte nichts anderes über die Lippen als: »Du hast ihn verdient; du machst immer solche Sachen.«

Er häufte seine ganze Schuld auf mich, genau, wie ich es erwartet hatte, und deshalb wollte ich ihm zuerst gar nichts sagen. Ich wurde ein wenig ärgerlich und sagte: »Wenn wir alle bekämen, was wir verdienten, würden wir alle zur Hölle fahren; aber dank der Gnade Gottes kommen einige von uns davon.«

Dieses profunde Stückchen Theologie schloß ihm fürs erste den Mund, aber es war mir keine große Hilfe, was meine Schuldgefühle anging. Also zog ich im Lauf dieser Woche los und kaufte eine große Schachtel Pralinen und brachte sie auf die Polizeiwache. Ich wollte nicht sagen, wer ich bin, denn wenn man einen Strafzettel bekommt und dann feststellt, daß die Polizei ihn verloren hat – das ist, als würde einer auf dich schießen und danebentreffen! Aber wenn ich ihnen meinen Namen nannte, wer weiß? Vielleicht suchten sie dann noch einmal gründlich nach und fanden meinen Strafzettel. Also legte ich die Pralinen auf die hölzerne Barriere und sagte: »Schönen Tag noch« und ging.

Als ich heimkam, kam mir der Gedanke, Barney anzurufen und ihm die Geschichte zu erzählen. Nachdem er ganz allein eine Sammlung von zweiundzwanzig Strafmandaten zusammengebracht hatte, konnte ich annehmen, daß er Interesse zeigen würde.

Ich bekam Barney ans Telefon und erzählte ihm die ganze Geschichte – wie ich das Strafmandat fürs verbotene Umdrehen bekommen hatte und wie dann der Brief eingetroffen war, in dem es hieß, sie hätten das Original verloren und ich könnte das Strafmandat als gegenstandslos betrachten.

»Wie ist das möglich?« staunte Barney. »Ich hab' zweiundzwanzig von der Sorte gehabt, und sie haben nie ein einziges verloren?«

Ich konnte einfach nicht widerstehen – ich mußte es einfach sagen. »Nun, Barney, wenn dein Leben ansonsten in Ordnung ist...«

Barney lachte nur, aber die Geschichte hatte noch ein kleines Nachspiel. Kurz danach brachen wir zu einem Autoausflug auf und machten bei seinem Haus Halt. Wir gingen hinein und wollten Barney, seiner Frau Shannon und den kleinen Mädchen nur rasch auf Wiedersehen sagen, aber als wir eben gehen wollten, sagte Barney: »Oh, du kannst noch nicht gehen. Wir möchten für dich beten.«

Also ergriff dieses ein Meter neunzig große Kind unsere Hände, zog uns alle in einen kleinen Kreis und betete, daß wir unsere Reise sicher hinter uns bringen würden! Ich bin überzeugt, daß er und seine kleine Familie schon oft für uns gebetet haben — vermutlich sogar täglich — aber als wir da zu sechst im Kreis standen und mein Jüngster für uns betete, da ging es mir wirklich ans Herz. Wir hatten den Kreis geschlossen. All die Jahre, in denen wir für unsere Kinder gebetet hatten ... sie dem Herrn ans Herz gelegt hatten ... all die Jahre des Lehrens, Liebens, Sorgens ... Jahre, in denen wir zugesehen hatten, wie sie uns das Herz brachen und dann gesehen hatten, wie sie geistlich wuchsen und wie sich das göttliche Muster im Gewebe ihres Lebens immer deutlicher abzeichnete ... all das hatte sich gelohnt! Wie hatte doch jemand gesagt: »Kinder sind keine kurzfristige Leihgabe, sie sind eine LANGFRISTIGE INVESTITION!«

BARNEY LEHRTE MICH EINIGES IN PUNCTO SCHULD

Ich dachte früher immer, ich müßte nett zu Barney sein, weil er derjenige sein würde, der das passende Altersheim für mich aussuchte, aber jetzt, wo ich Diabetes habe und vermutlich kein Altersheim brauchen werde, fühle ich mich nicht mehr so besonders verpflichtet, nett zu sein!

Eines habe ich von Barney gelernt, nämlich daß Verurteilungen nur noch mehr Schuld anhäufen. Als Bill und ich von Larrys Homosexualität erfuhren, erklärte uns Barney, daß er schon eine ganze Weile Bescheid gewußt hatte. Aber da er der Typ war, der sich kein Urteil über andere anmaßt, hatte er nichts gesagt. »Leben und leben lassen« hieß seine Art, an die Dinge heranzugehen, und rückblickend kann ich die Weisheit darin erkennen.

Aber ich war in der Falle gefangen, eine Mutter zu sein, die meinte, ihr Wertsystem verteidigen zu müssen. Ich konnte einen homosexuellen Sohn nicht akzeptieren. Ich hätte ihn lieber tot gesehen! Ich verwandelte mich in eine schuldbeladene

Christin, ich war überzeugt, daß ich ein paar schlimme Fehler gemacht hatte, die an Larrys Zustand schuld waren. Und dann machte ich einen noch schlimmeren Fehler, als ich ihn zurückstieß und verurteilte. Aber als ich sagte: »Was auch immer geschehen mag, Herr«, als ich auf das Viadukt hinauffuhr, um Selbstmord zu begehen, da übergab ich nicht nur Larry in Gottes Hände, ich übergab Ihm auch alle meine Schuld und erfuhr zum ersten Mal in elf Monaten wirkliche Vergebung.

Ich übergab *alles* in Gottes Hände — Larry, mein eigenes Versagen und alles, was die Zukunft uns bringen mochte. Ich war imstande, die Arme auszustrecken und Gottes reinigende Vergebung anzunehmen und rein im Angesicht des Herrn zu stehen! Viele Eltern leiden ohne Ursache, weil sie nicht mit ihrer Schuld umgehen und sich die Freiheit schenken lassen können, *frei von Schuld* zu leben. Ich entdeckte einst eine kleine Grußkarte, die ich an eine der Wände in meinem Freudenkämmerchen gesteckt habe:

Lieber Gott,
Ich habe gesündigt
gegen den Himmel
und gegen Dich.
Ich bin es nicht wert, Dein Kind zu heißen.

Kind, ich weiß ... ich weiß ...
Aber mein Sohn
ist es in Ewigkeit wert,
Dein Erlöser zu heißen.

Ruth Harms Calkin
»Forever Worthy«

Diese Grußkarte sagt mir, daß Gott mich für liebenswert hält — und Sie auch. Wir sind liebenswert, selbst mit unseren Sünden, selbst mit all den Dingen, für die wir uns schämen. Selbst mit unseren Mängeln. Selbst mit der schändlichen Vergangenheit. Selbst mit unserer Rebellion.

Die Gute Nachricht sagt, daß Sie aufhören können, sich selbst zu kreuzigen, weil Jesus für Sie gekreuzigt wurde. Wenn Sie Seine Vergebung akzeptieren, dann können Sie von jetzt an ein Leben frei von Schuld führen.

Mehr als vierhundert Jahre vor Christus sagte ein griechischer Dichter: »Selbst Gott kann die Vergangenheit nicht ändern.« In gewisser Hinsicht hat er recht. Was geschehen ist, ist geschehen, und es gibt keinen Weg zurück, um es zu ändern. Aber in anderer Hinsicht irrte er sehr. Gott änderte die Vergangenheit, als Er Seinen Sohn sandte, damit Er am Kreuz für unsere Sünden starb. Damit wies Er den einzig denkbaren Weg, um Ihre und meine sündhafte Vergangenheit auszulöschen. Und deshalb ergibt 1. Johannes 1,9 einen Sinn. Deshalb können Sie immer wieder zu Gott kommen und Ihn um Vergebung bitten. Wenn wir sündigen, so haben wir einen Fürsprecher beim Vater — Seinen Sohn, Jesus Christus (vgl. 1. Joh 2,1).

WIR ALLE SIND SCHÄTZE IN SEINER HAND

Der Opal ist ein wunderschöner Stein, aber wenn er in einem Juwelierladen im Schaukasten liegt, ist er kalt und glanzlos, ohne Leben. Aber sehen Sie zu, wenn der Juwelier ihn aufhebt und die Wärme seiner Berührung all die glänzenden Farbtöne und Schattierungen hervorbringt. Wenn wir uns weigern, den Herrn in unserem Leben wirken zu lassen, dann erleben wir etwas Ähnliches — dann ist unser Leben ohne Glanz, ohne Farbe, ohne Tiefe. Aber wenn wir die Berührung der Hand des Meisters zulassen, dann wärmt uns Seine Liebe, und wir wissen, daß wir Juwelen in Seinem Königreich sind. Bis dahin sind wir verborgene Schätze.

Sie haben vielleicht schon einmal das Bild des kleinen Jungen gesehen, der sagt: »Ich weiß, daß ich etwas wert bin. Gott macht doch keine Fehler!« Dieser kleine Junge bewies ein besseres Verständnis für Gottes Liebe und Vergebung als so manche erwachsenen Eltern. Ihr Selbstwertgefühl ist zerstört worden, weil in der Familie etwas schiefgegangen ist. Schuld hat ihr Selbstwertgefühl zerstört, und sie fühlen sich wertlos. Ich kenne dieses Gefühl — ich litt elf Monate darunter, ohne die geringste Erleichterung zu verspüren, und auch jetzt noch überfällt es mich gelegentlich, wenn ich vergesse, daß ich Gott sehr am Herzen liege.

Eines der drolligsten Geschenke für mein Freudenkämmerchen, das ich je erhalten habe, ist ein glänzender roter Teller, auf dem eingraviert steht: »Du bist heute jemand ganz Besonderes!« Vielleicht haben Sie schon von diesen roten Tellern gehört. Sie gehen auf einen Brauch der ersten Einwanderer in

Amerika zurück. Wenn jemand besonderes Lob oder Aufmerksamkeit verdient, wird ihm oder ihr das Abendessen auf dem roten Teller serviert.

Was für eine großartige Idee, einem Menschen Ehre zu erweisen, indem man ihm oder ihr einen solchen sichtbaren Liebesbeweis schenkt. Aber das beste an meinem roten Teller ist, daß er mich daran erinnert, daß ich heute etwas ganz Besonderes für Gott bin, auch wenn es nicht mein Geburtstag ist oder Muttertag oder sonst ein Feiertag. Gott liebt mich jeden Tag, und *ich bin immer etwas Besonderes für Ihn.*

Ich kann mich nicht mehr bis zu den Ohren in meiner Schuld vergraben, weil Jesus meine Schuld getilgt hat. Er kann meine Sünde nicht sehen, weil sie von Seinem Blut bedeckt ist. Er gab mir ein weißes Kleid der Gerechtigkeit, und es bleibt sauber, weil es ein ganz besonderes Waschmittel dafür gibt, nämlich VERGEBUNG. Weil Christus in mir lebt, habe ich Hoffnung auf Herrlichkeit, und um Seinetwillen verdiene ich *an jedem Tag meines Lebens* diesen besonderen Teller. Alle, die bei mir zu Besuch kommen und mein Freudenkämmerchen betreten, können meinen roten Teller dort stolz zur Schau gestellt sehen. Ich bewundere ihn oft, einfach um mich für all die Jahre zu entschädigen, in denen ich nicht wußte, wie wertvoll ich in Gottes Augen bin.

Wie sehr wünsche ich mir, ich könnte die Arme nach Ihnen allen ausstrecken — den Eltern ebenso wie ihren rebellischen Kindern — und Ihnen allen einen glänzenden roten Teller schenken, wie ich einen habe. Ich möchte Ihnen allen ins Gedächtnis rufen, daß Sie für mich und für Gott etwas ganz Besonders sind — Sie sind in Seinen Augen ein ganz besonderer Jemand. Das Leben ist zu kurz, um sich von Schuld lähmen zu lassen, also nehmen Sie Seine Vergebung an, und machen Sie mit Ihrem Leben weiter, voll Entschlossenheit, das Beste daraus zu machen.

GEDANKEN ZUM MITNEHMEN

ENTSPANNEN SIE SICH

Wenn wir nicht immer wieder von neuem anfangen sollten ...
hätte Gott uns dann den Montag geschenkt?

Ein Autoaufkleber

GUTE HAUSHALTSFÜHRUNG

Herr, es sind nicht der sichtbare Schmutz und die sichtbare Unordnung, die mich stören.
 Es ist dieser verborgene Schmutz ... Du weißt schon, hinter dem Eisschrank, in den Schränken, unter dem Bett.
 Schmutz, den niemand sieht, von dem niemand weiß außer mir. Genauso ist es in meinem Leben, Herr.
 Es sind diese verborgenen Sünden, mit denen ich nicht zu Rande komme ... diese nichtigen kleinen Ärgernisse, der Groll, die unausgesprochenen bösen Gefühle, der heimliche Hochmut.
 Gedanken und Gefühle, von denen niemand weiß außer mir ... und Dir, Gott.
 Hilf mir, Vater, mein Haus zu reinigen, wie ich es in meinem Heim tue.
 Fege den Staub und die Spinnweben des Stolzes, der bösen Gefühle und des Vorurteils fort.
 Der Schmutz hinter meinem Eisschrank wird nie jemanden stören. Aber der Schmutz in meinem Herzen ist schlimm.

Autor unbekannt

UM EINEN NEUEN ANFANG ZU MACHEN, TUN SIE DIE FOLGENDEN ACHT SCHRITTE:

1. Sie müssen wiedergeboren sein.
2. Akzeptieren Sie Gottes Vergebung.
3. Vergeben Sie anderen von Herzen.
4. Lernen Sie so viel wie möglich aus Ihren Fehlern.
5. Verkehren Sie Ihre Schwächen in Stärken.

6. Akzeptieren Sie, was Sie nicht ändern können, und verwandeln Sie es mit Gottes Hilfe in etwas Schönes.
7. Lassen Sie die Vergangenheit hinter sich.
8. Beginnen Sie von neuem.

Autor unbekannt

GOTTES »SCHULD-EX«-VERSPRECHEN

»So gibt es nun keine Verdammnis für jene, die in Christus Jesus sind ...«

Römer 8,1

Siebentes Kapitel

Manchmal verwandelt sich unsere Gelassenheit ganz plötzlich in Hysterie

Am Morgen sieht das Leben gewöhnlich besser aus.
Es dauert aber nur immer so lange, bis der Morgen kommt!

Streß kann aus allen Richtungen auf uns zukommen. Er taucht zu jeder beliebigen Zeit auf. Ich war in Texas, wo ich auf einem großen Bankett sprach, und als ich auf das Vortragspult zuging, packte mich eine Dame am Arm und sagte: »Gehen Sie bloß nicht zu weit nach hinten, da ist nämlich ein Riß im Teppich, und Sie könnten sich mit den Absätzen darin verfangen.«

Okay, ich würde also aufpassen, daß mir das nicht passierte. Ich ging eben auf die Plattform zu, als eine weitere Dame, die für den Blumenschmuck gesorgt hatte, mir ins Ohr flüsterte: »Stoßen Sie bloß nicht an das Vortragspult an. Die Blumen könnten umfallen.« Das hörte sich ein bißchen so an wie der Typ am Büchertisch, der mir schon zuvor gesagt hatte: »Stützen Sie sich nicht zu fest auf den Tisch, wenn Sie Ihre Bücher signieren. Er bricht nämlich leicht zusammen.«

Noch bevor ich die »Gefahrenzone« des Podiums erreichte, war ich bereits ziemlich unter Streß. Aber gerade, bevor ich zu sprechen begann, sah ich einen Mitarbeiter auf mich zukommen, der mir ein Glas Wasser brachte. *Wie nett!* dachte ich. *Das ist immerhin etwas Erfreuliches!* Aber als er das Wasserglas auf das Vortragspult stellte, versetzte er mir den »Todesstoß«: »Seien Sie vorsichtig – die letzte Rednerin, die wir hier hatten, schüttete ihr Wasser ins Mikrofon und bekam einen elektrischen Schlag, der sie beinahe umgebracht hätte.«

Irgendwie brachte ich es fertig, meinen Vortrag zu halten, und glücklicherweise verfing sich keiner meiner Absätze im Teppich, die Blumen fielen nicht vom Pult, und ich näherte mich nicht einmal dem Glas mit Wasser; also hatten wir alle eine schöne Zeit!

WENN STRESS AUF SCHRITT UND TRITT ZUM BEGLEITER WIRD

Natürlich ist *diese* Art Streß ein Klacks im Vergleich zu der Art Streß, von der mir in einem Brief nach dem anderen berichtet wird — dem Streß völlig ausgepowerter Mütter und anderer Leute, die mir jeden Monat schreiben. Sie machen *wirklich* Streß durch, und ich veröffentliche in meinem Rundschreiben *The Love Line* jeden Monat ein oder zwei solcher Briefe, einfach um andere Leser zu ermutigen, einen Gang zuzulegen und sich aus der Grube zu befreien. Ich habe viel Mitgefühl mit diesen Briefeschreiberinnen, weil ich selbst so lange in der Grube gesessen habe, und ich weiß, daß es einem hilft, wenn man liest, daß andere denselben emotionellen Kampf durchmachen. Alles wirkt weniger irreal, wenn man von jemand anderem hört, der oder die den Streß zum ständigen Begleiter hat. Eine Frau schrieb mir:

> »Liebe Barbara und Mitarbeiter,
> wie immer habe ich große Freude an Eurem Rundschreiben — ich weiß gar nicht, wie Ihr das schafft, jeden Monat so viel Material zusammenzubekommen. Ich weiß, daß Gott Euch jeden Tag aufs Neue beisteht, denn Ihr macht mit so viel Hoffnung weiter und betet beständig für uns leidende Eltern. Mein Tief dauert jetzt schon fünf Jahre, und es gibt Tage, da denke ich, daß ich es keinen weiteren Tag mehr schaffe. Ich lebe immer noch in ständigem Gebet und hoffe auf eine Veränderung. Ich breche immer noch in Tränen aus, wenn ich daran denke, daß so etwas in meiner Familie geschehen konnte, und ich werde es niemals, niemals verstehen. Ich glaube, noch hat niemand in meiner Familie Verdacht geschöpft — jedenfalls lassen sie sich nichts anmerken. Ich träume davon, weit weg zu ziehen, wo niemand außer Gott von der Sache weiß.«

Eine andere Mutter schilderte ihre Qualen folgendermaßen:

> »Diese Zeiten sind grauenhaft, und manchmal frage ich mich, ob ich jemals Erleichterung finden werde. Zur Zeit bin ich wie gefühllos und weine wegen jeder Kleinigkeit. Vielleicht wird es nicht so lange dauern, aber ich werde weiterhin beten...«

In einem anderen Brief, den ich erhielt, stand schlicht und einfach: »Hilfe! Bitte helft mir! Mein Sohn hat sein ›Coming out‹

gehabt, und jetzt möchte ich mich in ein Mauseloch verkriechen!« Eine Mutter sandte uns einen Brief mit einer verzweifelten Bitte, die *mich* unter Streß setzte:

> »Bitte schickt uns ein paar Kassetten für schuldbeladene Eltern (nämlich uns).
> Mein Mann befindet sich am Rande eines Nervenzusammenbruchs, und ich bin ebenfalls nahe daran.
> Bitte sucht die Kassetten mit etwas Vorsicht aus – mein Mann kann im Moment keine weiteren Schuldzuweisungen vertragen, und ich kann es auch nicht. Obwohl ich wahrscheinlich besser darauf vorbereitet bin als er.
> Unser Sohn ist homosexuell, und wir haben noch eine Tochter zu Hause, die noch nichts davon weiß.
> Wir brauchen Hilfe, und zwar rasch. Sie sind unsere einzige Hoffnung.«

»NEGATIVER STRESS« IST MEINE SPEZIALITÄT

Diese Briefe stammen von Frauen, die sich – wie es ein Mediziner nennen würde – unter negativem Streß befinden. Es gibt noch eine andere Art von Streß, den positiven Streß, wie wir alle ihn erleben, wenn wir gerade genug unter Druck stehen, daß das Adrenalin fließt und wir die Dinge anpacken und das Leben genießen. Aber mein Postsack ist voll von »negativem Streß« – der Art Streß, der einen in Stücke reißen kann, wenn man sich von ihm verschlingen läßt.

Ich selbst hatte kürzlich einen typischen Anfall von negativem Streß, als ich den neuen, hübschen, glänzenden, hochwirksamen Staubsauger auspackte, den ich eben gekauft hatte. Nachdem ich mein getreues altes Modell etwa dreißig Jahre lang in Betrieb hatte, dachte ich, ich wüßte alles über Staubsauger und hielt mich nicht lange damit auf, die Gebrauchsanweisung für den neuen genau zu lesen. Statt dessen steckte ich den Schlauch an die Maschine und freute mich bereits auf das kraftvolle Summen, in das mein neuer Staubsauger in Kürze ausbrechen würde.

Ich hätte bereits Verdacht schöpfen sollen, als ich eine Skala entdeckte, auf der ich einstellen sollte, ob der aufzusaugende Staub »fein, mittel oder grob« sei. Feiner Schmutz, nahm ich an, würde etwas wie Staub oder Sand sein, und nachdem ich längst darüber hinaus war, in Sandkästen zu spielen, konnte ich diese Einstellung getrost übergehen.

Aber wie stand es mit »mittlerem Schmutz«? Das könnten vielleicht Rosinen sein, Kekskrümel oder sonst etwas, wie es Alltagsschuhe hereintragen konnten. Und »grober Schmutz«? Damit waren wohl Pfirsichkerne gemeint, Erdklümpchen oder verlorene Legosteine, wie die Enkelkinder sie gelegentlich hinterließen. Ich machte einen raschen Inspektionsgang durchs Haus und entdeckte weder Glasmurmeln noch Legosteine, die irgendwo herumlagen, also erschien es mir am klügsten, die Skala auf »mittleren Schmutz« einzustellen. Irgendwie fühlte ich mich ein wenig stolz und selbstgefällig bei dem Gedanken, daß ich MEINEN Staubsauger auf »mittleren« Schmutz einstellen durfte statt auf »groben«.

Die Skala wurde eingestellt, der Stecker in die Steckdose gesteckt — der Staubsack war sicher verschlossen. Ich drückte auf den Einschaltknopf, und so begann ein Tag der Katastrophen!

Innerhalb weniger Minuten waren die langen Triebe einer Hängepflanze, die ich monatelang liebevoll gehegt hatte, im Schlund der Maschine verschwunden — mitsamt ein paar Erdklumpen und den Ranken, die darauf gewachsen waren. Die Hälfte der Blätter meiner Pflanze waren verschwunden — aufgesaugt von meinem hungrigen Monstrum!

Bevor ich mich noch von meinem Schrecken erholen konnte, machte mein neues extra-langes Telefonkabel ein schnurrendes Geräusch, während es verschwand und sich im Inneren meines gefräßigen Staubsaugers zu einem unentwirrbaren Knäuel verschlang. Ich schaffte es, die Schnur wieder zu entwirren, aber ich bemerkte, daß ganze Stücke der Gummibeschichtung fehlten. Die Löcher bildeten ein regelmäßiges Muster, als hätten sich riesige Zähne in der Schnur verbissen.

Und natürlich hätte Bill es klüger anstellen sollen und nicht seinen Schuh in Sichtweite des Staubsaugers liegen lassen sollen. Innerhalb weniger Sekunden waren die Zunge des Schuhs ebenso verschwunden wie die Schnürsenkel! Nun ja, beruhigte ich mich selbst, die Schuhe waren alt und hätten ohnehin längst auf den Müll gehört. Aber kurz nach dem Schuhzwischenfall wurden meine Augen groß vor Entsetzen, als das neue Sony-Kabel für Bills Stereokopfhörer sich lärmend in den Bürsten des Staubsaugers verwickelte.

Bis dahin war meine Pflanze gefressen worden, das Telefonkabel war verstümmelt, Bills Schuhe hatten das Zeitliche gesegnet, und jetzt war auch noch das Kabel fast völlig zerstört. Wenn wir nur einen Hund gehabt hätten! Dann hätte ich einem Welpen, der seine Zähne ausprobieren mußte, die Schuld daran geben können. Ich fragte mich, wie lange es wohl dauern würde, bis er merkte, daß sein Kabel verschwunden war (der Staubsauger hatte es zur Gänze verschlungen, den Plastikstecker ausgenommen, der nur durch seine Größe davor bewahrt wurde, ebenfalls in den Schlauch gezerrt zu werden).

Bill, der nun einmal ein melancholischer Perfektionist ist, vermißte sein Sony-Kabel ziemlich bald und begann alle Steckdosen abzusuchen, in der Meinung, er hätte es irgendwo verlegt. Schließlich zwang mich mein Gewissen, das Schweigen zu brechen. Voller Scham mußte ich eingestehen, daß mein Staubsauger sein kostbares Sony-Kabel aufgesaugt hatte und daß ich sofort ein neues bestellt hatte (das aber erst in einigen Wochen geliefert werden konnte).

Wir sind Alle wie mein Staubsauger

Ich habe an diesem Tag eine Menge gelernt. Es ist schon komisch, wie die Bezeichnungen auf einer kleinen Plastikskala einen inspirieren können. Wir alle nehmen unterwegs eine gewisse Menge Dreck auf. Ich frage mich, ob Menschen, die nur »feinen Schmutz« absorbieren, besondere Anerkennung verdienen? Wie steht es mit »mittlerem Schmutz« und »grobem Schmutz«? Jeder von uns paßt in eine der Kategorien auf dieser Skala, denn es ist unmöglich, durchs Leben zu gehen, ohne sich zu beschmutzen. Überall lauert der Schmutz – selbst im Fernsehen und im Klatsch –, im müßigen Geschwätz. Und wie steht es mit unserer Konsumgesellschaft, die Materialismus und Gier als die einzig vertretbare Lebenshaltung hinstellt? Mein neuer Staubsauger gab mir den Anstoß, mein eigenes Leben zu durchforschen und die Gebiete näher zu betrachten, die die Reinigung nötig hatten.

Ich entdeckte, daß ein Teil dieses Schmutzes Streß ist. Und ich entdeckte, daß übermäßige Geschäftigkeit – mehr zu tun, als Gott von mir will – Schmutz ist, der nicht sein muß.

Am Tag nachdem mein Staubsauger seinen Pfad der Zerstörung durchs Haus gezogen hatte, hörte ich draußen den Gärtner arbeiten. Er war damit beschäftigt, unser Grundstück von Unrat zu befreien. Aber statt den Schmutz *aufzusaugen, blies er ihn fort.* Er schritt den Gehweg entlang, und seine Maschine fegte alles weg, was sich auf seinem Weg befand. Ich fühlte mich an ein Buch erinnert, das ich gerade las, *Blow Away the Black Clouds (Feg die schwarzen Wolken fort),* von Florence Littauer. Es ist ein großartiges Buch über die Bewältigung von Depressionen. Und das Großartigste daran ist, daß man beim Lesen *keine Depressionen bekommt!*

Ich dachte an meinen Staubsauger und daran, daß wir unser ganzes Leben damit verbringen können, Schmutz aufzusaugen, zu absorbieren und in einen hübschen kleinen Beutel zu packen, der irgendwann einmal in den Müll kommen soll. Aber mit dieser Methode häufen wir nur immer mehr und mehr Schmutz in uns auf. Der Gärtner hatte einen besseren Weg gefunden. Er blies einfach all den Schmutz fort und hatte einen sauberen Weg vor sich, wohin er auch ging.

SAMMELN SIE SCHMUTZ IN SICH?

Ich glaube, man kann diese Erkenntnis unmittelbar auf unser Leben anwenden. Wir können eine ganze Menge Ärger und eine Menge Jammer anhäufen. Wir können uns an die Schmerzen klammern, die uns nicht erspart bleiben, und sie hegen und pflegen. Wir tun das auch oft mit Depressionen und ähnlichen widerwärtigen Dingen. Wir können uns an all das klammern, bis unser Mistsack zum Platzen voll ist, und dann können wir ihn ausleeren – üblicherweise über irgend jemand anderen.

Oder wir haben die Möglichkeit, all das Negative einfach wegzufegen – all die Kritik und den Groll und die Selbstvorwürfe, die zu einem zwanghaften Verhalten führen, um anderen zu gefallen. Wir können Gott bitten, das alles ganz und gar zu entfernen, die Dunkelheit durch Sein Licht zu ersetzen, uns reinzufegen von Bitterkeit, Gier, Ehrgeiz und der Unfähigkeit, zu vergeben. Er kann eine frühlingshafte Frische in unserem Herzen erzielen, wenn wir die Gegenwart des Heiligen Geistes kennen und uns ihr aussetzen.

Wo stehen Sie heute? Gehen Sie durchs Leben und saugen Groll und Kümmernisse auf, die sich in Bedrückung und Streß verwandeln, wenn Sie daran denken, was man Ihnen schon alles angetan hat? Schleppen Sie ganze Säcke voll Schmutz aus sündhaften Bereichen Ihres alten Lebens mit sich herum? Wir haben oft den irrigen Eindruck, Streß sei etwas, das andere Menschen und äußere Kräfte in unserem Leben verursachen. Streß kann natürlich von äußeren Faktoren hervorgerufen werden, aber sehr oft *produzieren wir unseren eigenen Streß*. Wir können Gott unseren Schmutz hinwegfegen lassen — fort von unserem Weg, fort aus unserem Leben. Dann können wir reinen Herzens vor ihm stehen und die Gewißheit haben, daß Er uns davor bewahrt, völlig den Kopf zu verlieren. Nicht nur das; Er kann uns auch helfen, unser Herz täglich zu erneuern.

Sie können nicht alles im Griff haben

Eine wichtige Hilfe dabei, mit meinem Schmutz zu Rande zu kommen, statt den Schmutz — und eine Anzahl anderer geistiger Klötze am Bein — aufzusammeln, war die Erkenntnis: *Was ich nicht kontrollieren kann, dafür bin ich auch nicht verantwortlich.*

Dr. Harold Greenwald ist Mitautor eines Buches mit dem Titel *The Happy Person (Die glückliche Persönlichkeit)*. Er ist der Überzeugung, daß es zumindest sechs Realitäten im menschlichen Leben gibt, die wir nicht ändern können und akzeptieren müssen. Älterwerden ist eine davon. Es ist unvermeidlich, daß wir älter werden, aber nach Dr. Greenwalds Meinung ist es ein Prozeß, den wir genießen lernen können, vor allem, wenn wir uns die Alternative vor Augen halten. (Mehr darüber im 9. Kapitel.)

Es wird auch immer wieder Dinge im Leben geben, die einfach nicht fair sind. Und es wird immer einige Menschen geben, die Sie nicht leiden können, ganz egal, wie freundlich, warmherzig und charmant Sie sein mögen.

Sie müssen sich vor Augen halten, daß das Leben ein ständiger Kampf ist. Einige Menschen sind der Meinung, sie müßten es nur über jenen Hügel oder durch jenen Tunnel schaffen, die ihnen gerade Mühe machen, und von da an wird alles anders sein. So ist das aber nicht. Es ist besser, das Leben als eine Serie von Problemen zu sehen, die auch Gelegenheiten zum Lernen und Wachsen sind; dann werden Sie nämlich nicht halb so viel in Streß geraten, wenn die Schwierigkeiten sich bemerkbar machen.

Vor allem sollten Sie sich vor Augen halten, daß Sie andere Menschen nicht ändern können. Das war ein harter Brocken für mich, weil ich Larry immerzu ändern wollte. Aber ich mußte zulassen, daß Gott Larry verändern würde. Sobald ich einmal aufgehört hatte, ihn ändern zu wollen, verschwand ein Großteil des Stresses aus unserer Beziehung.

Lachen ist ein gutes Mittel, um mit Problemen fertigzuwerden

Mit all seinem Schmerz und seinen Problemen ist das Leben kein Spaß, aber wie ich schon in Kapitel 5 ausgeführt habe, können wir lernen, zu lachen und damit lernen, mit dem Leben besser zurechtzukommen. Ich bin ganz einer Meinung mit dem Psychologieprofessor, der der Ansicht ist, Lachen sei die beste Methode, sich von Streß zu befreien und innerlich neu anzufangen. In einer Aussendung der Associated Press sagte Dr. Robert Leone von der United States International University: »Wenn Sie lachen, ist Ihre Aufmerksamkeit ganz klar auf eine bestimmte Sache gerichtet. Sie können gar nichts anderes tun. Alles andere, selbst Depressionen, nimmt ein Ende.« Dr. Leone sagt auch, daß ein herzhaftes Lachen Ihre Empfindungen reinigen und Ihnen ganz allgemein ein besseres Gefühl vermitteln kann. Er führt eine Anzahl verschiedener Methoden an, wie Sie ein wenig mehr Lachen in Ihr Leben bringen können:

1. Versuchen Sie, sich eine lustige Sendung Ihres Lieblingskomikers anzusehen, oder gehen Sie ins Kino, wenn ein lustiger Film läuft. Die Wirkung hält nur kurz an, aber Sie werden sich besser fühlen, nachdem Sie herzhaft gelacht haben.

2. Versuchen Sie, Ihre Aktivitäten auszuweiten. Vielleicht haben Sie es noch nie gewagt, im Auto zu singen, weil Sie Angst haben, die Leute in den nebenan fahrenden Autos könnten Sie für nicht ganz richtig im Kopf halten. Versuchen Sie es einmal, und lachen Sie über die komischen Gesichter, die die *anderen* machen.

3. Hören Sie auf, Entschuldigungen zu suchen, warum Sie nicht glücklich sein können. »Ab einem gewissen Punkt«, sagt Dr. Leone, »müssen Sie die Verantwortung für Ihr eigenes Glück übernehmen. Die meisten Menschen ... sind mit 60 oder 70 Prozent Glück zufrieden, aber sie könnten weitaus glücklicher sein.«

Auch Gesang kann Wunder wirken

Ich habe soeben erwähnt, daß Sie vielleicht komisch angesehen werden, wenn Sie im Auto singen, und dann Ihrerseits darüber lachen können, aber es gibt noch bessere Gründe, um zu singen. Ich singe oft, während ich auf meinem Hometrainer fahre, beim Duschen oder bei der Hausarbeit. Die Fachleute sagen, Menschen, die ein Lied im Herzen tragen, leben länger. In einem Fall verdonnerten Ärzte zwanzig berufsmäßige Opernsänger im Alter zwischen 28 und 65 Jahren zu acht Minuten anstrengenden Atemübungen. Die Sänger schafften das mühelos, aber eine Gruppe von vierzig Nicht-Sängern *unter vierzig Jahren* hatten ihre Mühe, den Test zu bestehen, und ihre Herzfrequenz vervielfachte sich.

Psychiater ermutigen ihre Patienten zuweilen, ihre inneren Spannungen und Ängste durch Singen abzubauen. Wenn Sie singen, setzen Sie Energie frei, und das kann Ihre Gedanken von Sorgen ablenken, liebenswerte Erinnerungen ins Gedächtnis rufen und körperliche Anspannung mildern. Versuchen Sie, zur Vorbereitung auf den Tag unter der Dusche zu singen oder im Auto zu singen, vor allem, wenn Sie im Stau stehen. Wählen Sie Lieder, die Sie inspirieren und ermutigen. Für mich sind Hymnen und Gospel-Songs erste Wahl. Einige meiner Lieblingslieder sind »Amazing Graze« und »When Answers Aren't Enough« (»Wenn Antworten nicht genügen, geh zu Jesus«). Und ich liebe den Choral, in dem es heißt: »In moments like these, I sing a love song« (»In Augenblicken wie diesen singe ich ein Liebeslied«).

Wie man den Konkurrenzkampf überlebt

Einer der Hauptgründe für den alltäglichen Streß heißt *Zeitdruck*. Kürzlich traf ich Tim Hansel, den Autor eines großartigen Buches zum Thema Leid mit dem Titel *Ya Gotta Keep Dancin (Du mußt weitertanzen)*. Wir waren beide eingeladen worden, auf derselben Konferenz zu sprechen, und ich mußte lachen, als Tim sagte: »Zum Glück hat der Tag vierundzwanzig Stunden, und die Nacht hat man ja auch noch!« Das erinnerte mich an einen Autoaufkleber, der mir besonders gut gefiel:

IMMER, WENN DU DENKST,
DU HAST DAS RATTENRENNEN ENDLICH GEWONNEN,
SCHICKEN SIE EIN PAAR SCHNELLERE INS RENNEN.

Wir alle müssen in diesem »Rattenrennen« mitlaufen. Der Trick besteht darin, nicht aufzugeben, aber mit unseren Kräften so hauszuhalten, daß wir es auf lange Zeit hinaus schaffen. Ich habe gelernt, für meine Diabetes dankbar zu sein, weil ich dadurch gezwungen bin, Streß zu vermeiden und mich gesund zu ernähren. Ich betrachte meine Krankheit als etwas Positives – als eine gute Nachricht, nicht eine schlechte.

Gottes Rat, wie man Depressionen loswird

Es ist wichtig, daß wir uns mit Streßfaktoren beschäftigen, denn sie verwandeln sich nur allzu leicht in Depressionen. Ich habe sogar einmal in einem Zeitungsartikel gelesen, daß Depressionen oft daraus entstehen, *daß wir nicht gelernt haben, mit den Streßfaktoren in unserem Leben richtig umzugehen.* Frauen müssen da besonders auf sich achten, weil ihre Persönlichkeitsstruktur sie für Depressionen anfälliger macht als Männer.

Aus meiner eigenen Erfahrung bin ich geneigt, dieser Ansicht zuzustimmen. Fast jede Woche spreche ich mit deprimierten Müttern, die sich fühlen, als schieße das Leben alle seine Pfeile speziell auf sie ab. Viele von ihnen haben keinen anderen Wunsch, als sich zusammenzurollen und sich irgendein Mauseloch zu suchen, in dem sie sich verkriechen können (genauso, wie ich es das erste Mal tat, als Larry in der Schwulenszene untertauchte). Aber ich dränge sie, daß sie zumindest versuchen sollen, weiter am Ball zu bleiben. Und ich sage ihnen auch, sie sollen Geduld haben. Es dauert seine Zeit, bis eine Depression überwunden ist, aber irgendwann nimmt sie ein Ende.

Ich habe eine wundervolle Umschreibung zu 1. Korinther 13,4-8 entdeckt. Der Text kann eine wirkliche Hilfe sein, vor allem, wenn Sie sich deprimiert und am Boden zerstört fühlen. Versuchen Sie es einmal damit, daß Sie sich diesen Text jeden Morgen laut vorlesen, und die Erkenntnis der göttlichen Liebe wird in Ihr Leben einsickern und die schwarzen Wolken vertreiben:

WEIL GOTT MICH LIEBT

(nach 1. Kor 13,4-8)

Weil Gott mich liebt, verliert Er nicht so schnell die Geduld mit mir.

Weil Gott mich liebt, macht Er sich meine Lebensumstände zunutze und verwendet sie dazu, mein Wachstum zu fördern.

Weil Gott mich liebt, ist Er auf meiner Seite. Er möchte zusehen können, wie ich in Seiner Liebe heranreife und mich entwickle.

Weil Gott mich liebt, schickt Er nicht wegen jedes kleinen Fehlers den Blitzstrahl Seines Zorns auf mich herab, obwohl es viele solcher kleiner Fehler in meinem Leben gibt.

Weil Gott mich liebt, führt Er nicht Buch über alle meine Sünden und schlägt es mir um die Ohren, so oft sich eine Gelegenheit ergibt.

Weil Gott mich liebt, ist Er tief bekümmert, wenn ich nicht auf den Wegen wandle, die Ihm gefallen, denn Er betrachtet das als Beweis, daß ich Ihn nicht liebe und Ihm vertraue, wie ich es eigentlich sollte.

Weil Gott mich liebt, vertraut Er mir selbst dann, wenn ich nicht einmal mir selbst traue.

Weil Gott mich liebt, sagt Er nie, es gäbe keine Hoffnung mehr für mich; statt dessen arbeitet Er geduldig an mir, liebt mich und züchtigt mich in einer solchen Weise, daß es für mich nur schwer zu verstehen ist, wie sehr ich Ihm am Herzen liege.

Weil Gott mich liebt, verläßt Er mich niemals, selbst wenn es die meisten meiner Freunde tun.

Weil Gott mich liebt, hält Er zu mir, auch wenn ich in die Tiefen der Verzweiflung stürze, wenn ich mein wahres Selbst sehe

und es mit Seiner Gerechtigkeit, Heiligkeit, Schönheit und Liebe vergleiche. In einem solchen Augenblick kann ich wirklich glauben, daß Gott mich liebt.
Ja, das größte aller Geschenke ist Gottes vollkommene Liebe!

Autor unbekannt

STRESS IST, WAS WIR ALS STRESS EMPFINDEN

Ich habe aus persönlicher Erfahrung gelernt, daß das, was einem Menschen als »Streß« erscheint, für einen anderen nur ein geringfügiges Ärgernis sein kann. Ich kann mich noch sehr gut an die Zeit erinnern, als ich durch meinen schwarzen Tunnel der Verzweiflung wanderte und eine Dame mich anrief, um mir von ihrem Problem zu erzählen. So weit ich mich erinnere, hatte sie »Fettpölsterchen auf den Knien«. Mein Herz war damals so wund und blutig, daß ich nichts weiter fertigbrachte, als stumm ihren Klagen zu lauschen. Aber in ihren Augen waren die Fettpölsterchen ein Problem, das alles andere überschattete, und sie mußte mit irgend jemandem darüber sprechen.

Eine andere Frau schrieb mir über eine ähnliche Situation, die sie erlebt hatte. Sie war so frustriert, daß sie ein wenig Dampf abgelassen hatte, was sie später bereute. Sie schrieb mir:

> »Eines Tages bat uns eine Dame in meiner Bibelstunde, wir sollten für sie beten, weil ihr Mann seine Socken nicht wegräumen wollte. Ich sagte (und schämte mich gleich darauf dafür): ›Möchten Sie vielleicht mit mir tauschen? Ich habe ein Herzleiden, einen geistig behinderten Sohn und einen trunksüchtigen Ehemann, der zu Anfällen von Gewalttätigkeit neigt. Ich habe einen unehelich geborenen Enkelsohn. Ein Arbeiter, den mein Mann gefeuert hatte, warf einen Molotow-Cocktail in ein Lagerhaus, in dem wir eben auf Kredit gekaufte Dachdeckermaterialien gelagert hatten. Die Folge war das zweitgrößte Feuer, das unsere Stadt jemals heimsuchte. Wir waren nicht versichert. Drei Jahre rackerten wir uns nach Kräften ab, das verbrannte Material zu bezahlen, dann stürzte uns die Rezession in den Bankrott.
> Und die Leute sagen mir, ich sollte doch abnehmen, jetzt, wo wir von Bohnen und Kartoffeln leben.‹
> Ich schämte mich augenblicklich für meine Worte, denn die Dame mit dem Sockenproblem hatte offenbar Ärger genug,

und es ehrt den Herrn nicht, wenn wir das Spiel ›So schlecht wie mir sollte es Ihnen mal gehen!‹ spielen. Ich habe im Lauf der Jahre eine Menge gelernt, aber üblicherweise zu spät.«

Wie wahr! Wir lernen eine Menge im Lauf der Zeit, und oft scheint es zu spät zu sein, aber es ist niemals zu spät, Streß und Ärger mit einer positiven Einstellung zu begegnen. Wir können immer irgend etwas dazu tun, das Leben auf die Reihe zu kriegen, und wenn es noch so voll von Knoten und Fußangeln ist.

Unter Stress in der »Rettungsmission«

Ich sage immer noch, daß es kein besseres Mittel gegen Streß gibt, als ihm ins Gesicht zu lachen. Kürzlich erhielt ich eine Einladung, in der »Rettungsmission« in der Skid Row von Los Angeles zu sprechen. Das war an und für sich schon eine Streßsituation, weil die Leute dort nicht mein übliches Publikum sind. Bill hatte mich begleitet, und weil er eine schlimme Erkältung hatte, nahm er auf dem Podium hinter mir Platz und nuckelte an einem Fläschchen Hustensaft. Natürlich sah es so aus, als nuckelte er an einer ganz anderen Art Fläschchen!

Während ich versuchte, so richtig in meinen Vortrag hineinzukommen, bemerkte ich einen Mann in der ersten Sitzreihe, der seinen Hut tief ins Gesicht gezogen hatte. Eben da kam einer der Mitarbeiter der Mission mit einer langen Stange in den Händen den Mittelgang herunter. Die Stange war beinahe sechs Meter lang und hatte eine Art Greifhaken am Ende. Er streckte die Stange kurzerhand quer über die erste Sitzreihe und schnappte den Hut des Mannes. Er pflückte ihm den Hut richtig vom Kopf, dann drehte er sich um und ging hinaus. Die Rettungsmission hat eine strenge Hausordnung – es ist nicht erlaubt, bei einem Vortrag den Hut aufzubehalten. Aber es gab wohl keine Regel, die es verbietet, Redner einen Todesschrecken einzujagen, weil jemand eine sechs Meter lange Stange quer über die erste Sitzreihe streckt und Leuten den Hut vom Kopf angelt. Niemand schien es jedoch zu bemerken. Alle hörten weiterhin meiner Geschichte zu, die gerade bei einer sehr ernsten Stelle angelangt war. Und die ganze Zeit saß Bill hinter mir und nuckelte an seinem Hustensirup.

In einem solchen Augenblick muß man sich entscheiden: »Wie soll ich nun darauf reagieren?« Nun, ich beantwortete meine eigene Frage; »He, das ist einfach zu lächerlich, um deswegen zu weinen, also kann ich genausogut lachen.« Und genau das habe ich getan. Der Streß ließ nach, und ich brachte meinen Vortrag ohne Zwischenfälle hinter mich.

Unterwegs — aber noch längst nicht am Ziel

Aber obwohl ich eine Menge Methoden gefunden habe, um mit innerem und äußerem Streß umzugehen, gibt es immer noch die kleinen Zwischenfälle, die mich daran erinnern, daß ich noch nicht am Ziel bin. Mehrere Jahre sind seit jenem Abend unter der Fahnenstange in Disneyland vergangen, und ich habe einen weiten Weg zurückgelegt, aber am Ziel bin ich noch längst nicht.

Auch Sie werden sich gelegentlich wie auf einer Berg-und-Tal-Bahn fühlen. Sie denken, Sie machen Fortschritte, und dann wu! sehen Sie eine Schlagzeile in der Zeitung oder eine Kritzelei an der Wand, und es heißt *Zurück auf Feld Eins und noch einmal würfeln.* Die simpelsten Dinge können Panik in Ihnen auslösen. Sie haben das Gefühl, Sie bekommen das ständige Weinen und die Gefühlsausbrüche allmählich in den Griff, und dann geraten Sie aus einem winzigen Anlaß aus der Fassung und fühlen sich, als hätte eine Straßenwalze Sie überfahren.

Aber wenn Sie so sehr unter Streß geraten, dann erinnern Sie sich selbst daran, daß Sie einen langen, mühseligen Prozeß durchmachen. Wir alle machen ein paar Schritte vorwärts und dann hin und wieder einen Schritt zurück. Aber es gibt Heilung, und es gibt Gewinne. Dies alles wird vorübergehen, wenn auch nur schrecklich langsam!

Ich leide mit Ihnen allen, die sich immer noch wie gerädert fühlen. Ich verstehe das Achterbahn-Syndrom, und ich weiß, was Streß dazu beitragen kann. In den Jahren inneren Kampfes habe ich eine Menge gelernt, aber emotionell bin ich immer noch zerbrechlich und brauche Gottes Klebstoff, damit meine Gedanken bei Ihm bleiben.

Wenn Sie sich von allen Seiten umzingelt fühlen, ist es am besten, sich zum Herrn zu flüchten. »Darum stärkt die müden

Hände und die wankenden Knie« (Hebr 12,12). Und lachen Sie so viel wie nur möglich. Das beschleunigt die Heilung Ihres gebrochenen Herzens!

GEDANKEN ZUM MITNEHMEN

VON ALL DEN DINGEN, DIE ICH SCHON VERLOREN HABE, FEHLT MIR DER VERSTAND AM MEISTEN!

Wenn ich nur dieses wunderbare Gefühl des Erfolgs
haben könnte, ohne in irgendeiner Hinsicht
Erfolg haben zu müssen!
Ashleigh Brilliant

**HEUTE IST DAS MORGEN,
DESWEGEN ICH MIR GESTERN
SORGEN GEMACHT HABE –
UND ALLES IST GUT.**

JETZT IST DER RICHTIGE ZEITPUNKT

Herr,
ich sehe mit bestürzender Klarheit
daß das Leben niemals lang genug ist,
um die Begegnung mit Dir
auf morgen zu verschieben.
Die Dinge, die vor mir liegen,
liegen so schnell hinter mir.
Ich kann niemals die Jahre zurückrufen,
die verflossen sind.
Wenn ich morgen
mit Dir gehen möchte,
muß ich heute damit anfangen.
Ruth Harms Calkin[16]

---

[16] Aus »Lord, You Love to Say Yes« von Ruth Harms Calkin, 1976 Tyndale House Publishers Inc. Mit freundlicher Genehmigung. Alle Rechte vorbehalten.

ICH WEISS DIE ANTWORT NICHT,
ABER ICH KENNE JEMAND, DER SIE WEISS.

NEUER ANFANG

Oh Gott,
was soll ich tun?
Ich bin am Ende meiner Kräfte
angelangt.
Wunderbar, liebes Kind!
Nun mach einen neuen Anfang
mit mir.
    Ruth Harms Calkin

Achtes Kapitel

Ich habe Mr. Wumpfi geheiratet

Ich liebe dich heute mehr als gestern.
Gestern bist du mir so richtig auf die Nerven gegangen!

Mein Mann und ich sind sehr verschieden — was Sie zweifellos schon bemerkt haben. Man sagt, Gegensätze ziehen sich an, und das schien bei uns tatsächlich schon beim ersten Rendezvous der Fall zu sein. Wir hatten uns ursprünglich mit anderen Partnern verabredet (ich hatte es arrangiert, daß Bill mit einer Freundin von mir ausging), und als es Zeit zum Heimgehen war, war Bill an meiner Seite und meine Freundin ging mit dem Burschen, mit dem ich mich ursprünglich verabredet hatte.

Als Bill und ich heirateten, hatte ich keine Ahnung von Temperamenten. Ich wußte nicht, daß man von einem grundlegend SANGUINISCHEN Temperament spricht, wenn jemand wie ich gesprächig, emotional, extrovertiert, enthusiastisch, fröhlich und voll übersprudelndem Humor ist. Und Bill, der tiefsinnig und nachdenklich, analytisch, ernsthaft, mitfühlend und gewissenhaft ist, hatte zweifellos keine Ahnung, daß er die reinste MELANCHOLIE verkörpert.

Ich wußte nur, daß Bill auf mich ausgeglichen, ruhig, zuverlässig und hingebungsvoll wirkte. Irgend etwas in mir sprach auf diese Eigenschaften an. Intuitiv wußte ich, daß ich jemanden wie Bill brauchte, um meiner eigenen Neigung zu übermäßiger Aufregung, Unordnung und Chaos entgegenzuwirken. Und ich glaube, Bill spürte, daß er mich als Gegengewicht zu seiner Tendenz, das Leben allzu ernst zu nehmen, brauchte. Also heirateten wir und machten die Erfahrung, daß Gegensätze sich nicht nur anziehen, sie müssen auch lernen, sich *einander anzupassen.* Die einzig wirkliche Aussage dieses Kapitels (davon abgesehen, daß ich Ihnen ein paar drollige Geschichten über Bill erzählen möchte) heißt: *Sie müssen lernen, die Menschen anzunehmen, wie sie sind (vor allem Ehemänner).*

Ich werde nie erwarten, daß Bill so glücklich und voll überschäumendem Enthusiasmus ist wie ich, und er ist mittlerweile zu dem Schluß gekommen, daß ich niemals so ordentlich, methodisch und organisiert sein werde wie er.

Also haben wir ein paar Jahrzehnte damit zugebracht, uns aneinander anzupassen und eine starke Ehe aufzubauen, deren Fundament gegenseitige Annahme heißt. Bill ist wirklich ein großartiger Mann, er ist einfach super, aber ich habe gelernt, daß einen sein melancholisches Temperament ganz schön herunterreißen kann. Lassen Sie mich ein Beispiel erzählen. Kürzlich hatten wir einen wunderschönen, smogfreien Tag, was in Südkalifornien inzwischen eine Rarität ist. Der Himmel war azurblau, und die Wölkchen waren flauschig weiß. Ich blickte auf und sagte: »Wou, das sieht aus, als wäre Gott mit dem Staubsauger über den Himmel gegangen.«

Bill blickte ebenfalls auf und sagte: »Ja, aber wahrscheinlich leert Er morgen den Staubbeutel aus.«

Bill sieht ein Glas nicht nur halb leer; er sieht auch all die Schmierflecken und Wasserflecken daran. Ordnung und Präzision sind ihm das Wichtigste. Er legt Wert darauf, daß das Scheckbuch genau mit den Kontoauszügen übereinstimmt, und er legt Wert auf Sandwiches, bei denen die Brothälften haarscharf aufeinanderpassen. Diese Dinge sind sehr wichtig für ihn.

Kürzlich kaufte er einen neuen Schlüsselbund und verbrachte fast eine Stunde damit, all die Schlüssel so auf den Ring zu schieben, daß sie alle in die »richtige« Richtung schauen. Er sagt, er könne meinen Schlüsselring nicht benützen, weil die Schlüssel so durcheinander dran hängen.

ZUSAMMENGEHEFTETE SOCKEN SIND SICHERE SOCKEN

Wenn Bill sich ein richtiges Vergnügen gönnen will, dann heftet er seine Socken zusammen, bevor er sie in die Waschmaschine steckt, damit sie nicht voneinander getrennt werden. Er fing damit an, als unsere Jungen heranwuchsen, damit ihre Socken nicht mit seinen durcheinandergerieten. Nachdem ich ein Mensch bin, der nie irgend etwas zusammenheften würde, versuchte ich mir die Sache damit zu erklären, daß Bill bei der Marine gewesen war; und außerdem ist er ein Einzelkind, und die sind ja alle ein wenig seltsam.

Ich habe Bills zusammengeheftete Socken einmal bei einer Konferenz erwähnt, und nachher kam eine junge Frau zu mir und erzählte mir, daß ihr Mann seine Socken nicht nur zusammenhefte, sondern sie auch mit »1« und »2« markiere, damit er nachher nicht die große Zehe in den falschen Socken steckte!

Ich lachte, bis ich nicht mehr konnte

Ich muß mir beständig vor Augen halten, daß Bill die Dinge, die ich lustig finde, oft keineswegs lustig findet. Vor einiger Zeit war ich in Atlanta auf Vortragsreise; und nachher hastete ich zum Flugplatz, um meinen Flug nach Hause zu erreichen. Ich hatte bereits mein Gepäck eingecheckt und saß in der Wartehalle, in der Erwartung, in wenigen Minuten an Bord zu gehen, als über Lautsprecher verkündet wurde: »Alle DC-10-Flüge sind auf mindestens drei Tage hinaus eingestellt worden.« Ich ging zum Schalter und erfuhr, daß mein Flug ein DC-10 war und ich daher eine ganze Weile lang nirgends hinfliegen würde.

Ich rief Bill an und sagte ihm, ich würde nicht nach Hause kommen. Sie wollten uns alle in einem Hotel unterbringen, und wir würden dort zwei oder drei Tage verbringen. Bill machte mir den Vorschlag, ich sollte mich einfach entspannen und die Chance zum Ausruhen genießen, aber ich erinnerte ihn daran, daß es nicht ganz einfach sein würde, sich so ganz ohne Gepäck zu entspannen.

Ein Zubringerdienst brachte uns zu einem Hotel in der Nähe des Flughafens, und ich bezog mein Zimmer. Da ich damit rechnete, zwei oder drei Tage hier zu verbringen, tat ich, was jede vernünftige Frau getan hätte — ich wusch meine Strumpfhose, wusch meinen Slip, wusch mir das Gesicht und machte mich zum Zubettgehen fertig. Ich hatte absolut *nichts* bei mir. Mein Gepäck war bereits auf dem Weg nach Kalifornien (hoffte ich jedenfalls), und das wars.

Als ich eben damit fertig geworden war, meine Strumpfhose und meinen Slip zu waschen und beide tropfnaß im Badezimmer hingen, klingelte das Telefon. Am Draht war die Fluggesellschaft. Sie sagten mir: »Wenn Sie es schaffen, in zwanzig Minuten hier zu sein, haben wir noch einen Flug für Sie. Aber wenn Sie dieses Flugzeug nicht erreichen, gibt es in den nächsten drei Tagen keinen weiteren Flug. Es ist der einzige Flug nach Südkalifornien.«

»Halten Sie das Flugzeug zurück, ich schaffe es bestimmt!« kreischte ich. Dann sah ich meine tropfnasse Strumpfhose und meinen Slip. Ich rollte sie rasch in ein Handtuch und versuchte soviel Wasser wie nur möglich herauszupressen, aber es nützte nicht viel. Falls Sie jemals versucht haben, eine nasse Strumpfhose über einen trockenen fetten Körper zu ziehen, das können Sie mir glauben, leicht ist es nicht! Und dann war da noch mein Slip. Mit dem war es auch nicht ganz einfach.

Irgendwie schaffte ich es, mich in die Strumpfhose und den Slip zu zwängen, aber das hieß, daß meine Füße tropfnaß waren und ich Schwierigkeiten hatte, sie in meine Stöckelschuhe zu kriegen. Ich sauste die Stiegen hinunter, wobei ich überall kleine Pfützen hinterließ, und erwischte ein Taxi. Es brachte mich in Rekordzeit zum Flughafen, und dann rannte ich den langen Flur zum Flugzeug hinunter, wobei ich den ganzen Weg über tropfte. Und als ich mich auf meinen Sitz setzte, hinterließ ich einen großen nassen Fleck, weil ich natürlich immer noch tropfnaß war.

Als ich heimkam, erzählte ich Bill die ganze Geschichte, und er krümmte sich vor Verlegenheit. Er fühlte sich gedemütigt bei dem Gedanken, daß ich einen großen nassen Fleck auf dem Flugzeugsitz hinterlassen hatte. Ich sagte zu ihm: »Der Sitz war halb so schlimm; du hättest mal sehen sollen, wie mir das Wasser an den Beinen herrunterlief, als ich durch den Mittelgang ging!«

Ich hatte während des ganzen Heimflugs gekichert. Ich fand die ganze Geschichte wirklich enorm komisch, aber Bill war sie bloß peinlich.

ERDNUSSBUTTERTÖPFCHEN FÜR SIE UND IHN

Eines der Dinge, die Bill in den Wahnsinn treiben, ist ein vollgekleckerter Erdnußbuttertopf. Er mag es nicht, wenn ich mit dem Messer in die Erdnußbutter fahre und eine große Schweinerei anrichte. Er findet, Erdnußbutter sollte glatt sein, und wenn er auf den Grund des Töpfchens kommt, dann putzt er jedes letzte Restchen Erdnußbutter so sauber aus, als wäre der

Topf abgewaschen worden. DAS stimmt ihn richtig froh und glücklich.

Manchmal geht er in die Küche, um sich ein Sandwich zu machen, und brüllt: »Wer war an der Erdnußbutter dran?«

Nachdem wir allein im Haus leben, kennt er die Antwort. Wer sonst sollte an der Erdnußbutter drangewesen sein außer mir? Dann bekomme ich Schuldgefühle, weil ich zu tief ins Erdnußbutterglas gefahren bin und alles vollgekleckert habe.

Ich habe das Problem schließlich damit gelöst, daß ich einen großen Topf Erdnußbutter für ihn und einen großen Topf für mich gekauft habe. Jetzt fahre ich drin herum, wie es mir paßt!

Nach meinen Vorträgen kommen viele Frauen zu mir und sagen: »Ich glaube, mein Mann muß der Bruder Ihres Mannes sein oder jedenfalls ein entfernter Verwandter. Er ist genauso.« Vielleicht ist auch Ihr Ehemann so. Sie sehen die Rosen, er sieht die Dornen. Sie sehen, wie Gott den Himmel staubsaugt; er sieht, wie Gott den Müllbeutel auf die Erde fallen läßt. Sie planen die nächste Party, und er macht sich Gedanken über den Müll, den die Gäste machen werden; und obendrein macht er sich Sorgen wegen des Mülls in der ganzen Welt, dem Wassermangel, der Staatsschulden und jeder Menge anderer ernsthafter Angelegenheiten.

WIE BILL »MISTER WUMPFI« WURDE

Irgendwie hat unsere Ehe immer funktioniert, einfach deswegen, weil ich mir sage: »Bill ist nun mal so, und er wird sich nicht ändern.« Und ich bin überzeugt, daß er genauso über mich denkt.

Vor Jahren fing er an, mich »Kumpfi« zu nennen. Ich beschloß, ebenfalls einen Spitznamen für ihn zu erfinden und entschied mich schließlich für »Wumpfi«. Die Leute fragen mich manchmal, was Wumpfi bedeutet, und ich sage, ich wisse es nicht genau. Müssen Spitznamen für einen Ehemann wirklich etwas BEDEUTEN? Ich kann nur sagen: »Er ist eben ein Wumpfi – und ich bin froh, daß es ihn gibt!«

Vor einigen Jahren erhielt ich mein persönliches Nummernschild mit der Inschrift SPATULA, was natürlich eine Menge Kommentare hervorrief. Einmal parkte ich an verbotener Stelle (wahrscheinlich, während ich ins Postamt von La Habra eilte) und jemand rief mir nach: »Mrs. SPATULA! Dort ist Parken verboten!«

Ich hatte so viel Vergnügen an meinem SPATULA-Nummernschild, daß ich beschloß, auch Bill müsse sein eigenes Schild haben. Und ich hatte bereits den perfekten Namen für dieses Schild ausgesucht: W-U-M-P-F-I. Wir fahren beide Oldsmobiles. Meiner ist ein neueres Modell, und Bill fährt einen 1974er Delta 88, den er günstig zu kaufen bekam, als ein älterer Herr in unserer Mobilhomesiedlung starb und seine Witwe den Wagen nicht mehr brauchte. Er war in tadellosem Zustand und lief mit Normalbenzin, was Bill ganz besonders gefiel, weil er sich nicht mehr um die Umweltschutzauflagen kümmern mußte.

Wenn man ein persönliches Nummernschild haben will, muß man erst einmal überprüfen, ob nicht schon jemand anders diesen Namen führt. Also fuhr ich zum Verkehrsamt und holte mir den riesigen Wälzer, in dem alle die persönlichen Nummernschilder in Kalifornien verzeichnet sind. Ich saß dort im Büro und wendete die schweren, in Plastik eingeschweißten Seiten, die nicht herausgerissen oder beschädigt werden können und unauslöschlich beschrieben sind. Ich stieß auf Namen wie S-T-R-E-I-S-A-N-D, S-I-N-A-T-R-A und S-E-L-L-E-C-K. Und dann sah ich den Namen S-P-A-T-U-L-A (mein Auto). Und dann ging es mir strahlendhell auf. Wie S-P-A-T-U-L-A in dem riesigen Buch im Verkehrsamt eingetragen ist, so ist mein Name, Barbara Johnson, in dem Buch des Lebens des Lammes eingetragen und kann *niemals* wieder ausgelöscht werden!

Es war, als hätte Gott mich in eine warme, tröstliche Decke gehüllt, um mir zu versichern, daß ich Sein Kind bin ... daß mein Name *auf ewig* in Seinem Buch steht. Er kann nicht herausgerissen werden ... er kann nicht ausgelöscht werden. Sobald Sie einmal in Gottes Familie hineingeboren sind, sind Sie auf ewig Sein. Es gibt keine Abtreibungen in Gottes Königreich. Wenn Sie sich in Seinem Strom des Lebens befinden, dann mögen Sie vielleicht in einer Bucht oder sogar in einem Tümpel stranden. Aber Sie sind immer noch im Fluß, und Gott betrachtet Sie stets als Sein Eigentum.

Wenn Sie jemals in einem Verkehrsamt gewesen sind, dann wissen Sie, daß dort im allgemeinen nicht viel los ist, aber an diesem Tag ließ Gott mir ein Licht aufgehen, und ich war so aufgeregt bei dem Gedanken, daß mein Name in Seinem ewigen Buch steht, daß ich am liebsten an Ort und Stelle in den Himmel aufgefahren wäre!

Sie werden es vielleicht schon erraten haben, aber tatsächlich hatte niemand WUMPFI auf seinem persönlichen Nummernschild stehen, also bestellte ich eines. Dann eilte ich heim und erzählte Bill in heller Aufregung die ganze Geschichte. Ich erzählte ihm, wie ich gesegnet worden war, als ich SPATULA in dem Buch geschrieben gesehen hatte und begriff, daß mein Name — und der seine — im Buch des Lebens des Lammes geschrieben stehen. Aber Bill warf mir nur einen leeren Blick zu und geriet überhaupt nicht in Ekstase.

Als die Nummernschilder eintrafen, brachte Bill sie an seinem Delta 88 an, ohne viel dazu zu sagen. Ich dachte, mein Geschenk sei in die Hose gegangen, aber dann, nicht lang danach, rief er mich eines Tages an und sagte: »Ich komme heute später nach Hause, weil ich Wumpfi ein paar neue Schuhe kaufen möchte.«

»Was meinst du?« wollte ich wissen, »du brauchst keine neuen Schuhe.«

»Nein — ich meine das Auto — ich besorge neue Reifen für mein Auto. Wumpfi braucht neue Schuhe!«

Nun war das, was Bill angeht, schon eine äußerst humorige Bemerkung. Natürlich lachte ich und sagte ihm, wie witzig seine Äußerung gewesen sei. Anscheinend war Bill, nachdem er die neuen Nummernschilder gekauft hatte, regelmäßiger Kunde bei einer bestimmten Autowerkstatt geworden, in der er Benzin und Reifen und alles, was er sonst noch für sein Auto brauchte, bezog. Die Angestellten entdeckten sein Nummernschild und fingen an, Bill »Mister Wumpfi« zu nennen. Danach ergab es sich ganz natürlich, daß sie sein Auto »Wumpfi« nannten und davon redeten, ihm neue Schuhe zu kaufen und dergleichen.

Von Zeit zu Zeit deckt er Wumpfi mit einer Schutzfolie zu, und dann redet er davon, daß er »Wumpfi sein Mäntelchen anzieht«, ganz als wäre das Auto ein Kind.

MÄNNERN FÄLLT ES SCHWER, MIT GEFÜHLEN ZURECHTZUKOMMEN

Während dieser elf Monate, in denen ich die Blümchen auf der Tapete zählte, pausenlos weinte und mich so gedemütigt fühlte, daß ich an Selbstmord dachte, wurde ich für Bill zu einer Last, mit der er nicht so recht umzugehen wußte. Offen gestanden war er mir keine große Hilfe, und natürlich war ich ihm erst recht keine. Noch lange, nachdem wir entdeckt hatten, daß Larry homosexuell war, pflegte Bill zu sagen: »Das ist eine Phase ... nur eine Phase.« Später, als ihm klar wurde, daß es mehr als nur eine Phase war, sagte er: »Das Pendel wird auch wieder in die andere Richtung ausschlagen.« Ich war mir nicht ganz sicher, was er damit meinte, aber jetzt, wo die Entfremdung zwischen uns vorbei ist und wir guten Kontakt zu Larry haben, sagt er oft: »Nun schlägt das Pendel also in die andere Richtung aus.«

Während ich auf Vortragsreisen bin, spreche ich mit vielen Frauen, die mich fragen, inwiefern Bill mir während meiner depressiven Phase geholfen hat. Ich muß ihnen dann sagen, daß Männer, meiner Erfahrung nach, keine große Hilfe sind, weil es ihnen in der Regel nicht gegeben ist, emotionelle Schmerzen in einer solchen Tiefe zu empfinden, wie Frauen es tun. Ein Mann mag leiden, aber oft weiß er nicht, wie er diesem Schmerz Ausdruck verleihen oder ihn aus sich herauslassen soll. Die meisten Männer haben anscheinend nicht die Fähigkeit, mit den Problemen, die ihre Frauen durchmachen, mitzufühlen. Sie lieben ihre Frauen, und sie würden gerne helfen, aber offenbar wissen sie einfach nicht, was sie sagen sollen. Während ich durch meinen Tunnel marschierte, wußte Bill nicht, was er sagen sollte, also tat er das Zweitbeste: er kümmerte sich um eine Menge kleiner, alltäglicher Aufgaben, die ich verabscheue und widerlich finde.

Zum Beispiel hielt er mein Auto sauber und tankte es auf. Er räumte meine Küchenschränke auf und legte alle Küchenschubladen mit dickem Linoleum aus. Er ordnete und beschriftete meine Audiokassetten, so daß ich rasch finden konnte, was ich suchte, und baute Regale in meinem Büro, um andere Materialien übersichtlich zu ordnen. Er half mir in vielen kleinen Dingen, nicht mit WORTEN, sondern mit TATEN. Er tat alles Erdenkliche, um mir das Gefühl zu geben, mein Leben sei noch in Ordnung, während meine Gedanken sich wie ein Strudel um Homosexualität drehten, vor allem in jenen ersten Monaten.

Von all den Telefonanrufen, die ich bekomme, sind ca. 99 Prozent von christlichen Müttern, die Probleme haben. Sie wollen mit jemandem sprechen, der ihnen helfen kann. In vielen Fällen sind ihre Ehemänner Techniker oder gehören sonst dem rationalen, wenig gefühlsbetonten Typ an. Techniker kommen sehr gut mit Zahlen und mechanischen Dingen zurecht, weil da alles fein säuberlich zusammenpaßt. Aber wenn sie ein Kind haben, das nicht in ihr Puzzle paßt, dann wissen sie nicht, was sie tun sollen. Sie kommen einfach nicht zurecht damit. Viele Männer neigen dazu, sich einfach abzuwenden und sich um ihre eigenen Angelegenheiten zu kümmern. Sie gehen in ihrer Arbeit auf, weil sie nicht wissen, wie sie auf emotionaler Ebene Zugang zu ihren Frauen finden sollen.

Ich will damit nicht sagen, daß Männer überhaupt keiner Kommunikation fähig sind. Ich halte es für möglich, daß Männer ihren Frauen geistliche Hilfe anbieten und sogar ein gewisses Ausmaß von »guten, praktischen Ratschlägen«, aber es gibt eine emotionale Ebene, die nur wenige Männer verstehen können, nämlich dort, wo es um die Gefühle einer Frau geht. Gott hat sie nicht dazu geschaffen. Und eine Frau schafft sich nur selbst Frustrationen, wenn sie ihren Mann zu zwingen versucht, ihre Gefühle nachzuempfinden, während er einfach nicht auf dieser Wellenlänge ist.

Was in der Folge fast zwangsläufig passiert, ist, daß die Frau sich isoliert und allein fühlt. Sie und ihr Mann haben dieses »Problemkind«, aber sie hat die Situation geboren – das Problem ist aus ihrem Schoß hervorgegangen. Und glauben Sie mir, es *ist* ein Problem, zu verstehen, wie Homosexualität in eine christliche Familie hineinpaßt.

Wenn der Ehemann sich schuldig fühlt, dann gibt er jemand anderem die Schuld. Im Fall eines homosexuellen Kindes ist dieser Jemand fast immer die Ehefrau. Seine Frau fühlt sich ebenfalls schuldig, aber sie gibt für gewöhnlich sich selbst die Schuld, und beide verfangen sich in den Netzen des »Schuldzuweisungsspiels«.

Im allgemeinen können Männer dem emotionellen Versagen, ein Problem produziert zu haben, nicht ins Auge sehen. Für gewöhnlich weigern sie sich, auch nur darüber zu reden. Was dann passiert, ist folgendes: Der Ehemann ist üblicherweise in der Lage, weiterzumachen und sein Leben wie gewohnt fortzuführen, aber die Frau bleibt in ihrem scheußlichen Depressionsloch stecken. Und weil sie sich nicht öffnen und darüber reden kann, wird alles unter den Teppich gekehrt und macht sie nur noch kränker. Ich sage oft: »Offenheit verhält sich zu Gesundheit wie Geheimnisse zu Krankheit.«

In unserem Fall empfand Bill nicht dieselbe Last der Schuld wie ich, oder er gab es nicht zu. Und er hatte nicht dieselbe Sehnsucht, Larry nach Hause zurückzuholen und alles in Ordnung zu bringen. Er empfand einfach nichts dergleichen, und deshalb konnte er auch sagen, das sei »alles nur eine Phase« und damit leben.

Kein Wunder, daß sich viele Frauen in meinem Bekanntenkreis fühlen, als lebten sie in einem Vakuum. Sie sind den ganzen Tag zu Hause in ihrem »leeren Nest«. Die Kinder sind ausgezogen, und ihre Ehemänner sind bei der Arbeit, spielen Golf und sind vielleicht auch damit beschäftigt, im Nebenzimmer ihre Socken zusammenzuheften. Diese Art Frau hat niemanden, mit dem sie reden könnte. Kein Wunder, daß sie sich reihenweise Operetten und Talkshows im Fernsehen ansieht. Sie hungert nach emotioneller Zuwendung, gleich welcher Art, weil sie nichts dergleichen von ihrem Ehemann erhält.

Oft führt dieses Syndrom letztendlich zu massiven Eheproblemen. Die Frau möchte darüber reden, warum sie all diese Gefühle hat, und der Ehemann möchte nichts davon hören, warum sie all diese Gefühle hat. Er möchte sich lieber mit seinem Computer beschäftigen oder an seinem Auto das Öl wechseln. Ich glaube, daß es deshalb so oft dazu kommt, daß Tragödien — etwa wenn ein Kind stirbt oder ein Kind sich auf die homosexuelle Szene einläßt – eine Frau zerstören und an den Felsen des Scheidungsgerichts zerschellen lassen.

Was kann eine Frau also tun, wenn sie eine solche grausige schwarze Grube vor sich sieht – einen Tunnel, in dem nirgends ein Licht leuchtet? Mein Rat an Frauen in dieser unangenehmen Situation heißt, DEN TATSACHEN INS AUGE ZU BLICKEN. Ihr Gatte wird sich nicht ändern und anders werden. Er ist in einer Art Beton gefangen – einer verhärteten Haltung gewissermaßen. Als erstes müssen Sie den Entschluß fassen, daß Sie nicht mehr versuchen wollen, ihn zu ändern. *Akzeptieren Sie ihn,* wie er ist, und hören Sie auf, ihn mit Vorwürfen zu überhäufen, weil er Ihnen die emotionale Hilfe, die Sie brauchen, nicht geben kann.

Zweitens müssen Sie *alternative Wege* finden, um diese emotionale Hilfe zu bekommen. Erarbeiten Sie sich drei oder vier verschiedene Kanäle, durch die Sie Ihre emotionalen Bedürfnisse befriedigen können. Versuchen Sie es zum Beispiel mit Kassetten oder guten Büchern – sie können wirklich gute Freunde sein. Am besten sind natürlich Freundinnen – Frauen, mit denen Sie wirklich reden können. Mein bester Rat lautet: Suchen Sie sich eine Schwester oder Freundin, die denselben Schmerz durchmacht, und schütten Sie einfach einander Ihr Herz aus – *lassen Sie den Schmerz gemeinsam abfließen.*

Bevor ich meinen »Was auch immer, Herr«-Durchbruch hatte konnte ich nicht wirklich verstehen, daß es Bereiche gibt, in denen Bill sich nicht ändern wird. Ganz gleichgültig, wie gefühlvoll oder verzweifelt ich bin, seine melancholischen Charakterzüge werden immer spürbar sein. Deshalb sage ich, eine Frau muß lernen, sich anzupassen. Manchmal ist die Lösung einfach – zum Beispiel, einen zweiten Erdnußbuttertopf zu kaufen. Aber was auch immer Sie tun, ein Gefühl für Humor ist lebenswichtig. Dieser Humor kann viele Ehen retten, die in Gefahr stehen, von den Wellen verschlungen zu werden.

DER FALL DES VERLORENEN MOTELS

Sobald Sie einmal gelernt haben, sich anzupassen, werden Sie auch die guten Eigenschaften Ihres Ehemannes schätzen lernen. Ich schätze Bills gute Eigenschaften sehr hoch. Vielleicht weiß ich endlich doch, was »Wumpfi« heißt. Vielleicht ist dies mein ganz persönliches Wort dafür, daß Bill freundlich und fürsorglich und zuverlässig ist. Er geht oft mit mir auf Reisen, und das bewahrt mich davor, mich heillos zu verirren, denn ich bin nicht gerade eine Pfadfinderin. Aber solange Bill in meiner Nähe ist, mache ich mir keine Sorgen; er bringt mich sicher ans Ziel.

Kürzlich fuhren wir im Rahmen einer Vortragsreise nach Felton, California, eine kleine Stadt in der Nähe des Mount Herman-Konferenzzentrums, das etwa fünfzig Meilen von San Francisco entfernt an der Pazifikküste liegt. Eines der Hauptcharakteristika von Felton ist eine gewaltige Kreuzung, auf der eine Straße nach San José, eine nach San Francisco und eine dritte nach Stockton führt. Wir entdeckten auch einen Fluß und einige Bahngleise.

Bill hatte sich kurz zuvor die Weisheitszähne ziehen lassen, und sein Arzt hatte ihm streng vorgeschrieben, ständig Eispackungen auf dem Mund zu haben, um Blutungen vorzubeugen. Das bedeutete, daß wir nicht in einem der Blockhäuschen für Vortragende auf dem Gelände des Konferenzzentrums wohnen konnten, weil es dort nicht möglich war, ständig für frisches Eis zu sorgen.

Statt dessen bezogen wir ein kleines Motel in der Nähe des Flusses, wo wir gehacktes Eis und vielleicht auch ein paar Lutschbonbons bekommen konnten, um seinen wunden Kiefer zu kühlen. Wir bekamen ein Zimmer mit einem kleinen Eisschrank und sorgten dafür, daß Bill jede Menge Eis zur Verfügung hatte, aber wir fanden keine Lutschbonbons.

Es war bereits spät am Nachmittag, und Bill beschloß, mit mir die Straße zum Konferenzgelände von Mount Herman hinaufzufahren, wo ich an diesem Abend sprechen sollte — eine »Runde Trockenschwimmen«, wie er es nannte. Wir machten die Probefahrt zweimal, und ich hatte volles Vertrauen, daß ich es fertigbringen würde, die fünf Meilen zum Konferenzzentrum an diesem Abend allein zu fahren.

Als ich gegen sieben Uhr abends losfuhr, war es noch hell, und als ich zum Konferenzgebäude fuhr, dachte ich: *Das macht mir überhaupt keine Schwierigkeiten.* Ich verbrachte einen herrlichen Abend damit, vor dreihundert Frauen zu sprechen. Als ich das Konferenzgelände verließ, um zum Motel zurückzufahren, war es knapp nach 21 Uhr; die Sonne war untergegangen, und plötzlich war die Straße dunkel und längst nicht mehr so vertraut wie bei der Hinfahrt.

Als ich hügelabwärts nach Felton kam, erreichte ich die große Kreuzung und wußte nicht mehr, welche Straße ich fahren mußte. Ich sah ein Hinweisschild »Stockton«, und das schien mir nicht richtig. Dann blickte ich in die andere Richtung und sah eins, auf dem »San José« stand — nein, das war auch nicht das Richtige. Schließlich mußte ich irgend etwas tun, also kehrte ich um und fuhr die Straße entlang, die, wie ich hoffte, die richtige war. Nach ein paar Meilen kam ich zu einem Hinweisschild mit der Aufschrift: »Scotts Valley«. Ich dachte: *Hier sind wir noch nie durchgekommen. Das ist auch nicht die richtige Straße! Und wie hieß dieses Motel doch noch?* Ich hatte es vergessen — um genau zu sein, hatte ich überhaupt kein Schild auf dem Motel gesehen. Es war alt und irgendwie verwahrlost gewesen.

Also kramte ich in meiner Handtasche nach dem Motelschlüssel und las in heller Aufregung die eingeprägte Inschrift. Dort stand aber nur: »Postfach 6, Felton, CA.« Inzwischen war ich schon ziemlich verzweifelt. Wie hieß dieses Motel bloß? Ich wußte es einfach nicht!

Als ich ins liebliche Felton zurückkehrte, ging es auf elf Uhr, und die Bürgersteige waren schon hochgeklappt, wenn Sie verstehen, was ich meine. Vor mir befand sich eine Bar, deren Neonreklame fröhlich in der ansonsten stockdunklen Straße blinkte. Ich war so verzweifelt, daß ich hineinging und herausplatzte: »Ich habe meinen Mann in einem Motel zurückgelassen, und jetzt kann ich es nicht mehr finden.«

»Wie hieß es denn?« grunzte der Barmann und warf mir einen ziemlich merkwürdigen Blick zu.

»Tja, das weiß ich eben nicht. Auf meinem Schlüssel steht nur Postfach 6.«

»Woher kommen Sie denn, meine Dame?« lautete seine nächste Frage.

Inzwischen schnürten mir die Tränen die Kehle ab, und ich war sicher, daß der Mann mich für leicht verrückt hielt. Ich stotterte: »Ich bin nicht von hier; ich bin aus Südkalifornien. Und ich habe ihn dort gelassen, weil er sich eben seine Weisheitszähne hat ziehen lassen, und er brauchte ständig frisches Eis. Jetzt weiß ich nicht mehr, wo ich ihn gelassen habe. Aber ich weiß, daß ein Fluß in der Nähe war und ein paar Eisenbahngleise und ein Bioladen auf der anderen Straßenseite, weil wir dort hingingen und fragten, ob sie Eis hätten.«

»Sie können's mit dem Highway 9 versuchen«, sagte der Barmann und wies mir die richtige Richtung. Als ich zu meinem Auto zurückkehrte, war ich froh, daß der Barmann nicht mit mir nach draußen gekommen war, um mir den Weg zu zeigen. Auf dem Vordersitz lag nämlich DIE LANGE LENA — meine große Puppe. Wenn der Barmann LENA gesehen hätte, wäre er sicher überzeugt gewesen, daß ich irgendwo aus der Klapsmühle ausgebrochen war.

Ich fuhr den Highway 9 — oder wie immer die Straße hieß — entlang. Riesige Rotholzbäume ragten düster zu beiden Seiten der Straße auf. Meine Scheinwerfer drangen kaum durch die tiefe Dunkelheit. Als ich um eine Kurve bog, sah ich jemanden auf der Straße stehen, der mit beiden Händen »Anhalten!« signalisierte. Zuerst konnte ich ihn nicht erkennen, und ich dachte, ich sollte lieber aufs Gas steigen, denn welcher Mann winkt schon Frauen, die um elf Uhr nachts auf dunklen Straßen unterwegs sind? Aber dann sah ich, daß es Bill war! Er stand einfach da, ganz lässig, und wartete auf mich! Als ich an den Straßenrand fuhr und das Fenster herunterkurbelte, sagte er: »Ich *wußte* doch, du würdest in Schwierigkeiten geraten!«

Ich war erleichtert, seine Stimme zu hören, und fragte: »Wie lange stehst du schon da?«

»Na, eine ganze Weile schon. Dein Vortrag sollte um 21 Uhr zu Ende sein, und jetzt ist es *erst* halb zwölf!«

Ich sah mich um, und da stand das Motel — aber nirgends gab es ein Namensschild. Es war nicht meine Schuld! Wie sollte ich den Namen des Motels wissen, wenn er nirgends zu sehen war?

Bill war nicht ärgerlich, nur erleichtert, daß ich schließlich doch zurückgefunden hatte. Seit dieser kleinen Episode hat er mir ein Instrument gekauft, das eine Kombination aus Kompaß und Richtungsfinder ist, damit ich besser weiß, ob ich nach Norden oder Süden, oder nach links oder rechts fahre. Wie dankbar bin ich, daß es jemanden in meinem Leben gibt, der sich so liebevoll um mich kümmert — so sehr, daß er mehr als zwei Stunden lang auf einer finsteren Straße steht, um mir den Weg zu weisen, weil er »einfach wußte«, daß ich Schwierigkeiten haben würde, den Rückweg zu finden.

Aber so ist Bill nun mal; er hat Freude daran, auf mich aufzupassen und für mich zu sorgen. Manchmal, wenn ich auf Vortragsreise fahre und er nicht mit dabei ist, komme ich mit einem Koffer voller Zeugs heim, das ich kunterbunt hineingestopft habe. Er hat eine Menge Spaß daran, sagen zu können: »Nanu, was hast du da für ein Durcheinander«, und dann bringt er all die Bücher säuberlich in Ordnung und stapelt sie so, daß bei allen die Titelseite nach oben schaut, und er bringt alles in tadellose Ordnung, nach Bereichen geordnet – das findet er wichtig, daß alles nach Themenbereichen geordnet ist. Er hat seinen Spaß daran, zuerst herumzumurren und zu grummeln, daß ich all mein Zeug auf einen Haufen schmeiße. Dann, wenn alles hübsch säuberlich geordnet ist, sagt er: »So, jetzt ist dein Koffer fertig, um dich auf der nächsten Reise zu begleiten.«

ICH WAGE NICHT, OHNE IHN DAS HAUS ZU VERLASSEN

Wenn ich allein ins Flugzeug steige, um auf Vortragsreise zu gehen, dann begleitet Bill mich gewöhnlich zum Flughafen, um sicherzugehen, daß mein Gepäck ordentlich eingecheckt wird und ich ins richtige Flugzeug steige. Er muß auch die Liste mit den »Freudenschachtel«-Sächelchen überprüfen, die ich mitnehme, und ebenso meine Bücherkiste. Bill erledigt das alles in der Regel und erweist sich als sehr geschickt dabei. Aber als ich kürzlich auf Reisen ging, hatte ich nicht meinen melancholischen Ehemann mit, sondern meine Freundin Lynda, die aufs I-Tüpfelchen genau so sanguinisch ist wie ich.

Da standen wir also am Flughafen von Ontario und schwatzten und hatten unseren Spaß. Das Flugzeug sollte um 12.50 Uhr starten, aber wir waren früh dran und hatten jede Menge Zeit. Plötzlich blickten wir auf, und es war, als sei kein Mensch mehr im ganzen Flughafen! Ich sagte: »Lynda, wohin sind die bloß alle verschwunden?« Es war 12.55 Uhr! Wir hatten dagesessen, gelacht und geschwatzt und nicht gehört, wie der Flug aufgerufen wurde. Wir rannten die Rampe entlang, und da stand das Flugzeug und wollte eben starten. Der letzte Aufruf war eben gemacht worden. Also rasten wir wie die Verrückten zur Türe und schafften es gerade noch, alle Hände voll mit unseren Kabinenkoffern, und fragten uns, wo die ganze Zeit geblieben war.

Später rief ich Bill an und gestand ihm: »Du hast mir heute wirklich gefehlt. Ich hätte es beinahe nicht zum Flugzeug geschafft.«

Er kicherte und begann mir Vorwürfe zu machen: »Wenn du aufpassen würdest, was du tust, wäre alles in Ordnung. Wenn ich dort gewesen wäre, wäre das alles nicht passiert.«

Also sagte ich ihm, daß ich ihn deshalb nur um so mehr schätzte und daß ich niemals wieder versuchen würde, ohne ihn abzufliegen. »Wenn du dabei bist«, sagte ich, »kann ich mich einfach hinsetzen und entspannen, und du wirst mich zum richtigen Zeitpunkt ins richtige Flugzeug setzen.«

WARUM WIR BEIDE EIN GROSSARTIGES TEAM SIND

Vor einigen Jahren, als Bill in Pension ging, wurde er zum offiziellen »Laufjungen« von SPATULA ernannt. Obwohl er ein tüchtiger Mechaniker ist, hat Bill eine Vorliebe dafür, einfache Handwerksarbeiten zu erledigen. Es ist wichtig, daß alles richtig gemacht wird. Gemeinsam sind wir ein großartiges Team, und wir unterzeichnen sogar unseren Rundbrief *The Love Line* gemeinsam — »Barb und Laufjunge Bill«.

Ich bekam einst einen Brief von einer entzückenden SPATULANERIN, die 82 Jahre alt ist:

»Liebe Barbara und lieber Laufjunge Bill,
während ich Euer beider Namen schreibe, denke ich, ich würde Bill nicht erlauben, daß er sich »Laufjunge« nennen läßt! Ich habe es im Wörterbuch nachgelesen und festgestellt, daß es sich dabei um eine Art Erdhörnchen handelt, das auf dem Boden herumhuscht! Dann habe ich gelesen, daß Minnesota der ›Gopher State‹ genannt wird. Das paßt schon besser. Dann, als ich weiterlas, stellte ich fest, daß ein *gopher* eine geschäftige, hilfsbereite Person ist — ein Laufjunge, Assistent oder dergleichen! Und sieh einer an, das paßt nun wirklich tadellos. Jetzt ergibt alles einen Sinn. Er ist ein *Gentleman-Gopher* und ein *glorreicher Gopher!* Er ist auch ein *großzügiger Gopher,* weil er sich wirklich nicht lumpen ließ, was die Accessoires für dein Zimmerfahrrad anging — sogar einen Helm besorgte er! Ich bin so froh, daß Sie einen so netten Burschen geheiratet haben!«

Und das bin ich auch! Wir sind tatsächlich ganz unterschiedliche Menschen, aber das hält uns in Schwung. Ich bin schöpferisch und initiativ und flattere herum, während Bill mir auf den Fersen folgt, alles organisiert und aufpaßt, daß ich in der richtigen Richtung unterwegs bin. Wir haben beide unsere eigenen Gaben, und weil wir diese Gaben akzeptieren, können sie zusammenwirken und einer ganzen Menge anderer Leute neuen Mut machen. Ich kann es nicht besser in Worte fassen, als Bill selbst es vor kurzem tat. Ich hatte ihn (Mister Wumpfi) aufs Podium gebeten, als ich zum Ende meines Vortrags vor einer Frauengruppe in Arizona gekommen war. Und hier lesen Sie, was er sagte:

> »Es überrascht mich immer wieder, wenn ich sehe, was der Herr in unserem gemeinsamen Dienst gewirkt hat ... wie Er uns beide zusammengeführt hat. Aber mehr als alles andere habe ich gelernt, daß der Herr jedem von uns gewisse geistliche Gaben geschenkt hat, und es überrascht mich immer wieder zu sehen, welche Gaben meine Frau hat – wie sie imstande ist, mit anderen Kontakt aufzunehmen und sie zu beraten und zu reden und zu schreiben. Ich bin stolz darauf, daß ich sie begleiten kann. Der Herr hat uns beide zusammengeführt, damit wir einander ergänzen und nicht einer den anderen hinunterdrückt.«

Und damit wäre alles gesagt. Ich habe einen Wumpfi geheiratet, er hat eine Kumpfi geheiratet, und wir wünschen uns keinen anderen Partner!

Gedanken zum Mitnehmen

Wenn du etwas liebst, laß es frei,
wenn es zurückkehrt, hast du es nicht verloren,
wenn es verschwindet und niemals zurückkehrt,
hat es von Anfang an nicht dir gehört.
Und wenn es bloß dasitzt und Fernsehen guckt,
ohne zu merken, daß es freigelassen wurde,
dann hast du es wahrscheinlich bereits geheiratet.

Grußkarte

WAS IST SO BESONDERS AN »LIEBE AUF DEN ERSTEN BLICK«? WENN MAN SICH JAHRELANG ANGESEHEN HAT, DANN WIRD DIE SACHE ERST BEMERKENSWERT!
Anonym

EINE PERFEKTE EHEFRAU IST EINE, DIE KEINEN PERFEKTEN EHEMANN ERWARTET.
Anonym

Die Lebensalter der Frau:
    Als Säugling braucht sie Liebe und Fürsorge.
    Als Kind möchte sie Spaß haben.
    Als Twen möchte sie romantische Abenteuer erleben.
    In den Dreißigern sucht sie Bewunderung.
    In den Vierzigern sehnt sie sich nach Mitgefühl.
    In den Fünfzigern möchte sie Geld.

Es gibt keinen perfekten Ehemann, aus dem simplen Grund, daß es keine perfekten Menschen gibt, und kein einziger Mensch kann *alle* Bedürfnisse eines anderen befriedigen.
    Cecil Osbourne
    aus: »Die Kunst, Ihren Partner zu verstehen«

Neuntes Kapitel

Falten sind eine Botschaft, die Gott uns zukommen lässt: »Ich steige dir aufs Gesicht«

Du weißt, daß du wirklich alt wirst,
wenn du dich bückst, um dir die Schuhe zu binden
und dich fragst, was du noch tun könntest,
wo du schon einmal unten bist.

Zwei Stunden hatte mein Auftritt in der Talkshow gedauert, und ich hatte gesagt, was ich zu sagen hatte. Die Zeit war beinahe schon abgelaufen, als der Talkmaster sich mir zuwandte und sagte: »Barbara, wir haben gerade noch zwei Minuten Sendezeit übrig – würden Sie den Zuhörern da draußen jetzt noch etwas Ermutigendes sagen?«

Ich spürte einen Schauder von Panik. Ich war nicht mehr sicher, ob ich überhaupt noch wußte, wie ich heiße, und ich hatte bereits alles gesagt, was ich wußte – mir fiel nicht einmal mehr ein Bibelvers ein. Ich warf einen Blick in das kleine Freudenkästlein, das ich immer zu Interviews mitnehme, ob sich vielleicht unter all dem Krimskrams noch irgend etwas befand, das meine Zuhörerschaft ermutigen konnte. Dann fand ich voller Entzücken einen Autoaufkleber, den ich noch nicht benutzt hatte, und ich sagte: »Nun, es gibt durchaus etwas, das ich allen Leuten sagen möchte, und das ist: *»Das Leben ist hart, und dann stirbst du.«*

Der geschockte Gastgeber der Talkshow blickte mich an, als sei ich vor seinen Augen übergeschnappt.

»Äh ... nun ... Barbara ... du wirst uns jetzt sicher gleich sagen, warum das deiner Meinung nach ermutigend ist ...«, stotterte er.

Ich merkte, daß mein Gastgeber dachte: »*Jetzt bin ich aber gespannt, was sie* JETZT *macht!*« Ich wußte es auch nicht genau, aber ich stürzte mich kopfüber in die Schlacht.

»Was ich meine, ist: unser ABGANG aus diesem Leben hier ist unser großartiger EINGANG dort oben. Dieses Leben hier ist nicht das wirkliche Leben! Dieses Leben hier ist hart. Hier gibt es alle Arten von Schmerz, alle Arten von Problemen – Aids, Scheidung, Verbrechen, Krankheit ... Sünde. Das Leben ist hart, wie hart es sein kann. Aber mir gefällt, was meine kleine Enkelin mir sagte: ›Oma, du solltest nicht sagen, das Leben ist hart, und dann stirbst du; du solltest sagen, das Leben ist hart, und DANN KANNST DU ENDLICH STERBEN.‹

Ich glaube wirklich, daß das eine frohe Botschaft für Christen ist. Wir haben eine ENDLOSE HOFFNUNG, nicht ein HOFFNUNGSLOSES ENDE, und obwohl das Leben hart ist, werden wir eines Tages sterben, was wirklich nicht allzu schlimm ist – es bedeutet einfach, daß wir dieses Leben verlassen und zu unserem Herrn und Erlöser heimkehren, und was gibt es Schöneres?

Darum glaube ich daran, daß wir uns auf die Entrückung vorbereiten sollten, ... ich gehe oft in den Hinterhof hinaus und hüpfe auf und ab und bereite mich so auf die Entrückung vor, denn eines Tages werden wir hier abhauen. Ich liebe dieses Lied ›I'll fly away‹ (Ich fliege weg), weil ich weiß, daß meine Zukunft bei Ihm so gut aufgehoben ist. Dieses Leben ist für mich uninteressant, ... meine Schätze sind im Himmel und warten, daß ich ebenfalls dorthin komme! Was für ein Tag wird das sein, wenn wir Ihm unsere Kronen zu Füßen legen. Dieses Leben ist nur ein Schleier von Tränen, aber auf Erden gibt es keine Wunde, die der Himmel nicht heilen könnte. Das Leben ist hart und voller Mühsal, aber es dauert nur kurz ... dieses Leben ist nur ein Schatten, aber die Ewigkeit dauert FÜR IMMER AN!«

Als wir das Interview beendeten, flammten all die Lämpchen auf der Anzeigetafel auf einmal auf. Anscheinend wollten Dutzende Leute mit der Dame sprechen, die es wundervoll fand zu sterben!

BILLYS BUCH WAR ERMUTIGEND, NICHT DEPRIMIEREND

Von Zeit zu Zeit treffe ich Leute, die den Gedanken deprimierend finden: »Das Leben ist hart, und dann stirbst du.« Aber ich bin nicht ihrer Meinung. Wir alle werden älter, und wir alle werden sterben, es sei denn, der Herr kommt vorher wieder.

Warum sollten wir die Sache dann nicht positiv betrachten, anstatt ihr auszuweichen und sie als das schlimmste aller Übel zu betrachten?

Erst kürzlich saß ich im Flugzeug und las Billy Grahams Buch *Facing Death and the Life Hereafter (Im Angesicht des Todes und des Ewigen Lebens)*. Die Person, die neben mir saß, sagte: »Was für ein scheußliches Buch Sie da lesen — wie deprimierend!«

Ich lachte nur und sagte: »Es ist nicht deprimierend; es ist aufregend. Es ist ein wunderbares Buch.«

»Haben Sie Krebs oder so etwas?« wollte mein Sitznachbar wissen.

Ich erklärte ihm, daß wir alle lebensbedrohliche Krankheiten haben. Wir werden alle sterben, weil unsere Reise nur in eine Richtung geht. Für einen Christen ist es eine Pilgerreise, und ich glaube, Billy Grahams Buch über den Tod ist eines der aufregendsten Bücher, das ich je gelesen habe. Es erklärt uns, warum Christen dem Tod voller Freude, nicht in betrübter Stimmung entgegensehen. Wir alle sind auf dieser Straße ziemlich schnell unterwegs. Sie brauchen nicht lange in den Nachrufen in der Zeitung zu lesen, um zu sehen, daß jeden Tag Menschen sterben. Und wenn sie den Herrn nicht haben, haben sie nichts. Aber mit dem Herrn haben sie die Ewigkeit, Äonen und Äonen, die sie mit Ihm verbringen können.

Angesichts des Todes erleben Christen ihren endgültigen Triumph. Vielleicht haben Sie eine Krankheit und werden nicht wieder gesund. Wenn Gott Sie auch körperlich nicht heilt, so heilt Er Sie doch geistlich, und Sie verbringen die Ewigkeit mit Ihm.

Was mich angeht, so finde ich, daß wir alle Probleme, die uns bedrängen, als kurzfristige Prüfung betrachten können. Das wird Ihnen helfen, mit Ihrer Situation zurechtzukommen, ob Sie nun an Krebs leiden oder an Problemen in Ihrer Familie. Was immer es ist, es wird alles bald vorübergehen. Und was vor uns liegt, ist herrlich angesichts der Hoffnung, die wir als Christen haben.

Darum lache ich darüber, daß ich alt und übergewichtig werde. Sie können versuchen, dagegen anzukämpfen — und ich versuche es genauso wie alle anderen, aber letztendlich ist es gleichgültig. Wie heißt es doch auf einem Autoaufkleber:

ESSEN SIE RICHTIG, BLEIBEN SIE FIT, SIE STERBEN TROTZDEM

Ich höre oft das alte Klischee: »Frauen werden nicht älter – sie werden besser!« Die Frage, die ich dann immer stelle, heißt: »Besser als was?«

Kürzlich war ich in einem großen Kaufhaus unterwegs, um eine Nachtcreme zu kaufen, und die Verkäuferin (die für meine Begriffe wie vierzehn aussah) zeigte mir ein neues Produkt mit der Bezeichnung: »Tausendjähriges Reich«. Das klang irgendwie geistlich, also fragte ich sie, was das bedeutete. Sie sagte, es enthalte eine spezielle Komponente, die alte Haut wieder jung mache!

Und ich dachte insgeheim, daß es vermutlich tausend Jahre dauern wird, um das zu bewirken! Die Kosmetikfirmen bringen ständig Produkte heraus, die den Anspruch erheben, Wunder wirken zu können. Meine Freundin Joyce bestellte sich ein Wundermittel, das im Fernsehen beworben wurde. Es hieß: »Schlank im Schlaf«. Man sollte die Pillen abends einnehmen, sein Fett wegträumen und am Morgen schlank aufwachen! Die Werbung war verführerisch, aber das Produkt war ein totaler Mißerfolg – wie Sie sich vielleicht schon gedacht haben.

Wir können auf ein Wunder hoffen, aber es gibt keinen einfachen, raschen Weg, um wieder jung, schlank und lieblich zu werden. Während die Jahre vorübereilen, bekommt man allmählich den Eindruck, sich im Krieg zu befinden. Ständig ist man im Einsatz, um seinen Verstand zusammenzuhalten, seinen Körper funktionsfähig zu erhalten, seine Zähne und sein Haar zu behalten und sein Übergewicht loszuwerden. Das kann harte Arbeit sein. Es ist, als versuchte man einen Wasserball unter Wasser festzuhalten ... früher oder später gerät alles außer Kontrolle!

Ich gehöre nicht zu den »alten Leuten«!

Man sagt, in jedem alten Menschen steckt ein junger Mensch, der sich fragt, was bloß passiert ist, und so fühle ich mich tatsächlich den größten Teil des Tages. Bill und ich leben in einer Mobilhomesiedlung, und viele unserer Nachbarn sind Rentner. Das heißt, daß ein Großteil der Leute zu den älteren

Semestern gehört, und ich denke oft: *Ich gehöre nicht hierher… hier wohnen* ALTE *Leute.*

Erst kürzlich stießen Bill und ich auf den folgenden Text, der die Ansichten eines Kindes über das Pensionsalter wiedergibt (die ursprüngliche Quelle ist leider unbekannt). Es scheint, als hätte die Lehrerin nach den Weihnachtsferien die Schüler aufgefordert, einen Aufsatz darüber zu schreiben, wie sie ihre Ferien verbracht hatten. Ein kleiner Junge schrieb die folgende Geschichte:

>»Wir verbringen Weihnachten immer bei Oma und Opa. Sie wohnten früher in einem großen Ziegelhaus, aber Opa wurde in den Ruhestand versetzt, und sie zogen nach Florida. Sie wohnen in einer Siedlung mit einer Menge Rentner. Sie wohnen in Blechhütten. Sie fahren auf großen Dreirädern herum. Sie machen Spiele und Turnübungen, aber nicht sehr gut. Es gibt einen Swimmingpool, und sie gehen hinein und stehen mit dem Hut auf dem Kopf im Wasser. Ich nehme an, sie haben das Schwimmen verlernt. Meine Oma backte früher immer Plätzchen und solches Zeug, aber jetzt hat sie wohl vergessen, wie's geht. Wenn man in den Wohnpark kommt, steht dort ein Puppenhaus mit einem Mann drin. Er paßt den ganzen Tag auf, und sie können nicht raus, ohne daß er sie sieht. Sie tragen Schildchen mit ihrem Namen darauf. Ich nehme an, sie wissen nicht, wer sie sind. Meine Oma sagt, Opa hat sein Leben lang schwer gearbeitet und hat seinen Ruhestand verdient. Ich wünschte, sie würden wieder nach Hause ziehen, aber ich nehme an, der Mann im Puppenhaus läßt sie nicht raus.«

Vor einiger Zeit sprach ich in einem Altenwohnheim für Frauen, in dem ein Großteil der Zuhörerinnen auf Krücken ging und Hörapparate trug. Einige schliefen während meines Vortrags sogar ein! Ich tauschte mich mit ihnen aus und würzte meinen Vortrag mit ein paar kleinen Scherzen, zum Beispiel: »Falten sind die Art, wie Gott uns sagt: Ich steige dir aufs Gesicht«, und einem weiteren Spruch, den ich wirklich sehr gern habe:

GOTT MACHT DIE FÄLTCHEN, UM UNS ZU ZEIGEN,
WO EINST EIN LÄCHELN GEWESEN IST.

Als ich meinen Vortrag beendet hatte, kam eine reizende alte Dame zu mir und sagte: »Mrs. Johnson, mir hat das sehr gut gefallen, was Sie über Falten gesagt haben, und ich möchte Ihnen etwas für Ihr Freudenkästlein geben ...« Und dann reichte sie mir eine kleine blaue Spraydose, auf der stand: »FALTENFREI — sprühen Sie Fältchen einfach fort.«

Ich ging auf den Scherz ein und sagte ihr, ich könnte es nicht erwarten, nach Hause zu kommen und es auszuprobieren. Aber als ich dann das Etikett las, fand ich natürlich heraus, daß der Spray für Baumwolle, Leinen und Seide gedacht war — nicht für menschliche Haut!

Man kann nicht viel gegen Falten tun, obwohl vor allem Frauen es immer wieder versuchen und mit Facelifting, Peeling, Nachtcremes und so weiter dagegen ankämpfen. Ich habe eine Freundin, die fünfzig ist, aber den Leuten erzählt, sie sei sechzig; weil sie für sechzig *großartig* aussieht, aber *einfach grauenhaft* für fünfzig!

WENN SIE SICH NICHTS DRAUSMACHEN, KANN IHNEN DAS ALTER GLEICHGÜLTIG SEIN

Man sagt, man sei so alt, wie man sich fühlt; wenn man sich nichts draus macht, ist es gleichgültig, wie alt man ist. Der Jammer ist nur, daß es einer Menge Leute *durchaus* etwas ausmacht. Sie finden Trost in Zeitungsartikeln mit Schlagzeilen wie: »Das Leben wird schöner, wenn sie die Lebensmitte erreicht haben.« Einer Studie zufolge, die von einem Spezialisten durchgeführt wurde, sind Frauen in mittleren Jahren unabhängiger, haben mehr Selbstvertrauen und kommen besser mit dem Alltag zurecht. Dieser Forscher sagte: »Obwohl wir nicht behaupten können, daß das Leben für Frauen mit vierzig beginnt, so konnten wir doch feststellen, daß das Leben dieser Frauen reicher und befriedigender wird, sobald sie sich den mittleren Lebensjahren nähern.«

Ich nehme an, in den Entdeckungen dieses Mannes steckt ein Körnchen Wahrheit. Eine beträchtliche Anzahl von uns Frauen würde ihm freilich gerne sagen, daß das Leben mit vierzig beginnt ... ja, aber zu verfallen beginnt!

Frauen stehen unter ungeheurem Druck, ständig jung und reizvoll auszusehen. Es ist eine traurige Tatsache, daß die

Jugend jener kurze Zeitraum zwischen dem ersten Büstenhalter und den ersten Venenstützstrümpfen ist. Ich sage oft, daß ich mich irgendwo zwischen Östrogen und Tod befinde, aber jemand hat mich einmal korrigiert und mir gesagt, ich lebte irgendwo zwischen der Blauen Lagune und dem Goldenen Teich.

Es gibt verschiedene Anzeichen dafür, daß Sie älter werden:
* Alles tut weh; was nicht weh tut, funktioniert nicht.
* Sie brauchen Ihre ganze Kraft, um die Nummer für ein Ferngespräch zu wählen.
* Und wissen Sie, warum Frauen über fünfzig kein Baby mehr bekommen? Weil sie es irgendwo hinlegen und vergessen würden, wo sie es hingelegt haben!

DIE MACHT, ERINNERUNGEN ZU SCHAFFEN

Wir haben einige unserer besten Tage mit unseren Kindern verbracht, und ich bin überzeugt, Sie können dasselbe von sich sagen. Ich glaube, eine der echten Freuden beim Älterwerden ist die Möglichkeit, auf jene Zeiten zurückzublicken, in denen unsere Kinder uns so viel Spaß gemacht haben – von den paar Nervenzusammenbrüchen mal abgesehen.

Als ich einmal vor einer Gruppe sprach, widmete ich einen ganzen Absatz meines Vortrags dem Thema »Bauen Sie ein Lachen in Ihre Wände ein«, indem man sich bewußt bemüht, schöne Zeiten mit der Familie zu schaffen, an die man sich später gerne erinnert. Eine junge Frau kam daraufhin zu mir und sagte: »Ich habe Ihr Buch darüber gelesen, daß die Erlebnisse von heute die Erinnerungen von morgen sind. Als ich damit fertig war, sagte ich zu den Kindern: ›Jetzt machen wir ein paar Erinnerungen!‹ Ich machte eine ganze Anzahl Fotos von meinen Kindern und klebte sie in Fotoalben, und wir drehten sogar ein paar Videos.«

Nachdem sie mir geschildert hatte, wie sie viele wunderschöne Erinnerungen fabriziert hatte, erzählte sie mir von einem Zwischenfall mit ihrem Sohn:

»Mein Sohn, Jimmy, ist sieben Jahre alt, und eines Tages kam er von der Schule nach Hause und sagte: ›Oh, ich habe heute keine Hausaufgaben – ich gehe Skateboardfahren, und dann sehe ich fern, und nachher mache ich mir noch einen schönen Abend, denn heute habe ich keine Hausaufgaben.‹«

Diese Mutter sagte mir, sie hätte sich für ihren Sohn gefreut, und sie ließ ihn skateboardfahren. Nach dem Abendessen sah er lange fern, und gegen 21 Uhr ging er zu Bett. Sie und ihr Mann saßen noch bis gegen elf Uhr nachts vor dem Fernsehapparat und wollten ihn eben ausschalten und ihrerseits zu Bett gehen. Sie gratulierte sich selbst gerade dazu, daß sie alles für den nächsten Tag bestens vorbereitet hatten, aber als sie die Stiege hinaufblickte, stand dort der kleine Jimmy, eine Jammergestalt in seinem Pyjama. Jimmy sagte mit kläglicher Stimme: »Es ist mir gerade wieder eingefallen — ich muß morgen eine plastische Landkarte von Venezuela in die Schule mitbringen.«

Nun wissen praktisch alle Eltern, daß plastische Landkarten aus Salzteig etwas sind, das Lehrer ihren Schülern aufdrücken, wenn sie die Eltern zum Wahnsinn treiben wollen. Schließlich ist es die Mama, an der es schlußendlich hängenbleibt, ihrem Kind bei der Karte zu helfen. Da standen sie nun um elf Uhr nachts. Klein Jimmy hatte den ganzen Abend mit Skateboardfahren und Fernsehen verbracht und jede Menge Spaß gehabt, und *jetzt* war die Salzteigkarte dran.

Mama sagte: »Hol das Salz, hol das Mehl. Wo ist denn eigentlich Venezuela?« Und so rannten sie wie die aufgescheuchten Hühner herum, um all das Zeug zusammenzukriegen. »Wo ist die blaue Malfarbe? Wo ist die grüne Malfarbe?« Ihr Mann war natürlich zu Bett gegangen. Das Ganze war nicht *sein* Problem. Er schlief tief und fest und träumte von den Bermuda-Inseln, nicht von Venezuela.

Der kleine Jimmy tat sein Bestes, sich nützlich zu machen. Er saß da und rieb sich den Schlaf aus den Augen, während er seine Version von Venezuela zeichnete, und Mama werkelte derweil in der Küche herum und gab verzweifelte Geräusche von sich. Schließlich blickte er auf und fragte unter Tränen: »Mama, machen wir jetzt auch eine Erinnerung?«

So verzweifelt diese Mutter in dieser Nacht auch war — sie wird niemals die Salzteigkarte von Venezuela und diese kostbaren Worte von ihrem kleinen Burschen vergessen. Und es wird eine unbezahlbare Erinnerung sein, die sie für nichts auf der Welt eintauschen würde. Wenn man älter wird, werden Erinnerungen kostbar wie Gold. Sie werden wertvoller als ein Haufen Antiquitäten und anderer »Dinge«, die man ansammelt. Ich liebe die folgende Erkenntnis zum Thema Erinnerungen. Irgend jemand hat den Text aus einer Kirchenzeitung ausgeschnitten und mir geschickt. Ich finde, er enthält eine bemerkenswerte Botschaft:

> »Während wir durchs Leben gehen, füllt jeder von uns ein Notizbuch mit Erinnerungen, ob wir unsere Notizen nun auf Papier eintragen oder nur die Blätter unserer Seele damit füllen. Es ist wichtig, daß wir jeden Tag einige Kleinigkeiten niederschreiben — für die Zeit, in der diese Notizen unsere höchste Freude sein werden. Also notieren Sie den Tag, an dem der Flieder blühte, den Tag, an dem Ihr kleiner Sohn einen Löwenzahn für Sie pflückte, den Tag, an dem die Meisen das Vogelhäuschen entdeckten, das Sie ihnen gebaut hatten. In dieser Zeit großer Dimensionen würden uns die großen Dinge erdrücken, wenn wir die Worte des Einen vergäßen, der uns ermahnte, an die Lilien auf dem Felde zu denken und nicht zu sorgen.«

In Anbetracht meines Zustandes geht es mir gut

Natürlich tun wir alles, was in unserer Macht steht, um gegen das Alter anzukämpfen, aber wir verlieren die Schlacht. Dennoch schmeicheln wir uns gerne, daß wir die Sache in den Griff kriegen, daß wir immer noch in ziemlich guter Form sind.

Ich habe nie viel für Gymnastik übrig gehabt. Ich war immer derselben Meinung wie der folgende Autoaufkleber:

SO OFT ICH AN GYMNASTIK DENKE,
LEGE ICH MICH RUHIG HIN,
BIS DER GEDANKE VERSCHWUNDEN IST.

Das ist jetzt nicht mehr der Fall. Vor einigen Jahren kaufte Bill mir ein grandioses Zimmerfahrrad und installierte es in meinem Freudenkämmerchen neben dem Fernseher und meinem Telefon, das die Form von Kermit, dem Frosch, hat. Er grub sogar einen alten Sturzhelm in der Garage aus und schlug vor, daß ich ihn tragen sollte, während ich auf meinem Zimmerfahrrad fahre!

Also setzte ich den Helm auf und strampelte fröhlich dahin, aber allmählich wurde es ziemlich langweilig, einfach nur in die Pedale zu treten und nirgends hinzugelangen und niemandem zu begegnen. Also erfand ich eine Methode, die mich den Leuten in meiner SPATULA-Familie näherbringen würde, ohne daß ich mein Freudenkämmerchen verlassen mußte. Ich beschloß, mit dem Fahrrad quer durch die Vereinigten Staaten zu fahren, ohne mein Haus dabei zu verlassen. Es mag Leute geben, die das für verrückt halten, aber für mich war es einfach ein großer Spaß.

Als erstes kaufte ich eine große farbige Landkarte der Vereinigten Staaten und hängte sie genau vor meinem Fahrrad auf, so daß ich sie beim Fahren vor Augen hatte. Dann besorgte ich mir ein paar Reißzwecken mit bunten Köpfen, und so oft ich 25 Meilen auf dem Fahrrad zurückgelegt hatte, bewegte ich die Nadel entsprechend weiter. Bei einer Quote von zehn bis fünfzehn Meilen pro Tag brauchte ich etwa vier Monate von Los Angeles bis Denver.

Ich bewahre meine nach Postleitzahlen geordnete Liste von Freunden griffbereit neben dem Fahrrad auf, und so oft ich in die Nähe einer bestimmten Stadt komme, schlage ich nach, wer dort wohnt. Und dann bete ich für diese Menschen und ihre speziellen Probleme und bitte Gott, ihnen an diesem Tag besonders nahe zu sein — sie in die warme, tröstliche Decke Seiner Liebe zu hüllen und sie den ganzen Tag lang Seine Nähe spüren zu lassen.

Ich habe tatsächlich jeden einzelnen Staat in den USA auf diese Weise besucht, sogar Alaska! Wenn ich wußte, daß ich mich in einem Staat befand, in dem kaltes Wetter herrscht, setzte ich Ohrenschützer auf und wickelte einen Schal um den Hals, einfach, um mich wirklich hineinfühlen zu können. Und wenn ich unten in Florida war oder vielleicht in Hawaii, trank ich in kleinen Schlückchen Eistee, während ich dahinstrampelte.

Es gibt Leute, die sich Kassetten anhören, während sie auf ihrem Zimmerfahrrad fahren, andere sehen fern, und manche versuchen sogar zu lesen. Das sind alles gute Ideen, aber ich meine doch, daß ich die beste Idee von allen gehabt habe — etwas, das Pep in mein Gebetsleben gebracht hat. Während ich »durchs Land fahre«, bete ich gezielt für jeden einzelnen in meiner SPATULA-Familie, und auf diese Weise habe ich mein geistliches Leben im selben Ausmaß gestärkt wie mein Herz und meine Lungen.

Bin ich dabei schlanker geworden? Nicht viel (in Wirklichkeit habe ich eine Traumfigur; ich bedecke sie nur mit Fett, damit sie nicht zerkratzt wird). Aber meine Liebe für all jene, denen ich zu helfen versuche, ist inniger geworden, während ich Meile um Meile dahingestrampelt bin. Zur Zeit mache ich meine zweite Radtour durch die Vereinigten Staaten und befinde mich gerade in der Nähe von Kankakee, Illinois. Um mir Schwung zu geben, habe ich einen Autoaufkleber an die Wand gehängt, der mich daran erinnert:

> GEHIRNZELLEN KOMMEN UND GEHEN,
> ABER FETTZELLEN BLEIBEN BESTEHEN!

Der Augenblick der Führerscheinwahrheit

Es ist noch nicht lange her, da mußte ich meinen Führerschein erneuern lassen, und als der neue eintraf, war ich angenehm überrascht. Im Vergleich mit dem Foto auf dem anderen, der vor vier Jahren ausgestellt worden war, hatte ich mich VERBESSERT! Die Erklärung war nicht schwierig. Vor vier Jahren befand ich mich dermaßen in der Mangel und so weit im »Zombieland« – an dem Ort, den eine meiner Freundinnen »die Zwielicht-Zone« nennt –, daß jedes Foto den Schock widerspiegelt, den die Probleme in meiner Familie mir versetzt hatten.

Vielleicht kennen Sie die peinlichen Sekunden, wenn Sie Ihren Führerschein hervorholen, um sich auszuweisen, und bemerken, wie der Betreffende das Foto anstarrt und Sie dann in Augenschein nimmt. Dieser Mensch wundert sich ganz offenkundig: *Das sollen Sie sein?* Natürlich überschlagen Sie sich vor Erklärungen, wie es dazu gekommen ist, daß das Foto in Ihrem Führerschein Ihre »wahre Schönheit« nicht zeigt. Das ist ein weitverbreitetes Erlebnis. Aber in meinem Fall hatte ich auf dem früheren Führerschein dermaßen grausig ausgesehen, daß der neue demgegenüber richtig schmeichelhaft war. An dem Tag hat mein Herz gelächelt!

Die Sache mit dem Führerschein erinnerte mich jedoch auch an die Veränderungen, die die Jahre uns bringen können. Der typische Führerschein hat freie Spalten, in die man seine Augenfarbe, Haarfarbe, Gewicht usw. einträgt. Ist es nicht merkwürdig, daß Frauen ihr Leben lang dasselbe Gewicht eintragen wie damals mit sechszehn, als sie ihren ersten Führerschein machten? Und wie kommt es, daß manche Männer einen Führerschein haben, der vor Jahren ausgestellt wurde und in dem immer noch steht: »Haarfarbe: braun«, obwohl ihnen längst das letzte Haar ausgegangen ist und sie vollkommen kahl sind?

Sagen Sie mir, haben Sie jemals einen Führerschein mit zutreffenden Beschreibungen gesehen? Wie steht es eigentlich mit Leuten, die ein braunes und ein blaues Auge haben? Dergleichen ist im Führerschein nicht vorgesehen. Oder wie ist es mit den Frauen, die ihre Haarfarbe so oft wechseln, daß nur mehr ihr Friseur die Wahrheit kennt und es Wochen gibt, in denen *sie selbst* nicht mehr vollkommen sicher sind?

Ja, die Jahre bringen viele Veränderungen mit sich, und man sagt oft, daß wir mit dem Älterwerden etwas entwickeln, das man das »Versteinern der Haltungen« nennt. Auf dem Führerschein ist keine Spalte vorgesehen, in der man seine Haltungen eintragen könnte. Aber Sie müssen sich nur auf die Autobahn hinauswagen, um blitzartig festzustellen, daß manche Leute tatsächlich verhärtet sind, und wie!

Ich möchte nicht, daß man mir das nachsagt. Tatsächlich ist das folgende Gedicht eines namenlosen Poeten mein tägliches Gebet.

WENN ICH ÄLTER WERDE

Herr, du kennst mich besser, als ich selbst mich kenne,
   Du weißt, daß ich älter werde und eines Tages alt sein werde.
Bewahre mich davor, geschwätzig zu werden, und vor allem vor der fatalen Gewohnheit, zu meinen, ich müßte bei jeder Gelegenheit zu jedem Thema mitreden. Bewahre mich vor dem Verlangen, aller Leute Probleme ausbügeln zu wollen.
Befreie mich von der Neigung, mich in Einzelheiten zu verlieren
   und gib mir Flügel, zur Sache zu kommen.
Ich bitte um die Liebenswürdigkeit, den Geschichten anderer zu lauschen,
   hilf mir, sie mit Geduld zu ertragen, aber versiegle meine Lippen,
was meine eigenen Schmerzen und Leiden betrifft. Sie wachsen ständig,

und meine Neigung, davon zu reden, wächst ebenfalls mit den Jahren.
Lehre mich die wunderbare Erkenntnis, daß ich möglicherweise
hin und wieder im Irrtum bin.
Sorge dafür, daß ich in vernünftigen Grenzen liebenswert bin.
Ich will keine Heilige werden — manche von ihnen sind schwer zu ertragen —
aber ein böses altes Weib ist eines der Meisterwerke des Teufels.
Mach mich nachdenklich, aber nicht trübsinnig; hilfsbereit, aber nicht wichtigtuerisch. Bei meinem großen Schatz an Weisheit
scheint es ein Jammer, die Allgemeinheit nicht
daran teilhaben zu lassen — aber Du weißt es, Herr:
ich möchte zuletzt noch ein paar Freunde haben.

»Zuletzt noch ein paar Freunde haben« ist das einzige, worauf Sie vernünftigerweise hoffen können. Ihr bester Freund sollte, das muß ich wohl nicht extra sagen, der Herr sein; aber Sie möchten sicher auch noch ein paar andere haben. In den vergangenen Jahren wurden eine ganze Menge Bücher über Freundschaft geschrieben — wie man Freunde findet, wie man ein Freund ist; und obwohl ich selbst keine Bücher über Freundschaft geschrieben habe, glaube ich das Geheimnis zu kennen. Sie werden es im nächsten Kapitel herausfinden.

Gedanken zum Mitnehmen

IHR ALTER IST NICHT SO WICHTIG,
ES SEI DENN, SIE WÄREN EIN KÄSE.
Autoaufkleber

ESSEN SIE DIE NACHSPEISE ALS ERSTES!
DAS LEBEN IST NUN MAL EINE UNSICHERE SACHE.
Autoaufkleber

Denken Sie daran, alte Leute sind ein Vermögen wert mit all dem Silber in ihrem Haar, Gold in den Zähnen, Steinen in den Nieren und Blei in den Füßen.

> MAN HÖRT NICHT ZU LACHEN AUF,
> WEIL MAN ÄLTER WIRD.
> MAN WIRD ÄLTER,
> WEIL MAN ZU LACHEN AUFGEHÖRT HAT.
>
> Autoaufkleber

> Manche Leute verlieren ihre Schönheit nie,
> ganz gleich, wie alt sie werden —
> sie verschieben sie nur vom Gesicht ins Herz.
>
> Autor unbekannt

> ARBEITEN SIE FÜR DEN HERRN. DIE BEZAHLUNG
> IST NICHT DER REDE WERT,
> ABER DIE RUHESTANDSREGELUNG
> IST EINFACH ÜBERIRDISCH.
>
> Autor unbekannt

> Denn ich bin gewiß, daß weder Tod noch Leben, weder Engel noch Mächte noch Gewalten, weder Gegenwärtiges noch Zukünftiges, weder Hohes noch Tiefes noch eine andere Kreatur uns scheiden kann von der Liebe Gottes, die in Jesus Christus ist, unserem Herrn.
>
> Römer 8,38+39

Zehntes Kapitel

Ich kann mich nicht erinnern, dass ich um irgend etwas von all dem gebeten hätte

Ermutigender Gedanke für die Woche:
Essen Sie zum Frühstück eine lebendige Kröte,
dann kann Ihnen für den Rest des Tages
nichts Schlimmeres mehr passieren!

Ich bekomme oft »ermutigende Gedanken« von meiner guten Freundin Mary Lou zugesandt, und einer ihrer Beiträge erreichte mich genau zum richtigen Zeitpunkt an einem Tag, an dem ich vor lauter Bemühen, anderen aus der Grube zu helfen, beinahe selbst wieder hineingefallen wäre. Ich öffnete den Briefumschlag und fand eine Witzzeichnung mit einer verdutzt dreinblickenden Frau, die an Händen und Füßen gefesselt auf den Eisenbahnschienen liegt. Der Text lautete: »Kann mich nicht erinnern, daß ich um irgend etwas dergleichen gebeten hätte!« Während ich noch kicherte, dachte ich: *Das stimmt! Ich habe um nichts dergleichen* GEBETEN, *aber genau das habe ich* BEKOMMEN, *also werde ich mich an meinen eigenen Rat halten, und die Freude wählen!*

Dieser kleine Briefumschlag von Mary Lou enthielt nichts Teures, Tiefsinniges oder »geistlich Wertvolles«, dennoch heiterte er mich auf und gab mir für den Rest des Tages neuen Schwung. Ich glaube, das ist das Geheimnis wahrer Freundschaft – immer auf der Suche nach Mitteln und Wegen zu sein, um andere zu ermuntern und zu ermutigen. Sprüche 11,25 enthält so viel Weisheit. In einer modernen Übersetzung lautet der Vers:

WER ANDERE AUFMUNTERT,
DER WIRD SELBST AUFGEMUNTERT WERDEN.

Wenn Sie andere aufmuntern, erleichtern Sie zugleich auch Ihren eigenen Schmerz. Vielleicht machen Sie gerade jetzt eine schmerzvolle Zeit durch oder versuchen, über einen einschneidenden Verlust hinwegzukommen. Wenn das der Fall ist, dann versuchen Sie es einmal damit, das Leben eines anderen Menschen zu »erfrischen oder zu erquicken«; und während Sie diesem anderen Menschen Mut zusprechen, werden Sie feststellen, daß Ihre eigene Last leichter wird.

Wie ich schon im ersten Kapitel dieses Buches sagte, ist Schmerz unvermeidlich. Der Trick besteht darin, Methoden zu entwickeln, daß aus dem Schmerz kein Elend wird. Wenn mir also jemand ein Briefchen, eine Postkarte, einen Zeitungsausschnitt schickt oder ich einen Anruf bekomme, der meine Laune hebt, dann drängt es mich, mir Mittel und Wege auszudenken, wie ich andere erfrischen und ermutigen kann. Meine Frage lautet immer: »Wie kann ich dir helfen, den Schmerz in deinem Leben zu lindern? Womit kann ich dir Mut machen?« Wir können einander den Schmerz nicht abnehmen, aber wir können ihn verkleinern. Das ist meiner Meinung nach der Sinn und Zweck unseres SPATULA-Dienstes — wir helfen Menschen, mit einem Schmerz zu leben, der unvermeidlich ist; wir bringen ihnen Ermutigung, Freude und sogar ein kleines Lächeln, um diesen Schmerz wegzuspülen.

MEINE LIEBLINGSGESTALT IN DER BIBEL

Al Sanders, der Gastgeber von »Vox Pop«-Radio, stellte mir eine Frage, die mich sehr nachdenklich machte: »Wenn Sie Gottes Wort, die Bibel, in Gedanken durchgehen, wer würden Sie dann gerne sein?«

Meine Antwort lautete, daß ich gerne wie Onesiphorus wäre, der Mann, von dem Paulus sagte: »Der Herr gebe Barmherzigkeit dem Hause des Onesiphorus, denn er hat mich oft erquickt und sich meiner Ketten nicht geschämt« (2. Tim 1, 16). Ich muß zugeben, daß Onesiphorus ein etwas verschwommener Charakter ist. Er wird nur einmal in der ganzen Bibel erwähnt, und sein Name klingt wie eine Krankheit! Aber wenn ich in den Himmel komme, werde ich ihn heraussuchen und ihm erzählen, daß ich einen großen Teil meines Lebens damit verbracht habe, ihm ähnlich zu sein.

Eine moderne Übersetzung von 2. Timotheus 1,16 besagt, Onesiphorus' Besuche hätten Paulus erquickt »wie eine frische Brise«. Da saß Paulus im Gefängnis und wartete auf seine Hinrichtung. Alle außer Lukas hatten ihn verlassen. Dann suchte Onesiphorus, sein alter Freund aus Ephesus, überall nach ihm, und schließlich fand er ihn in Ketten und munterte ihn auf.

»Erquicken« bedeutet wörtlich »aufmuntern, durch Zufächeln frischer Luft wiederbeleben, abkühlen«. Die Bibel sagt uns nichts darüber, was Onesiphorus im einzelnen tat, um Paulus zu erquicken, aber schon die bloße Tatsache, daß er so viel Zeit aufwandte, um Paulus zu finden, muß eine Ermutigung dargestellt haben. Und Onesiphorus schämte sich nicht für Paulus, weil dieser in Ketten lag. Er ermutigte Paulus, als dieser müde und einsam war, indem er ihn wissen ließ, daß es immer noch jemanden gab, dem er am Herzen lag.

Ein erfrischendes Briefchen

Ich höre mir regelmäßig zwei Radioprogramme an, »Focus on the Family« (»Brennpunkt Familie«) von Dr. James Dobson und »Insight into Living« (»Einblick ins Leben«) von Chuck Swindoll. Und ich bin durch ihre ausgezeichneten Erkenntnisse so erfrischt und ermutigt worden.

Vor einiger Zeit widmete Chuck Swindoll eine ganze Radiopredigt einem Mann namens Epaphroditus, und während ich mir seine Kassette anhörte, merkte ich, daß er wiederholt sagte, Epaphroditus sei der Mann gewesen, der Paulus im Gefängnis »erquickt« habe. Nun ist Chuck Swindoll einer der besten Bibelkenner im Lande, aber mir wurde klar, daß er Epaphroditus mit Onesiphorus verwechselt hatte! Ich hatte mich gerade ein wenig mit obskuren Charakteren in der Bibel befaßt und Onesiphorus war einer der Charaktere, die ich studiert hatte. Epaphroditus kam Paulus im Gefängnis besuchen und brachte ihm ein Geschenk von der Gemeinde in Philippi (vgl. Phil 2,25-30). Aber 2. Timotheus 1,16 sagt klar und deutlich, daß Onesiphorus der Mann war, der Paulus fand und ihn mit seinen Besuchen *erquickte*.

Ich konnte es mir also nicht verkneifen, Chuck ein Briefchen zu schreiben, in dem es hieß: »Ich habe Ihre Predigt über Epaphroditus gehört, und er war nicht der Mann, der Paulus erquicken kam – das war Onesiphorus.« Ich schickte das Briefchen mit einem flauen Gefühl im Magen ab – wer bin ich schon, daß ich es wagen darf, Chuck Swindoll in Frage zu stellen, wo es um die Bibel geht?

Kurz darauf bekam ich einen Brief von Chuck, in dem es hieß:

>»Liebe Barbara,
>danke für Deine Nachricht.
>Du hast recht – es WAR Onesiphorus, nicht Epaphroditus. Es ist so leicht, die Jungs durcheinander zu bringen. Da sieht man erst, wie wenig bekannt sie sind ... Mit dankbarem Herzen und lieben Grüßen.
>
>Chuck Swindoll«

Einer der größten Bibellehrer Amerikas war ehrlich genug, zuzugeben, daß er einen Fehler gemacht hatte, und er *dankte mir für die Korrektur! Das* war nun wirklich erquickend! »Wer reichlich gibt, wird gelabt, und wer reichlich tränkt, der wird auch getränkt werden« (Sprüche 11,25). Chucks liebenswürdige Antwort erquickte mich nicht nur, sie motivierte mich auch, meine Bemühungen, in Onesiphorus' Fußtapfen zu treten, zu verdoppeln – eine erquickende Person zu sein, mein Leben in andere zu investieren und zu wissen, daß wir in dem Maße, in dem wir andere erquicken, selbst erquickt werden.

GLASMURMELN ODER WEINTRAUBEN?

In einer seiner Radiopredigten ließ uns Chuck Swindoll an einem weiteren erfrischenden Gedanken teilhaben. Er sagte, Christen könnten wie ein Sack Glaskugeln sein – gefühllos, lieblos, hart aufeinanderprallend. Oder sie könnten fürsorgliche Leute sein – wie ein Säckchen voll Weintrauben, die sich aneinander drücken und einen weichen, liebevollen Zufluchtsort schaffen, an dem sie einander trösten und vor den harten Schlägen des Lebens beschützen. Keine Frage, zu welcher Sorte Onesiphorus gehörte. Wenn Sie nächstes Mal mit einem leidenden Menschen sprechen, dann entscheiden Sie sich, was Sie lieber sein möchten: eine weiche, gemütliche Weintraube, ein Teilchen von Gottes erquickendem Weinberg, oder eine harte, klappernde Glasmurmel, die sich keinen Deut um diejenigen schert, die vor ihren Augen zerquetscht werden.

Shannon, meine liebe Schwiegertochter, hörte mich bei einem Treffen über Glaskugeln und Weintrauben im christlichen Leben sprechen und ging nach Hause und zeichnete den kleinen Comicstrip auf dieser Seite. Ursprünglich erschien er in unserem Rundbrief »*The Love Line*«, und ich glaube, er sagt mehr als viele Worte.

Hallo, ich bin eine kleine Pampelmuse und suche nach einem gemütlichen Plätzchen!

Autsch! Diese Glasmurmeln sind so schrecklich hart ...

Mmm ... weich und gemütlich. Hier gefällt es mir!

Diese Zeichnung – Glasmurmeln oder Weintrauben? – erinnert mich an etwas, das Louis Paul Lehmann einst im *Calvary Church Bulletin* in Grand Rapids, Michigan, schrieb, wo er viele Jahre als Pastor tätig war:

> Berühren Sie irgend jemanden mit einem warmherzigen Wort. Erwärmen Sie jemandem mit einem aufrichtigen Lächeln. Trösten Sie andere, wie Sie selbst getröstet wurden (2. Kor 1,4). Stehen Sie jemandem bei, der auf sich allein gestellt ist. Die »mitfühlende Träne« und das widerhallende Lachen können beide einen kalten Tag erwärmen. Wärme ist, wie ein Lied, von einer Art, daß man sie nicht weitergeben kann, ohne selbst daran Freude zu haben.

Der Leib Christi soll jene erwärmen, die unter der Kälte leiden. Wie Jakobus sagte, genügt es nicht, wenn wir den Leuten sagen: »Geht hin in Frieden, wärmt euch und sättigt euch!« (Jak 2,16) Wir müssen uns um ihre Bedürfnisse kümmern, seien sie nun körperlicher oder seelischer Natur.

Was war das für eine schreckliche Woche!

Haben Sie jemals ein Jahr, eine Woche oder einen Tag durchlebt, wo Sie nicht einmal mehr ein einziges, unbedeutendes Ärgernis ertragen konnten? Ich hatte erst kürzlich einen solchen Tag, als ich mich auf einen Vortrag im Rahmen einer Rüstzeit in den Bergen vorbereitete. Ich hatte kein Badesalz mehr, also gab es kein Schaumbad. Ich hatte eine Laufmasche in meinem letzten Paar Strümpfe, die noch in der Schublade lagen, und das Telefon schrillte pausenlos. Am Draht waren leidende Menschen, und die Beratungen dauerten länger als gewöhnlich. Und außerdem war die tägliche Post voll von Anfragen, die erledigt werden mußten, bevor ich auch nur daran denken konnte, die Stadt zu verlassen.

Ich weiß, es gibt schwerwiegendere Probleme auf der Welt, aber meine hatten sich zu Bergen aufgetürmt und drohten mich zu erdrücken. Den ganzen Morgen hielt ich Ausschau nach einer kleinen Ermutigung, einem kleinen *aufbauenden* Erlebnis, das den Tag weniger strapaziös machen würde. Ich suchte sogar mein Freudenkämmerchen auf und versuchte, mich an vergangene Freuden zu erinnern, aber an diesem Tag erschien es mir, als sollte es gar nicht so leicht sein, Freude zu finden.

Ich eilte zum Supermarkt hinunter, um ein paar Vorräte einzukaufen, die ich unterwegs brauchen würde. Prompt geriet ich an ein abgewracktes Einkaufswägelchen, bei dem sich die Räder in verschiedene Richtungen drehten. Als ich es bis zur Kasse geschafft hatte, fühlte ich mich von neuem der Verzweiflung nahe, denn die Kasse war für Kunden mit weniger als zehn Artikeln geschlossen. Ich hätte jedes Recht gehabt, mich an der Schnellkasse anzustellen, aber jetzt mußte ich mich zwischen zwei anderen Kassen entscheiden. Vor jeder stand eine Schlange von Frauen, die aussahen, als hätten sie eben den gesamten Bedarf der U.S.Army eingekauft.

»Bitte, Herr!« betete ich. »Ich brauche heute nur eine ganz kleine Ermutigung. Kann nicht irgend etwas passieren, das mich wissen läßt, daß Dir diese schwarze Wolke in meinem Herzen nicht gleichgültig ist?«

Im selben Augenblick stellte sich ein junger Mann an eine leere Kasse neben derjenigen, an der ich mich angestellt hatte, an und sagte: »Junge Dame, kommen Sie doch hier herüber, hier kommen Sie schneller dran!«

Ich sah mich um und sah niemand anderen, also redete er tatsächlich mit mir. Vielleicht war es das *junge Dame,* das mich so aufheiterte. Aber vor allem war es wohl das Wissen, daß ich nicht verlassen war. Ich glaubte, er machte diese Kasse *für mich ganz allein* auf, so daß ich an all den anderen Frauen mit ihren übervollen Einkaufswagen vorbeihuschen konnte. Was für eine einfache Art, an Gottes beständige Fürsorge erinnert zu

werden. Freude ist nicht immer leicht zu finden. Manchmal sind Diamanten an Orten versteckt, wo wir ihr Funkeln nicht sehen können, aber wir müssen trotzdem weiterhin nach ihnen suchen.

An diesem Tag im Supermarkt war ich niedergeschlagen und am Boden zerstört und frustriert, weil es aussah, als müßte ich eine Ewigkeit warten, bis ich mit meinen paar Kleinigkeiten durch die Kasse kam, und ich hatte einfach nicht die Zeit, so lange zu warten. Aber im nächsten Augenblick war ich fröhlich, entzückt und ermutigt, weil ich nun *als erste* in der Schlange stand. Den Rest der Woche schien einfach nichts zu klappen, aber an diesem Tag im Supermarkt umhüllte mich ein kleines Funkeln der göttlichen Fürsorge mit Seiner Liebe.

Und einige Tage später sprang mir eine kleine Witzzeichnung in die Augen, als ich müßig in einer Zeitschrift blätterte. Die Worte lauteten: »Das Leben ist rosarot, wenn ich als erste in der Schlange stehe!« Das Bild zeigte eine Frau, die einen Einkaufswagen schiebt. Gott erinnerte mich an die Freude, die ich einige wenige Tage zuvor empfunden hatte. Und ich fühlte mich von neuem in die warme, tröstliche Decke seiner Liebe eingehüllt! Ich glaubte ganz fest daran, daß Gott selbst in winzigen Kleinigkeiten für uns sorgt, damit wir überreichliche Freude haben mögen!

Die Menschen leiden auf so vielfältige Weise, und es scheint so viele *freudlose* Menschen zu geben. Selbst diejenigen unter uns, die die tiefe, dauerhafte Freude empfinden, die nur der Herr schenken kann, wanken manchmal unter der Last all des Mülls, den das Leben uns auflädt. So oft Sie also einen Einkaufswagen sehen, lassen Sie sich daran erinnern, daß Gott Ihnen Seine Fürsorge zeigen kann. Daran können Sie dieselbe ekstatische Freude empfinden, die ich empfand, als ich feststellte, daß ich die *erste* (und einzige) in der Schlange war!

HABEN SIE SICH SCHON MAL WIE DON QUICHOTTE GEFÜHLT?

Erinnern Sie sich an Don Quichotte, der einen Großteil seines Lebens damit verbrachte, mit Windmühlen zu kämpfen? Vielleicht kennen Sie das Gefühl, völlig davon in Anspruch genommen zu werden, daß Sie tagaus, tagein gegen Windmühlen anstürmen – als versuchten Sie eine Betonmauer durch Kratzen mit einem Strohhalm abzutragen. Ich habe neulich einen solchen Tag erlebt, aber als die Post kam, lag darin eine Kassette von einem Pastor in Ohio, den ich nicht einmal kenne. Ich legte sie in den Kassettenrecorder ein und hörte mir seine Predigt an, in der es ums Durchhalten ging. Er redete über verschiedene Dinge und stellte dann ein paar harte Fragen:

»Warum sollen wir uns all die Mühe machen... warum sollen wir uns gegen den Strom des Lebens stemmen? Warum sollen wir uns abkämpfen, die Unliebenswürdigen zu lieben? Warum sollen wir niemals aufgeben, selbst wenn wir versagen? Warum sollen wir uns weiter abmühen, wenn es uns scheint, als wüßte niemand unsere Anstrengungen zu schätzen und die wenigsten auch nur zu *wissen* scheinen, welche Opfer unsere Arbeit uns kostet? Warum sollten wir die Zerschlagenen aufrichten, diese Menschen, die eine Niederlage nach der anderen erleiden ... warum sollten wir ein in die Irre gegangenes Kind niemals aufgeben? Warum sollen wir immer weitermachen? WARUM? WARUM?«

Und ich frage mich wirklich, was er darauf sagen würde. Ja, *warum?* Es wäre so viel einfacher, alles hinzuschmeißen und sich ein Weilchen auszuruhen. Dann kam seine Antwort schallend wie eine Siegestrompete. Und was er sagte, ließ mein Herz vor Freude hüpfen.

> »Weil eines Tages ›*er selbst, der Herr, wird, wenn der Befehl ertönt, wenn die Stimme des Erzengels und die Posaune Gottes erschallen, herabkommen vom Himmel, und zuerst werden die Toten, die in Christus gestorben sind, auferstehen*‹ (1. Thess 4,16-18).«

Was für eine Hoffnung! Was für ein Sieg! Was für ein Glaube zum Leben! Was für ein Mittel, all die Zweifel und die dunklen Wolken im Leben zu zerstreuen! Was für eine Motivation, in allem unser Bestes zu geben und entschlossen weiterzumachen! Und was für ein Grund, andere zu lieben und zu ermutigen. Jemand hat mir das folgende Briefchen geschickt, und ich liebe es einfach!

> »Die Liebe ist der einzige Schatz, der sich durch Teilung vermehrt. Sie ist ein Geschenk, das um so größer wird, je mehr man davon wegnimmt. Sie ist das einzige Geschäft, bei dem es sich lohnt, ein Verschwender zu sein. Sie können sie verschenken, verschleudern, Ihre Taschen ausleeren, den Korb ausschütteln, das Glas umkehren, und morgen werden Sie mehr denn je davon haben.«

Ich hörte vom Besitzer eines kleinen Ladens an einer Kreuzung, der zum Postmeister des Ortes ernannt wurde. Aber sechs Monate nach seiner Ernennung hatte noch kein einziges Poststück das Dorf verlassen. Als besorgte Postbeamte aus Washington nachfragten, antwortete der Postmeister: »Nun, das ist ganz einfach, der Sack ist noch nicht voll.«

Manchmal sind wir Christen genauso. Wir meinen, unser Sack müßte voll sein, bevor wir anfangen können, Liebe und Ermutigung mit anderen zu teilen. Ihr Sack muß nicht voll sein, um Ihren Segen mit anderen zu teilen. Sie brauchen nicht wohlhabend zu sein, um einen Teil Ihrer Zeit, Ihres Talents, oder Ihrer Ressourcen für jene aufzuwenden, die weniger Glück gehabt haben. Wenn Ihr Sack nicht voll ist, macht das auch nichts. Nutzen Sie, was Sie haben, um das Leben anderer reicher zu machen, und Sie werden bald feststellen, daß Ihr eigener Kelch vor Freude überfließt.

Es gibt so viele »Töchter der Ermutigung« in meinem Leben, die Mahlzeiten vorbeigebracht haben, endlosen Papierkram getippt, Telefonate erledigt oder einfach nur gesagt haben: »Komm uns doch einmal besuchen, entspann dich und erfrische dich.« Ich bin ewig dankbar für die vielen treuen Freunde, die mich in meinem Dienst bei SPATULA — der körperlich und seelisch überaus anstrengend ist — ermutigt haben.

DIE HÄFTLINGE WARFEN MIR KÜSSCHEN ZU!

Ich erlebte einen wirklich kostbaren Tag, als ich vor einigen Monaten die Einladung erhielt, in Sybil Brand zu sprechen — einem großen Frauengefängnis im Stadtgebiet von Los Angeles. Als ich noch ein kleines Mädchen war, begleitete ich meinen Vater oft, wenn er in den Gefängnissen am Ort predigte, und ich sang für die Häftlinge. Aber das lag viele Jahre zurück, und meine erste Reaktion auf die Einladung der Gefängnisgeistlichen von Sybil Brands war: »Ich möchte nicht in einem Gefängnis sprechen. Was habe ich diesen Frauen zu sagen? Ich kenne niemanden, der im Gefängnis sitzt ... ich war nie im Gefängnis. ... ich will dort nicht hingehen.«

Aber Pastorin Lelia Mrotzek beharrte auf ihrer Einladung und sagte immer wieder: »Ihre Botschaft wird den Frauen von Nutzen sein.«

Schließlich kam ich zu dem Schluß, Gott versuche mir hier etwas zu sagen; also gab ich meine Einwilligung. Aber als wir an dem Ort ankamen, kehrten all meine negativen Gefühle zurück. In einem Hochsicherheitsgefängnis überprüfen sie *alles* ... man kann absolut nichts dort mit hineinnehmen, außer sich selbst. Ich brachte meine hilfreiche Freundin Lynda zur Unterstützung und Ermutigung mit. Und nachdem ich, bevor ich aufs Podium trat, die Anweisungen der Pastorin gehört hatte, brauchte ich jede Menge Ermutigung! Pastorin Mrotzek sagte: »Wenn Sie auf dem Podium stehen und sprechen, stellen Sie sich vor, es befinde sich eine unsichtbare Wand zwischen Ihnen und den Häftlingen. Sie können den Frauen nicht zuwinken, sie berühren oder sonst etwas tun, das eine Reaktion hervorrufen würde.«

Dann fuhr sie fort: »Die Frauen in den ersten zehn Sitzreihen tragen hellblaue Uniformen – die sind ungefährlich. Die Frauen in den nächsten zehn bis fünfzehn Reihen tragen mittelblaue Uniformen, und sie sind wegen ernsthafter Verbrechen hier. Die letzten zwanzig Reihen tragen dunkelblau. Sie sind die Lebenslänglichen und die Häftlinge mit hohen Strafen und ernsthaften Persönlichkeitsproblemen. Aber machen Sie sich keine Sorgen, an jedem Ende der Sitzreihen stehen Wärter mit Gewehren, damit niemand aufs Podium raufkommt und Sie belästigt.«

Es war so tröstlich zu hören, daß Wärter mit Gewehren bereitstanden, um all die Häftlinge unter Kontrolle zu halten, vor allem diejenigen, die nicht »besonders gefährlich« waren. Aber ich hielt meinen Vortrag und erzählte meine ganze Geschichte – von Bill und Steve und Tim und Larry. Als ich ans Ende kam, hatten viele der Frauen Tränen in den Augen, und es sah so aus, als sollte ich die ganze Geschichte hinter mich bringen, ohne die Regeln der Pastorin zu brechen. Aber irgendwie vergaß ich, wo ich mich befand, und brachte einen meiner Lieblingsspäße über das Dasein einer Mutter an: »Eine Mutter sein, das ist wie eine lebenslängliche Haftstrafe ohne Aussicht auf Begnadigung!«

Ich brach praktisch mitten im Satz ab, als mir klarwurde, daß ich vermutlich ins Fettnäpfchen getreten war! Aber die Mädels lachten und klatschten, und mir wurde klar, daß ich genau das tat, wovor die Pastorin mich gewarnt hatte. Ich hatte eine Reaktion hervorgerufen. Ich sah, daß die Wärter besorgte Gesichter machten und die Pastorin im Hintergrund sich an den Kopf griff, aber ich merkte auch, daß die Frauen Sympathie für mich empfanden. Ich spürte richtig die Erregung, die in der Luft lag, aber dann fielen mir die Verhaltensmaßregeln der Pastorin ein und ich dachte: *Oh, ich habe alles falsch gemacht... ich habe lauter falsche Sachen gesagt... ich hätte Dinge wie ›lebenslänglich‹*

und ›keine Begnadigung‹ hier nicht erwähnen dürfen. Das ist abscheulich... ich will nie wieder hierher kommen... warum bin ich überhaupt gekommen. Gott, ich hätte nie kommen sollen. Warum hast Du mich dazu bewegt, zu kommen?

Ich stand da und hatte das Gefühl, ein totaler Versager zu sein, als die Frauen aufstanden und eine nach der anderen hinausgingen. Aber als sie an mir vorbeigingen, WARFEN SIE MIR KÜSSCHEN ZU! Was für eine aufregende Ermutigung für mich! Ich hatte keine Lust gehabt, hierherzukommen und in einem Frauengefängnis zu sprechen. Ich hatte gesagt:»Ich kann diesen Frauen nicht helfen«, aber meine Lebensgeschichte hatte sie ermutigt, und sie hatten mich ebenfalls erquickt.

Die Pastorin kam zu mir und ich rechnete schon damit, abgekanzelt zu werden, aber statt dessen sagte sie in heller Aufregung: »Wir haben es hier noch nie erlebt, daß diese Frauen so viel Liebe für jemanden gezeigt hätten.«

Einige Tage später erhielt ich einen Brief von Pastorin Lelia Mrotzek:

> »Liebe Barbara,
> ich habe alle Hände voll zu tun gehabt! Nicht, weil ich mit meiner Arbeit getrödelt hätte, sondern weil Ihre Ansprache so wunderbare Reaktionen hervorgerufen hat. Das ist nun freilich eine wunderbare Art, viel Arbeit zu haben! Viele haben ihr Leben von neuem Christus übergeben. Ein Mädchen kam heute zu mir und sagte, sie hätte so viel Ermutigung erfahren und fühle sich hier so wohl. Wahrscheinlich hat sie noch nie in ihrem Leben viel Frieden gespürt. Sie sagte: ›Ich komme diesen Sonntag wieder.‹ Hoffentlich wird sie nicht allzu enttäuscht sein, wenn ich diesmal predige! Die Justizbeamten sind ebenfalls gekommen und haben mir gesagt, wie reich sie gesegnet wurden. Sie sehen also ... es geschehen noch Zeichen und Wunder ... sogar die Justizbeamten haben zugehört!«

Einige der Mädchen schrieben mir daraufhin, und ich schickte ihnen weiterführendes Material. Ich dachte wieder darüber nach, welchen Widerwillen ich dagegen gezeigt hatte, in einem Gefängnis zu sprechen, und wie ich gewünscht hatte, ich hätte nie meine Zustimmung gegeben. Ich hatte einfach nicht daran geglaubt, daß ich unter »verstockten Verbrechern« viel ausrichten könnte. Aber Gott hatte ihre Herzen erweicht, und weil sie Ermutigung erhielten, wurde sie auch mir selbst zuteil. In bescheidener Weise war ich ein Onesiphorus gewesen und hatte Ermutigung in ein dunkles Gefängnis gebracht, in dem Erquickung so selten ist wie ein lächelndes Gesicht.

WIE MAN EIN ONESIPHORUS WIRD

Es ist nicht immer einfach, wie Onesiphorus zu leben, aber es lohnt sich immer. In einem Zeitungsartikel über Onesiphorus im *Discipleship Journal (Journal für Jüngerschaft)* beschreibt Stephen S. Hopper, ein Pastor aus Grass Valley, was dazu notwendig ist, um ein vollmächtiger »Diener der Erquickung« zu sein. Zum einen erfordert es echtes, *dauerhaftes* Interesse am Wohlergehen anderer. Onesiphorus stattete Paulus im Gefängnis nicht nur einen einzigen Besuch ab; er kam wieder und wieder. Eine Menge Leute sagen: »Wenn ich irgendwas für dich tun kann, ruf mich einfach an.« Natürlich ruft der leidende Mitmensch im allgemeinen nicht an, und allzu oft rührt sich auch derjenige, der Hilfe angeboten hat, nicht mehr. Wenn Sie ein Onesiphorus sein wollen, dann warten Sie nicht darauf, bis Freunde in Not Sie anrufen – rufen Sie selbst an!

Um ein Onesiphorus zu sein, müssen Sie hartnäckig sein. Onesiphorus suchte angestrengt nach Paulus, bis er ihn gefunden hatte (vgl. 2. Tim 1,17). Er wartete nicht, bis er etwas Zeit übrig hatte und »gerade in der Nähe zu tun hatte«.

Er ging die zweite Meile, bis er Erquickung und Ermutigung bringen konnte.

Gelegenheiten, andere zu erquicken und zu ermutigen, gibt es reichlich. Sie kennen zweifellos jemanden, der ...

... sich gerade in einer unvertrauten Situation befindet, an einem neuen Arbeitsplatz angefangen hat oder eine neue Schule besucht.

... das Leben einfach nicht mehr packt.

... einsam ist und sich fragt, ob sich überhaupt noch jemand um ihn kümmert.

... gerade enttäuscht oder entmutigt ist.

... sich einer ungewissen Zukunft gegenüber sieht, weil er/sie bei schlechter Gesundheit ist, um seinen Arbeitsplatz bangt oder sonstige Rückschläge erleidet.

... unter fürchterlichem Streß, Schmerz und fürchterlicher Belastung leidet.

Wenn Ihnen jetzt der Name oder das Gesicht eines Bekannten einfällt, lassen Sie auf der Stelle alles liegen, stehen Sie auf und machen Sie Pläne, wie Sie in den nächsten paar Tagen oder vielleicht den nächsten paar Minuten Onesiphorus für diesen Menschen sein wollen.

Ich bekomme jede Menge Briefe, die mir versichern, daß es der Mühe wert ist. Einer, der mir ganz besonders wertvoll ist, lautet:

»Liebe Barb,
ich muß mich einfach mit Ihnen darüber austauschen, wie Gott Ihr Rundschreiben vom September benutzte, um mich aufzurichten. Am 29. September rief mich mein Arzt ganz unerwartet an, um mir mitzuteilen, daß eine Warze, die er entfernt hatte, ein bösartiges Geschwür sei. Ich hatte eine seltene und sehr gefährliche Form von Hautkrebs und würde noch einmal operiert werden müssen. Ich legte den Hörer auf, setzte mich an den Küchentisch, und da entdeckte ich zuoberst auf dem Stapel ungeöffneter Post den SPATULA-Rundbrief vom September. Mein Blick fiel auf die Witzzeichnung von der Dame, die gefesselt auf den Eisenbahnschienen liegt, mit der Bildunterschrift: ›Kann mich nicht erinnern, daß ich um irgend etwas dergleichen gebeten hätte.‹ Ich fing zu lachen an und hob das Gesicht zu meinem himmlischen Vater auf und sagte: ›Herr, wie wahr!‹ Was für ein wundervolles Gefühl für Humor und den richtigen Zeitpunkt doch unser Herr hat! Diese kleine Witzzeichnung machte mir einen Augenblick voll Anspannung erträglich.
Ich hatte Gott nicht um den tagtäglichen Schmerz gebeten, den uns zwei (von vier) Kindern mit ihrer Rebellion verursachen — aber Seine helfende Gnade hat uns Tag für Tag überstehen lassen. Ich hatte ihn nicht um den (4½ Jahre alten) spastisch gelähmten Enkel gebeten, den wir aufziehen — aber Gott machte ihn zu einem kostbaren, liebenden Sonnenscheinchen, das mich viel über Sein liebendes Herz gelehrt hat. Und ich hatte Gott nicht um den Krebs gebeten, aber ich wußte, daß Er mit mir durch diese Erfahrung hindurchgehen würde — und das hat Er getan. Der Arzt ›bekam das Übel an der Wurzel zu fassen‹, die Operation war erfolgreich, und ich erhole mich täglich, ohne die Zukunft fürchten zu müssen. Ich danke Ihnen für Ihren Dienst, der uns in unserem Leiden tröstet und ein Lächeln in unser Herz zaubert.«

Es stimmt, keiner von uns kann sich daran erinnern, um all die Dinge gebeten zu haben, die das Leben uns bringt. Aber wir können uns nach anderen Menschen ausstrecken und ihnen inmitten all der dunklen Wolken, die sich über ihnen zusammenziehen (oder bereits auf sie herabhageln), Ermutigung schenken. Und wenn wir das tun, werden wir *immer* auch selbst Ermutigung finden.

Einer der Sprüche in Gottes Wort sagt: »Sorge im Herzen bedrückt den Menschen, aber ein freundliches Wort erfreut ihn« (Sprüche 12,25). Nachdem Er mir jahrelang geholfen hatte, andere zu ermutigen, sandte Gott mir schließlich dieses »freundliche Wort«, und ich will Ihnen davon im nächsten — und letzten — Kapitel erzählen.

Gedanken zum Mitnehmen

DER DIENST DER BRIEFE

Herr, manchmal denke ich,
ich kann keine Schreibmaschinentasten mehr sehen.
Ich kann keinen Satz, kein Wort mehr schreiben.
Ich kann nicht einmal mehr einen Punkt
ans Ende eines Satzes setzen.
Ich blicke den dicken Packen
unbeantworteter Briefe an,
und alles erscheint mir so fruchtlos,
so zeitaufwendig, so endlos.
Ich kann nicht mehr denken oder mich konzentrieren.
Was ich schreibe, erscheint mir so leer, so leblos.
Ich kämpfe darum, meine Gedanken zusammenzuhalten.
Dennoch weiß ich, ich muß weitermachen.
Ich habe mich diesem Dienst verpflichtet,
dem Dienst, Briefe zu schreiben!

Und oft, Gott, wenn ich diese Verpflichtung
in Frage zu stellen beginne,
schickst Du mir einen Lichtstrahl der Hoffnung ...
Einen persönlichen Regenbogen.
Jemand hält mich unterwegs an und sagt mir:
»Vor zehn Jahren, als ich es am meisten brauchte,

haben Sie mir einen ermutigenden Brief geschrieben.
Ich habe ihn hunderte Male gelesen.
Er ist abgegriffen und mit Tränen befleckt.
Aber ich werde ihn immer in Ehren halten.«

Herr, ich kann mich nicht an diesen Brief erinnern.
Es scheint so lange her zu sein.
Aber das macht nichts.
Ich sehe den Wert meines Dienstes wieder.
Und so werde ich weitermachen.
Aber zuerst, Herr,
muß ich einen Punkt hinter den Satz machen,
den ich mit müder Hand vor einer Stunde geschrieben habe.

Ruth Harms Calkin

HAFERFLOCKEN-TAGE

Es ist nicht immer die dramatische Katastrophe, die am schwersten zu ertragen ist. Es sind die »Haferflocken-Tage«, die gewöhnlichen »Null-Tage«, die wenig oder gar keine Bedeutung haben. Die Wischi-Waschi-Tage, an denen nichts Besonderes passiert. Farblos. Uninteressant. Ohne Faszination. Unspektakulär. Und ohne ein Fünkchen Spaß. Die Tage, mit denen sich jeder herumschlägt.

Wir kommen mit ihnen zurecht. Wir schlängeln uns durch den Dschungel langweiliger Tätigkeiten und kratzbürstiger Menschen und bekommen keinen Applaus, weil von uns erwartet wird, daß wir es schaffen.

Anders ist es, wenn die große Katastrophe hereinbricht. Die Leute neigen dazu, sich um uns zu drängeln und uns liebevolle Unterstützung zu gewähren. Wir bringen es fertig, über die Krise hinauszuwachsen und zuweilen unglaubliche Fähigkeiten zu entwickeln.

An den Haferflocken-Tagen, nachdem eine Krise ihren Gipfelpunkt überschritten hat, mag es uns scheinen, als hätten uns alle Freunde verlassen, als kümmerte Gott selbst sich nicht mehr um uns. Aber in Wirklichkeit hat das Leben uns und unsere Freunde nur einen Schritt weitergeschoben auf dem Weg christlichen Wachstums.

Der Gott der Krisenzeiten ist auch der Gott der Haferflokken-Tage. Weil Er gesagt hat, daß Er es ist. Weil Er Seine Versprechen hält — immer. Weil wir ohne Ihn nicht vorwärtskommen. Und weil wir es gar nicht möchten, selbst wenn wir es könnten.

Autor unbekannt

Elftes Kapitel

Meine Zukunft ist so strahlend hell, dass ich sogar eine Sonnenbrille tragen muss

> *».. . wenn aber kommt, was man begehrt,*
> *das ist ein Baum des Lebens.«*
> Sprüche 13,12

Es war ein besonders geschäftiger Montag im Mai 1986. Ich hatte das vorhergehende Wochenende damit zugebracht, auf einer für drei Tage anberaumten Frauenkonferenz zu sprechen, die von Campus Crusade in Arrowhead Springs, Kalifornien, veranstaltet worden war. Nun war ich wieder zu Hause und bereitete mich in aller Eile darauf vor, fast augenblicklich wieder aufzubrechen. Auf dem Programm standen eine ausgedehnte Reise nach Minnesota, wo ich in der Gemeinde der Billy Graham Evangelistic Association sprechen sollte, sowie einige Muttertagsfeiern in Gemeinden im Stadtgebiet von Minneapolis.

Das bedeutete, daß ich am Muttertag unterwegs sein würde, aber das schien weiter nichts zu machen. Barney und seine Familie wollten auf einen Sprung vorbeikommen, bevor ich abreiste, um mir einen schönen Muttertag zu wünschen; und Larry... nun, Larry hatte sich fünf Muttertage hintereinander nicht gemeldet. Seit dem Januar 1980 war er ohne ein Wort, ohne eine Spur verschwunden gewesen, also hatte ich mich daran gewöhnt – meinte ich jedenfalls.

Und gerade da, während ich meine Koffer packte und die Notizen meiner Vorträge durchsah, in denen ich den Eltern sagen wollte, wie wir alle unsere Kinder in Gottes Hände legen und die Ergebnisse ihm überlassen müssen, weil Gott niemals aufgibt, bevor das Spiel nicht zu Ende ist, läutete das Telefon!

Es war Larry! Die Stimme, die ich mich so viele Jahre zu hören gesehnt hatte, sagte: »Ich möchte vorbeikommen und dir ein Geschenk zum Muttertag bringen.«

Was für ein Schock! Ich erstarrte geradezu vor Anspannung! Mein erster Gedanke war: *Warum gerade jetzt? Warum will er mir ein Geschenk bringen? Ich wette, er will mir mitteilen, daß er seinen Geliebten heiraten will ... oder daß er Aids hat.*

Ich wußte einfach nicht, was ich sagen wollte, also stotterte ich: »Nun, Larry, ich weiß nicht so recht, ich habe so viel zu tun, weil ich eine größere Reise vor mir habe ... jede Menge Vorträge ... weiß nicht, ob wir Zeit haben ... warte eine Minute, ich muß mal deinen Dad fragen ...«

Wenn ich heute an dieses Gespräch zurückdenke, kann ich die Ironie darin sehen, aber in diesem Augenblick war ich einfach nur verwirrt und versuchte Zeit zu gewinnen. Sechs Jahre lang hatte ich vor Gruppen im ganzen Land Vorträge gehalten, hatte Eltern beschworen, durchzuhalten, hatte ihnen gesagt, Gott würde ihre verirrten Kinder zurückbringen aus dem »Land der Fremde«, und jetzt war *mein eigener Sohn* endlich am Draht, und ich sagte ihm, ich sei ZU BESCHÄFTIGT, ihn zu sehen, weil ich in Kürze abreisen würde, um Eltern zu erzählen, wie man Freude und Hoffnung haben kann, obwohl einen die Kinder verlassen haben!

Ich legte meine Hand über den Hörer und sagte zu Bill: »Es ist Larry! Er möchte vorbeikommen und mir ein Geschenk zum Muttertag bringen. Ich bin nicht sicher, ob ich ihm erlauben sollte zu kommen ... was ist, wenn er uns erzählen will, daß er seinen Geliebten heiraten will ... oder noch Schlimmeres?«

Mr. Wumpfi blickte mich nur an und sagte ohne zu zögern: »Du mußt ihn dazu bringen, daß er heimkommt!«

Ich begriff, daß Bill nichts dazu beitragen würde, mir die Verantwortung abzunehmen, so tat ich mein Bestes, munter und lässig zu klingen, als ich zu Larry sagte: »Okay ... du kannst auf einen Sprung vorbeikommen.«

Die nächste Stunde schien sich endlos hinzuziehen. Larry hatte gesagt, er befinde sich etwa fünfzig Meilen entfernt von uns, aber ich fragte mich beständig, ob er tatsächlich kommen würde; und dann würde ich mich fragen, ob alles nur ein böser Traum gewesen war. Ich konnte anderen Eltern großartige Vorträge halten, aber jetzt würde sich herausstellen, wie ich selbst mit der Sache fertig wurde! Es war alles zu schön (oder zu schlimm), um wahr zu sein!

Als die Türklingel schrillte, hätte ich beinahe einen Luftsprung gemacht. Wie konnte er so schnell hier sein? Ich öffnete die Tür, und da stand Larry, hochgewachsen, mit einem klaren Blick in den Augen, wie ich ihn seit elf Jahren nicht mehr gesehen hatte. Aber er hielt kein Geschenk in der Hand, und ich wurde traurig. Er war gekommen, um mir irgendeine Nachricht als Geschenk zu überbringen, und welche Nachricht würde das wohl sein? Wieder irgend etwas, das mich dazu brachte, die Blümchen auf der Tapete zu zählen? Ich bat ihn einzutreten, vorsichtig, mit nur einer flüchtigen kleinen Umarmung – und ich fragte mich, ob ich eine Bemerkung über das fehlende Geschenk machen sollte. Als wir uns im Wohnzimmer niedersetzten, konnte ich große Tränen in seinen Augen sehen, und dann hörte ich seine Worte:

»Ich bitte euch, mir die elf Jahre des Schmerzes zu vergeben, die ich euch bereitet habe. Letzte Woche ging ich zu einem Jugendtreffen, und ich ... ich habe mein Leben von neuem dem Herrn übergeben. Ich nahm alles, was zu meinem alten Leben gehörte, die Bilder und alles, was mit meinem Leben als Homosexueller zu tun hatte ... ich trug es zum Kamin, und während alles verbrannte, fühlte ich mich zum ersten Mal seit elf Jahren völlig frei. Ich bin von den Fesseln der Sünde befreit, und Gott hat mich wirklich gereinigt. Nun kann ich rein vor dem Herrn stehen.«

Was für ein herrliches Muttertagsgeschenk! Ein in *Liebe* gewickeltes Geschenk!

Und dann ergänzte Larry sein Geschenk noch um eine kleine Zugabe. Er erzählte uns, daß der junge Mann, mit dem er zusammengelebt hatte, bei dem Treffen nach vorne gegangen war und Christus als seinen Erlöser angenommen hatte.

Dieser junge Mann war nun ein frischgebackener Christ, und mein Sohn hatte sein Leben von neuem dem Herrn übergeben! Wir saßen lange Zeit nebeneinander und umarmten einander. Er hatte uns um Vergebung gebeten, und auch wir brauchten Larrys Vergebung für unser Versagen, seine Wunden zu verstehen. Wir waren außer uns vor Freude, ihn wiederzuhaben, und an diesem Tag begann ein Prozeß der Wiederherstellung in unserer Familie, der sich bis heute fortsetzt.

Freude überflutete mich

Larry blieb mehr als zwei Stunden bei uns, und wir lachten und weinten und umarmten einander und tauschten uns untereinander aus. Jahrelang hatte ich über Freude gesprochen: Freude ist, als lebe Gott im Mark unserer Knochen. Nun überschwemmte mich Freude in gewaltigen Wellen! All die Verse, die ich anderen Eltern zitiert hatte, sangen nun ihren Lobgesang in meinem eigenen Herzen.

»Hoffnung, die sich verzögert, ängstigt das Herz; wenn aber kommt, was man begehrt, das ist ein Baum des Lebens« (Sprüche 13,12). Die Hoffnung hatte sich für mich elf Jahre lang verzögert. Seit jener Nacht unter dem Fahnenmast in Disneyland hatte ich gehofft und gebetet, aber das Herz war mir schwer gewesen. Ich versuchte Freude zu finden, wo ich konnte; ich hatte mich dagegen gewehrt, mich vom Elend überwältigen zu lassen, aber nun fühlte ich Liebe und Freude in jeder Zelle meines Körpers.

»... deine Nachkommen haben viel Gutes zu erwarten, spricht der Herr, denn deine Söhne sollen wieder in ihre Heimat kommen« (Jer 31,17). Elf Jahre lang hatte ich gehofft und gebetet, daß Larry zum Herrn zurückkehren würde. Verheißungen wie die oben genannte waren das einzige, was mir Hoffnung gegeben hatte. Und nun war er »wieder in seine Heimat gekommen«, nachdem er in der Schwulenszene herumgeirrt war.

»... und ich will das Tal Achor zum Tor der Hoffnung machen« (Hos 2,17). Gott hatte nicht nur mein »Tal des Kummers« in ein Tor der Hoffnung verwandelt. – Er hatte dieses Tor weit aufgestoßen, und Larry war durch dieses Tor in unser Leben zurückgekehrt!

»Der Gerechten Geschlecht wird errettet werden« (Sprüche 11,21). Was für eine Verheißung für Christen, die begreifen, daß ihre Gerechtigkeit und Gottgefälligkeit nur durch den Glauben an Jesus kommt! Gott hatte mein Kind errettet. Unsere zerbrochene Beziehung war wieder heil.

Wir fuhren am nächsten Tag nach Minneapolis, wo wir bei meiner Schwester Janet und ihrem Mann Mel wohnen wollten, der dort als Pastor und Radioevangelist arbeitet. Ich bin überzeugt, ich hätte mit meinen eigenen Flügeln dorthin fliegen können, aber Bill überredete mich, ein Flugzeug zu nehmen. Ich sagte Bill, er sollte ihnen nichts von Larrys Heimkehr erzählen, weil ich sie als Überraschung für das Bankett ihrer Kirchengemeinde aufheben wollte, bei dem ich am folgenden Abend sprechen sollte. Aber als wir ankamen und Janet uns am Flughafen abholte, konnte Bill sich nicht länger beherrschen und platzte heraus: »Barb hat ein Geheimnis, aber sie will es euch erst später erzählen.«

Natürlich gab Janet keine Ruhe, bis sie es mir abgequält hatte. Und als ich ihr erzählte, daß Larry zurückgekehrt war und um Verzeihung gebeten hatte, weinte sie vor Freude. Mels Reaktion bestand darin, daß er mich in aller Eile für seine Radiosendung am nächsten Morgen buchte, um als erster am Ball zu sein, bevor ich bei dem Bankett von Larry erzählen konnte.

Am nächsten Abend erzählte ich beim Bankett – das unter dem Motto »Muttertag« stand – von Larrys Heimkehr und dem absoluten Frieden und der Freude, die Bill und ich zum ersten Mal seit unserer 1975 entstandenen, elf Jahre dauernden Umklammerung des Schmerzes empfunden hatten. Ich erklärte ihnen, daß wir in der Zeit, nachdem Larry das erste Mal heimgekehrt war, in einer Art Vakuum gelebt hatten. Wir hatten uns um sein Problem herumgedrückt und »angenommen«, alles sei in Ordnung. Bevor er uns zum zweiten Mal verlassen hatte, hatte er uns die Bibel ins Gesicht geworfen und sich von uns losgesagt. Nun, nach insgesamt elf Jahren, hatte Gott die Klammer geöffnet, und wir waren frei!

Die Reaktion auf meine Neuigkeit war dramatisch – Ströme von Tränen, Lächeln und sogar Applaus. Jede Mutter im Raum identifizierte sich mit meiner Freude, und eine Mutter, die sich den Tod gewünscht hatte, nachdem sie erfahren hatte, daß ihr Sohn schwul war, stand auf und sagte uns, sie hätte nach allem, was mit Larry passiert war, wieder Hoffnung gefaßt.

DER GLAUBE IST MEIN ENTFERNTER VERWANDTER

Ich hielt noch mehrere Vorträge an diesem Muttertagswochenende, bevor ich nach Hause zurückkehrte und mich wieder auf den Weg machte, um einigen versprengten SPATULA-Grüppchen im Stadtgebiet von Seattle die ermutigende Nachricht zu bringen. Der Rundbrief *The Love Line* vom Juli 1986 war eine Sonderausgabe, die ganz der Nachricht von Larry Heimkehr gewidmet war.

Larry leistete sogar einen Beitrag zu diesem Rundbrief, er schrieb an alle unsere SPATULA-Freunde:

> »Meine Mutter hat mir von den zahllosen Menschen erzählt, die während all dieser Jahre für mich gebetet haben. Preist den Herrn für Seine Treue!
> Ich bin sicher, viele von Ihnen fragen sich, was diesen Umschwung in meinem Leben herbeigeführt hat. Ich kann in kurzen Worten nur sagen, daß ich auf einem Bibeltreffen unter Leitung von Bill Gothard den Sieg entdeckte, den wir in Christus haben, und die Kraft der Befreiung von moralischer Unsauberkeit und Bitterkeit.
> In den letzten Wochen, seit ich mein Leben von neuem Christus übergeben habe, hat sich vieles geändert. Ich kann nur sagen, daß ich Gott von Herzen dankbar bin, weil Er in Seinem Erbarmen mir vergeben hat, und ich freue mich darauf, Ihm dienen zu dürfen.«

Diese Ausgabe des Rundbriefes enthielt auch eine Gratulation, die Dr. James Dobson einige Monate zuvor mit eigener Hand geschrieben hatte.

Dieser Rundbrief hatte zur Folge, daß uns viele SPATULANER schrieben, um mir zu sagen, wie sehr sie sich für mich freuten. Aber während alle Welt über Larrys Rückkehr redete und schrieb, zeigte ich eine Gegenreaktion, die all die alten Zweifel und Ängste in mir wachrief. Was war, wenn Larry plötzlich in seinen alten Lebenswandel zurückfiel? Schließlich war von all den Jahren, die er in Rebellion und Sünde gelebt hatte, so viel Bodensatz zurückgeblieben. Wie lange dauert es, bis ein menschliches Herz wirklich erneuert ist? Ich wußte es nicht.

Als Jim Dobson anrief und mich einlud, in seiner Radioshow *Focus on the Family* über Larry zu reden, zögerte ich zuerst. Ich fragte mich, ob ich wirklich bereit war, im Rundfunk oder Fernsehen aufzutreten und mich mit »aller Welt« auszutauschen. Vielleicht sollte ich warten, bis ein wenig Zeit vergangen war — um sicherzugehen, daß Larry das homosexuelle Leben für immer hinter sich gelassen hatte.

Larry war zurückgekehrt, und ich war außer mir vor Freude, daß er um Vergebung gebeten hatte und daß es ihm so wichtig gewesen war, Vergebung zu erlangen. Das erschien mir von entscheidender Bedeutung zu sein, denn ich wußte, daß Gott auf diesem Fundament aufbauen würde. Es würde seine Zeit dauern, bis ich sicher gehen konnte, daß seine Zerknirschung und seine Tränen von Dauer sein würden. Ich glaube, ich bin keine Frau des Glaubens. Für mich gehören Hoffnung und Freude zusammen; sie sind Schwestern. Aber der Glaube ist eine Art entfernter Verwandter für mich. Man sagt mir, ich hätte die Gabe der Freude, aber ich habe nicht die Gabe des Glaubens, deshalb muß ich von anderen borgen, die überreichlich davon haben.

Larry und ich machten gemeinsam eine Bandaufnahme

Aber als die Wochen vergingen, schwanden meine Ängste, und ich stimmte zu, im Oktober in Dr. Dobsons Programm aufzutreten. Bevor ich in der Sendung *Focus on the Family* mitwirkte, machte ich gemeinsam mit Larry eine Bandaufnahme, die nur für die SPATULA-Familie gedacht war. Wir trafen uns in seinem Appartement hoch über der weit ausgedehnten Innenstadt von Los Angeles und tauschten uns aus, was geschehen war und wie er sich fühlte, nachdem er nun schon seit einigen Monaten heimgekehrt war.

Auf diesem Band sprach er sich darüber aus, was seine Wandlung herbeigeführt hatte. Offenkundig hatte sich diese elf Jahre lang die Schuld an seine Fersen geheftet, und er hatte sich danach gesehnt, seine Beziehung zu uns wiederherzustellen. Dann besuchte er ein Bibelseminar unter der Leitung von Bill Gothard, und all die Prinzipien und Werte, die er elf Jahre zuvor so gewaltsam von sich gestoßen hatte, schlugen in neuer und wunderbarer Weise Wurzeln. Wie Larry sagte: »Gott schenkt uns entweder die Gnade, diese Dinge zu überwinden, oder wir werden verbittert. Und ich glaube, auf diesem Seminar habe ich gelernt, diese Bitterkeit zu überwinden und mich wieder an der Gnade Gottes zu erfreuen.«

Larry sprach auch darüber, wie wichtig es sei, seine Eltern um Verzeihung zu bitten. Er hatte einen überaus wichtigen Grundsatz gelernt: »Wenn man sich seinen Eltern gegenüber nicht richtig verhält, kann man sich auch anderen Leuten gegenüber nicht richtig verhalten.«

Wir sprachen auch ziemlich ausführlich über unsere Fehler – seine und meine. Das Wichtigste, was das homosexuelle

Kind braucht, wenn die Eltern von seiner Veranlagung erfahren, ist bedingungslose Liebe. Aber bedingungslose Liebe zu schenken, fällt einem sehr schwer in diesen ersten Augenblicken, wenn man völlig am Boden zerstört und emotionell überfordert ist.

Larry zitierte einen Psalm, der die Verheißung enthält: »Der Herr ist nahe denen, die zerbrochenen Herzens sind, und hilft denen, die ein zerschlagenes Gemüt haben« (Ps 34,19). Und dann sagte er: »Wir alle versagen zuweilen, in welchem Gebiet unseres Lebens auch immer. Aber es ist überaus wichtig, daß wir dieses Versagen im Angesicht der Menschen auf uns nehmen, denen gegenüber wir versagt haben, und unser Leben wiederherzustellen versuchen ... Das ist das Wunder der Kraft, die Christus uns schenkt ... die Fähigkeit, Mißerfolge in Siege zu verwandeln.«

Im Lauf unseres Gesprächs sagte ich Larry, wie wunderbar es doch sei, den Tag zu beginnen und zu wissen, daß die Vergangenheit vorbei ist und daß er nicht in den Fesseln der unglückseligen Erinnerungen an die Vergangenheit leben muß — und ich ebenfalls nicht.

»Das ist der Fall, weil wir imstande waren, einander zu vergeben«, antwortete Larry. »Vergebung ist eine gewaltige Macht — die Fähigkeit, zu vergeben wie auch die Fähigkeit, sich vergeben zu lassen. Wenn jemand zu dir kommt und sagt: ›Ich hab dir Unrecht getan, kannst du mir vergeben?‹, dann ist das eine sehr wirksame Sache ... weil es die Last der Schuld von uns nimmt ... Was die Menschen davon abhält, das zu tun, ist ihr eigener Stolz, ihre eigene Unfähigkeit, zu sagen: ›Ich habe einen Fehler gemacht, ich habe Unrecht getan.‹ Nun, eine Menge Eltern wollen das nicht tun, aber wenn ein Kind sieht, daß die Eltern ihre Fehler nicht zugeben wollen, wie soll dann das Kind auf die Idee kommen, seine Fehler zuzugeben?«

Im Gespräch erinnerte sich Larry daran, wie unsere Beziehung der völligen Zerstörung nahe gewesen war, als ich zum ersten Mal von seiner Homosexualität erfahren hatte. »Einige Dinge, die du gesagt hast, waren schrecklich«, erinnerte er sich. »Grausame Worte — wie ein schneidendes Schwert.«

Ich erinnerte mich ebenfalls an diese Augenblicke der Verwüstung. An diesem schockierenden Sonntagnachmittag hatte ich gesagt, es wäre mir lieber, Larry tot als schwul zu sehen. Deshalb sagte ich den Leuten immer wieder, sie sollten sich die Hand in den Mund stopfen und sechs Monate lang gar nichts sagen, oder sie würden etwas Falsches sagen, weil sie in solcher Panik sind – total auf den Leim gegangen.

Im Lauf des Gesprächs zwischen mir und Larry fragte ich ihn, was Eltern tun sollten, wenn ein Kind anruft und ihnen sagt, daß es Aids hat – wie sollten Eltern damit umgehen? Seine Antwort verwies auf die einzige Hoffnung, die wir in dieser gefallenen Welt wirklich haben. Er sagte:

»Die Eltern sollten sich daran erinnern, daß sie Christen sind und daß wir einem Gott der Befreiung, nicht des Todes dienen. Gott möchte sich auf übernatürliche Weise der Welt enthüllen, und die einzige Art und Weise, wie Er das tun kann, ist durch Christen – durch die Menschen, die Ihn lieben und Ihm dienen. Wir leben in schrecklichen Zeiten, aber als Christen haben wir Macht über den Tod und über die Sünde, genauso wie Christus selbst.«

Am Schluß unseres Gesprächs fragte ich Larry, wie die Zukunft für ihn aussähe. Er hatte sein Leben vor Gott in Ordnung gebracht und plante, dem Herrn zu dienen. Was meinte er, was Gott für sein Leben im Sinn hatte? Er antwortete:

»Ich weiß nur eines: Wenn ich vorhabe, Ihm in allem, was ich tue, meine Liebe zu bekunden, dann wird der Herr mir den Weg zeigen, und darauf habe ich volles Vertrauen. Ich weiß, daß ich – solange ich in Seinem Wort bleibe und das Rechte tue, und solange ich freudig und dankbar für alles bin, was Er mir gegeben hat – die Zukunft nicht zu fürchten brauche.«

Dieses Interview mit Larry »machte mein Herz lächeln«, und ich konnte in der Rundfunksendung mit Dr. Dobson ein paar Tage später mit freudigem Selbstvertrauen auftreten. Bei einer Gelegenheit sagte ich zu Dr. Dobson und dem Radiopublikum: »Wir sind auf dem Wege, heil zu werden; diejenigen, die bereits ein größeres Stück Weges zurückgelegt haben, können die Hand ausstrecken und die anderen mitziehen, die noch weiter hinten sind. So soll es auch sein.«

Er unterbrach mich mit der Frage: »Willst du damit sagen, daß ein Tag kommen kann, an dem Eltern imstande sind, die Hand auszustrecken und jemand anderem zu helfen?«

»Das garantiere ich«, sagte ich den Zuhörern. »Wenn Sie einige Monate durch diesen Tunnel marschiert sind, werden Sie ein Licht am anderen Ende sehen, und diesmal wird es kein Zug sein, der Sie überfahren will. Dieses Licht wird Gottes

Liebe und Gottes Licht sein, die über Ihnen leuchten, und in dem Maße, in dem Sie all das durchstehen und zu genesen beginnen, werden Ihre Wunden von Gottes Liebe geheilt werden. Sie werden die Hand hinter sich strecken und einen anderen Menschen zu fassen bekommen, der sich an der Stelle befindet, an der Sie sich eben jetzt befinden. Das ist der ganze Sinn und Zweck dieses Dienstes — daß wir fähig werden, diejenigen an der Hand zu fassen, die noch tief im Tunnel stecken und sie ans Licht zu ziehen. Ich habe es hunderte Male geschehen sehen!«

Neue Freude schenkte uns neue Kraft

Larrys Heimkehr — nicht nur zu uns, sondern, was weit wichtiger ist, zum Herrn — spornte uns an, mit verdoppelter Energie daran zu arbeiten, Eltern durch ihren langen, dunklen Tunnel der Verzweiflung zu helfen. Wir bekommen weiterhin Waschkörbe voll mit Briefen, und einer davon rührte mein Herz besonders an, weil die Mutter, die ihn schrieb, nicht nur *einen* homosexuellen Sohn hatte, sondern *zwei:*

»Liebe Barb,
als meine beiden Söhne (Zwillinge) mir vor zwei Monaten eröffneten, daß sie homosexuell sind, wollte ich sterben. Wirklich sterben! Ich erwog, mir das Leben zu nehmen, war aber zu feige dazu. Ich war traurig, zornig und verletzt und völlig verwirrt.
Was hatten wir falsch gemacht? Wir hatten sie in christliche Schulen geschickt. Sie gingen zur Kirche, hatten gute christliche Freunde. Was war geschehen? Das einzige, was mir einfiel, war ein Ferngespräch mit einer Freundin, und Gott sei Dank — habe ich es getan. Sie sagte mir, sie würde mir ein Buch zuschicken. Etwa drei Tage später traf es ein: *Where Does a Mother Go to Resign?*
Mein Herz war wie versteinert. Ich konnte mich nicht darauf konzentrieren, es zu lesen. Mein wunderbarer Mann begann, es mir vorzulesen. Während er las, wurde mir klar, daß ich nicht allein war.
Dieses Buch hat mir das Leben gerettet. Jedes einzelne Gefühl, das Sie schilderten, habe ich damals empfunden. Ich erwachte langsam wieder zum Leben. Auch unsere Söhne litten. Wir begannen offen über das Problem zu reden. Ich liebte

sie so sehr. Wir alle weinten gemeinsam. Sie sind *außergewöhnliche* junge Männer, und ich habe das Gefühl, daß unser Herr etwas ganz Besonderes mit ihnen vorhat.
Ich weiß jetzt, daß Sie recht hatten. Das einzige, was wir tun können, ist, für sie beten und sie lieben ... Ja, es gibt immer noch schwierige Tage, aber ich lerne, die Dinge in Jesu Hände zu legen ... Machen Sie weiter mit Ihrer großartigen Arbeit!«

In den zwölf Jahren, in denen ich jetzt schon Eltern helfe, habe ich noch nie von jemandem gehört, der homosexuelle Zwillinge hatte. Diese Mutter litt doppelten Schmerz, aber sie kletterte aus ihrer Grube heraus, indem sie zwei der wichtigsten Prinzipien anwandte, die Eltern brauchen, wenn ein Kind in unmoralischen Lebenswandel, Alkoholismus, Drogenabhängigkeit oder sexuelle Perversion verfällt oder irgendein anderes schreckliches Problem die Familie betrifft. Diese Konzepte klingen beinahe widersprüchlich, aber in Wirklichkeit wirken sie zusammen und bringen Heilung und Wandlung.
* Lieben Sie Ihr Kind bedingungslos.
* Lassen Sie Ihr Kind los — übergeben Sie es in Gottes Hände.

Ich hätte gerne die Mutter des Verlorenen Sohnes kennengelernt. Ich frage mich, wo sie wohl war, während ihr Sohn die Schweine hütete und im Schweinestall lebte. (Wahrscheinlich war sie in der Klapsmühle.) Was tat sie, während das Fest für seine Heimkehr zubereitet wurde?

BEDINGUNGSLOSE LIEBE

Ich werde im Verlauf von Interviews und Talkshows oft gefragt, *wie* Eltern bedingungslose Liebe zeigen können. Eine Dame fragte an, ob das nicht bedeutete, einfach alle und jeden zu lieben und »sie ihren eigenen Kram machen zu lassen«. Meine Antwort lautete, das wäre »substanzlose Agape«, Liebe ohne wirklichen Gehalt. Der entscheidende Punkt ist: Wir mögen nicht immer davon angetan sein, was unsere Kinder tun — von ihrem Lebensstil und ihren Werten — *aber wir lieben sie!*
Bedingungslose Liebe bedeutet nicht, daß sie keine Regeln aufstellen dürften, was Ihr Kind im Familienverband tun oder

nicht tun darf. Ich glaube nicht, daß die Bibel uns lehrt, daß die Sünde eines Menschen alle anderen zerstören dürfte. Wenn das Kind beispielsweise betrunken oder im Drogenrausch ins Haus kommt, dürfen Sie nicht zulassen, daß der Rest der Familie darunter leidet. Kürzlich habe ich einen Spruch gehört, der mir sehr gut gefällt:

DIE HAUPTSACHE IST, DASS DIE HAUPTSACHE
DIE HAUPTSACHE BLEIBT.

Wenn Ihr Kind in Schwierigkeiten gerät, ist es das Wichtigste, Ihre Beziehung zu Gott und Ihrem Ehemann und den restlichen Familienmitgliedern stabil zu halten, während Sie sich um das in die Irre gegangene Kind kümmern. Sie müssen ihm sagen: »Ich habe dich lieb, aber ich liebe dich so sehr, daß ich es nicht zulassen kann, daß du die Familie zerstörst. Du mußt dir ein anderes Zuhause suchen. Wir werden dir dabei helfen.«

Wenn möglich, sorgen Sie dafür, daß Ihr Kind sich eine eigene Wohnung nimmt, falls es über achtzehn ist und sich selbst unterhalten kann. Unterstützen Sie Ihr Kind, und zeigen Sie ihm Ihre Liebe auf jede nur vertretbare Weise, aber unterstützen Sie nicht die Sünde, die es umtreibt. Ihr Kind soll wissen, daß sein Zuhause ein Ort voller Liebe, Wärme und Behaglichkeit ist, aber kein Brutkasten für unreifes Verhalten.

Wenn Ihr Kind jünger ist (unter achtzehn), dann denken Sie daran, daß Sie immer noch der »Herr im Haus« sind. Sie können immer noch die Regeln festsetzen. Und ich wiederhole es, Sie können Regeln für Ihren Haushalt festsetzen und dennoch bedingungslose Liebe für Ihr rebellisches Kind zeigen. Sie können Grenzen setzen, Türen abschließen und Zeug auf den Müll werfen, das Sie nicht haben wollen. Sie brauchen es nicht zu dulden, daß sich jemand in Ihrem Heim aufhält und dort Dinge tut, die Ihnen nicht recht sind, und seine Sünde im ganzen Haus verstreut.

All diese Ratschläge mögen sich einfach anhören, aber mir ist klar, daß sie nicht leicht in die Praxis umzusetzen sind. Die Kunst besteht darin, eisern zu Ihren Werten zu stehen, Ihrem Kind aber gleichzeitig bedingungslose Liebe und Zuwendung zu geben. Ich habe erfahren, daß bedingungslose Liebe nur beständigem Gebet entspringen kann. »Darüber beten« wird uns oft als die große christliche Antwort auf alle Probleme präsentiert, als würde Gott auf magische Weise all unsere Probleme lösen, wenn wir nur oft genug unsere Gebete aufsagen. Das glaube ich nicht, aber ich glaube, daß das Gebet Ihnen das nötige grundlegende Rüstzeug gibt, um die Probleme zu lösen, die an Ihrer Familie zerren und nagen. Ich zitiere im Gespräch mit Müttern oft das nachfolgende kleine Gedicht – und sie verstehen mich. Es klingt vielleicht »sentimental«, aber ich glaube, es enthält eine große geistliche Wahrheit:

MUTTERS DECKEN

Als du noch klein warst
und nur eine Berührung weit von mir entfernt,
bedeckte ich dich mit Decken
zum Schutz vor der kalten Nachtluft.
Aber jetzt, wo du groß bist,
und ich dich nicht mehr erreichen kann,
falte ich meine Hände
und bedecke dich mit Gebeten.
Dona Maddux Cooper

HÖREN SIE NIEMALS AUF, IHR KIND ZU LIEBEN

Der kürzlich verstorbene Joseph Bayley, der im Lauf seiner langen Laufbahn viele ausgezeichnete christliche Bücher und Zeitungsartikel schrieb, berichtete einst über einen »Rebellen« in seiner eigenen Familie. Er hatte einen Sohn unter seinen fünf Kindern, der sich entschlossen hatte, vier oder fünf Jahre lang gegen seine Eltern zu rebellieren. Nach einem Jahr auf der Bibelschule erklärte er sich für unabhängig, schnitt alle Familienbande durch und fuhr per Autostop quer durch die Staaten zur Westküste, um dort sein eigenes Leben zu leben.

Nachdem sein Sohn einen halben Kontinent von ihm entfernt lebte, verfiel Joseph Bayley in Depressionen, aber seine Frau, Mary Lou, sagte: »Wir müssen um so mehr beten. *Wir* sind nicht in San Diego bei unserem Sohn, aber Gott ist dort.«

Was ist das Gebet anderes als Hinwendung zu Gott? Und nichts kann Eltern schneller bewegen, sich Gott zuzuwenden, als ein vom Weg abgeirrtes Kind. Denn schließlich – an wen soll man sich tatsächlich wenden, wenn ein Kind rebelliert und nicht mehr in den Griff zu bekommen ist? Solche Zeiten bieten uns Gelegenheit, im Glauben zu wachsen. Ich muß jedoch zugeben, daß mir Freude und Hoffnung leichter fallen als Glaube.

Joseph Bayley legt uns auch einen Gedanken vor, der zum Nachdenken anregt: »Was ist der Glaube schon wert, ehe er nicht geprüft wurde, ehe er sich nicht im Dunkel bewähren mußte?« Zur Beantwortung seiner eigenen Frage bezieht er sich auf Hebräer 11,1: »Es ist aber der Glaube eine feste Zuversicht auf das, was man hofft, und ein Nichtzweifeln an dem, was man nicht sieht.«

Bayley sagt weiterhin, daß Gott Sie oder mich nicht verstößt, wenn wir gegen Ihn rebellieren. Statt dessen »ist Er immer für uns da und wartet mit ausgestreckten Armen auf unsere Rückkehr. Er ist der wartende Vater.« Ebenso müssen wir wartende Eltern sein, mit ausgebreiteten Armen und bereitwilliger Liebe. Selbst wenn Jahre der Enttäuschung und Sorge in der Zwischenzeit vergehen.

Liebe ist ein Kind der Freiheit

Es klingt für manche Eltern verwirrend, aber um Ihr Kind bedingungslos zu lieben, müssen Sie *dieses Kind auch gehen lassen*. Wie können Sie Ihr Kind lieben und gleichzeitig loslassen? Die Antwort heißt: *Übergeben Sie es Gott!*

Eltern fragen mich immer wieder: »Wie kann ich mein Kind Gott übergeben?« Dann erkläre ich ihnen, wie ich an diesem Tag sagte: »Was auch immer geschehen mag, Herr ...« Aber viele Eltern befinden sich in einem solchen emotionellen Tohuwabohu, daß sie eine plakative Illustration brauchen, damit ihnen auf die Sprünge geholfen werden kann. Ich entdeckte kürzlich eine solche Illustration, die Ihnen vielleicht helfen kann, Ihr Kind in Gottes Obhut zu übergeben.

Stellen Sie sich vor, daß Sie Ihre Tochter oder Ihren Sohn in ein Geschenkpaket packen. Dann umwickeln Sie die Schachtel mit hübschem Papier und einem Band. Als nächstes stellen Sie sich den glorreichen Thron Gottes am höchsten Punkt einer langen Treppe vor. Stellen Sie sich vor, wie Sie diese Treppe hinaufsteigen und dabei Ihr liebes, als Geschenk verpacktes Paket tragen.

Legen Sie Ihr Paket zu den Füßen Jesu nieder, der auf dem Thron sitzt. Warten Sie dort, bis Er sich niederbeugt, das Paket aufhebt und es auf Seinen Schoß nimmt. Dann wird Er das Einwickelpapier entfernen, den Deckel abnehmen und Ihr Kind herausheben.

Sehen Sie zu, wie Jesus das Kind in Seine liebenden Arme nimmt und an sich drückt. Nachdem Sie gesehen haben, wie Jesus es in Seinen Armen hält, steigen Sie die Treppe wieder hinunter. Auf halbem Weg bleiben Sie stehen und blicken zurück, um sich zu vergewissern, daß Jesus Ihr Kind immer noch umschlungen hält. Dann steigen Sie weiter die Treppe hinab und danken Gott, daß Er das Problem unter Kontrolle hat.

Sie haben Ihren Verlorenen Sohn Gott übergeben. Er oder sie ist nicht länger in Ihren Händen. Jetzt sind Sie in der Lage, Gott zu bitten, daß Er Ihnen helfen möge, alles Notwendige für Ihr Kind zu tun. Vielleicht müssen Sie durch Umstände hindurchgehen, die Sie noch weiter auseinanderzureißen scheinen; aber Gott wird alles tun, um Ihren Rebellen zu erreichen – oft auf eine sehr dramatische Weise. So oft Sie in Versuchung geraten, die Sache selbst wieder in die Hand nehmen zu wollen, machen Sie diese kleine Übung noch einmal. Erinnern Sie sich an den Zeitpunkt, an dem Sie Ihr Kind dem Herrn zum Geschenk machten und Er es in getreuer Liebe entgegennahm.

Ich sage nicht, daß Ihnen das leichtfallen wird. Das Loslassen ist immer der schwierigste Teil von allem. Sobald wir einmal losgelassen haben, ist es leichter, Gott tun zu lassen, was Er tun will.

Während der Jahre, in denen Larry verschwunden war, vor allem während seiner zweiten Abwesenheit von zu Hause, sprach ich vor verschiedenen Zuhörergruppen, und die Leute fragten sich: »Und wie geht es Ihrer Familie *jetzt?*«

Ich antwortete dann jedesmal: »Nun, meine beiden Söhne sind nicht von den Toten auferstanden und mein dritter Sohn ist immer noch homosexuell.«

»Wie können Sie dann so fröhlich sein und so viel Freude haben?« wollten die Leute wissen.

Und meine Antwort lautete immer gleich: »Das liegt daran, daß ich alles dem Herrn übergeben habe. Ich habe gesagt: ›Was auch geschehen mag, Herr.‹ Ich habe alles auf den Herrn geworfen, und ich habe alle Hände voll damit zu tun, mein eigenes Leben zu leben.«

Gott verändert den inneren Menschen

Wenn wir lernen wollen, wirklich loszulassen, müssen wir weniger Angst haben und Christus mehr vertrauen. Ich werde oft gefragt, ob Homosexuelle sich von Grund auf ändern können. Viele Christen glauben, Homosexualität sei wie jede andere Sünde – daß es eine Frage der freien Entscheidung sei und der Homosexuelle nichts weiter zu tun brauche, als sein Leben »vor dem Herrn in Ordnung zu bringen«. Dadurch würde seine geschlechtliche Orientierung wieder heterosexuell werden.

Im Lauf der vergangenen Jahre habe ich Hunderte homosexuelle junge Männer kennengelernt, und viele von ihnen sind Christen. Ich liebe sie und glaube, daß die meisten von ihnen sich ihre homosexuelle Orientierung nicht wünschen. Sie haben nicht darum gebetet. Ich glaube nicht, daß irgend jemand freiwillig homosexuell sein möchte, weil es so viel Feindseligkeit und Ablehnung bedeutet. Der Hinweis, daß es verschiedene Gründe für homosexuelles Verhalten geben kann, bedeutet freilich noch lange nicht, daß Christen Homosexualität billigen können.

Es gibt Menschen, die gleichgeschlechtlich empfinden, aber diesen Empfindungen niemals nachgeben. Sie leben ihr Leben in dem Bewußtsein, daß es ein sehr verletzliches Gebiet gibt, auf dem sie immer zu kämpfen haben werden – wie wir alle Lebensgebiete haben, auf denen wir verletzlicher als anderswo sind. Aber ich glaube daran, daß Gott uns allen, selbst den Homosexuellen, die Gnade schenken kann, ein moralisch sauberes Leben zu führen und reinen Herzens vor dem Herrn zu stehen.

Die meisten der Homosexuellen, mit denen ich gesprochen habe, haben christliche Eltern, die ihr Bestes getan haben, sie gottgefällig zu erziehen, und diese Eltern verstehen einfach nicht, was geschehen ist. Ich verstehe es auch nicht. Wir lesen im 5. Mose 29,28: »Was verborgen ist, ist des Herrn.« Die meisten dieser jungen Männer hätten ihre gleichgeschlechtliche Neigung niemals freiwillig gewählt, aber aus irgendeinem Grund ist etwas durcheinandergekommen und hat nicht geklappt, wie es sollte. Statt sich zu öffnen, hat ihre Sexualität sich nach innen gewandt.

Bei guter seelsorgerlicher Betreuung und liebender Unterstützung durch ihre Eltern, ihre Familie und ihre Gemeinde können Homosexuelle, wie ich meine, ein reines Leben führen, ohne ihrer Neigung jemals nachzugeben. Dieser Wechsel im Verhalten mag jedoch von der persönlichen Motivation des einzelnen Menschen abhängen und davon, wie tief er dem homosexuellen Lebenswandel verhaftet ist.

Wir wissen, daß homosexuelles Verhalten ein wahrhaftiger Greuel vor Gott ist. Aber wir können Gott nicht in eine Schachtel sperren und Ihm befehlen, Er müsse jeden auf ganz bestimmte Weise heilen. Man kann nicht sagen, daß ein Mensch nur dann als Christ von Nutzen sein kann, wenn er verheiratet ist und eine Familie hat. Ich weiß einfach, daß Gott das Leben meines Sohnes berührt hat. Er steht rein vor dem Herrn, und es ist aufregend zu sehen, was Gott in seinem Leben wirkt. Und was immer auch geschehen mag, wir wissen, daß es Gottes Hand gewesen sein muß, die sein Leben berührt hat. Es ist immer Gottes Hand, ob es sich nun um Alkohol, Drogen oder was auch immer handelt. Verurteilung allein bringt noch keine Veränderung. Nur die innere Überzeugung, die von Gott gewirkt wird, bringt einen Wandel im Verhalten zustande.

WARUM DIE ZUKUNFT SO STRAHLEND HELL IST

Der Titel dieses Kapitels stammt von einem Autoaufkleber, den eine Freundin entdeckte und mir schickte, weil er sie an mich erinnerte. Aber mich erinnerte er an etwas, das Larry sagte, als wir 1986 gemeinsam diese Bestandsaufnahme machten. Seine genauen Worte waren: »Ich habe keine Angst, was die Zukunft angeht.« Ich auch nicht, denn die Zukunft wird nur durch das strahlende Licht von Gottes Hoffnung und Liebe erhellt.

Vielleicht denken Sie jetzt: *»Das ist alles gut und schön für dich, Barbara — dein Kind ist nach Hause zurückgekehrt und führt ein reines Leben, aber meines ist immer noch da draußen und irrt allein und verlassen in einer Welt herum, die seine Vernichtung bedeuten kann.«* Ich habe Verständnis dafür. Deshalb habe ich noch ein weiteres Buch geschrieben, um Sie wissen zu lassen, daß es Hoffnung gibt.

Gott kann Ihnen Ihre Sorgen abnehmen und sie in Schätze verwandeln. Ihr Kummer kann sich in Freude wandeln, nicht nur in ein flüchtiges Lächeln, sondern in eine tiefe, neue

Freude. Die überschäumende Erfahrung neuer Hoffnung wird ein Leuchten in Ihre Augen bringen und ein Lied in Ihr Herz. Inmitten der Finsternis werden Sie Dinge lernen, die Sie bei Tageslicht nie gelernt hätten. Wir alle haben Träume in Schutt und Asche sinken sehen — häßliche Dinge, hoffnungslos und herzzerbrechend —, aber Gott verwandelt die Asche in Schönheit.

Tränen und Sorgen kommen, aber jedesmal wird Gott da sein und Sie daran erinnern, daß Er Anteil nimmt. Römer 8,28 bedeutet, daß Gott alles, was in unserem Leben geschieht, zum Guten gebrauchen kann. Blumen können selbst auf Misthaufen wachsen, und Kompost schafft herrliche Gärten. Gott bietet Ihnen Tag für Tag Sich Selbst an, und der Wechselkurs ist festgelegt: Ihre Sünden für Seine Vergebung, Ihre Tragödien und Wunden für Seinen heilenden Balsam und Ihren Kummer für Seine Freude.

Übergeben Sie Gott den Schmerz und den Kummer; geben Sie Ihm Ihre Schuldgefühle. Tränen und Schmerz sind unser aller Schicksal. Sie sind Teil unseres Lebens, aber Jesus Christus kann unseren Schmerz mildern.

Denken Sie daran, Sie sind nicht allein; viele sitzen — scheinbar für immer — in Gottes Wartezimmer, lernen ihren Teil, erleiden Schmerzen und wachsen. Aber der Dünger, der uns wachsen hilft, liegt in diesen Tälern, nicht auf den Berggipfeln.

Die eiserne Krone des Leidens geht der goldenen Krone der Herrlichkeit voraus. Also übergeben Sie Ihr Kind Gott und konzentrieren Sie sich dann darauf, Ihr eigenes Leben in den Griff zu bekommen. Vergessen Sie niemals, daß Sie *nicht verantwortlich sind für Dinge, die Sie nicht kontrollieren können* und daß Gott von Ihnen nur verlangt, daß Sie *treu im Glauben sind*. Er verlangt nicht von Ihnen, daß Sie *erfolgreich* sind!

Wirkliche, echte Heilung ist ein Prozeß. Es dauert sehr, sehr lange, bis sich die tiefen Wunden geschlossen haben. Manchmal mag es uns erscheinen, als würden sie uns niemals verlassen.

Das Leben ist nicht immer so, wie wir es uns wünschen, aber es ist das einzige, was wir haben. Also, mit Gottes Hilfe: ENTSCHEIDEN SIE SICH DAFÜR, glücklich zu sein — und Er wird Sie und Ihre Lieben zuletzt sicher nach Hause bringen!

hänssler

Charles R. Swindoll

DAS GEHEIMNIS VOM LEBEN, LIEBEN UND LACHEN

Ängste abbauen, Sorgen abgeben, inneren Frieden finden

Pb., 240 S.,
Nr. 58.091,
ISBN 3-7751-1979-5

* Mit Angst, Grübelei und Aufregung fertigwerden
* sich das Sorgen abgewöhnen, bevor es einen auffrißt
* bewußt leben einüben
* innerlich auf der Höhe bleiben
* wieder lachen können

kann man lernen. Frisch aus dem Philipperbrief.

Charles R. Swindoll ist ein bekannter kalifornischer Pastor, Seelsorger, Bibelexperte und Autor zahlreicher Bücher.

Bitte fragen Sie in Ihrer Buchhandlung nach diesem Buch! Oder schreiben Sie an den Hänssler-Verlag, Postfach 12 20, D-73762 Neuhausen-Stuttgart.